U0555148

寻根与传承

黄河文化传播前沿报告

新闻爱好者杂志社 编

文匯出版社

总策划　刘雅鸣

主　编　王　珂

副主编　施　宇　王　磊

编　辑　王志昭　张红玲　郑　艳　董方晓
赵　亮　王　谦　张如铁

前言

黄河是中华民族的母亲河，黄河文化是中华文明的重要源头。2019年9月18日，习近平总书记在推动黄河流域生态保护和高质量发展座谈会上指出："黄河文化是中华文明的重要组成部分，是中华民族的根和魂。要推进黄河文化遗产的系统保护，守好老祖宗留给我们的宝贵遗产。要深入挖掘黄河文化蕴含的时代价值，讲好'黄河故事'，延续历史文脉，坚定文化自信，为实现中华民族伟大复兴的中国梦凝聚精神力量。"

为响应习总书记的号召，贯彻落实习总书记的重要讲话精神，《新闻爱好者》杂志结合自身特点和地域优势，特开设《黄河文化传播研究》专栏，从2019年11月到2023年2月，《黄河文化传播研究》专栏共刊发相关文章50多篇。这些文章从黄河文化传播特征、黄河文化传播效果、黄河文化传播的创新策略、黄河文化的国际传播等诸多方面进行了深入分析和论述，反映了当前国内关于黄河文化传播研究的最新成果。

这些文章发表后，获得了很好的反响，其中一些文章被学者们广为引用，一些重要的思想和创见得到有关方面的高度重视。为了让这些成果发挥更大的社会效应，我们特从中精选出若干篇章，按照文章主题分成四辑，以《寻根与传承：黄河文化传播前沿报告》之名结集出版。需要说明的是，因为图书体例的要求，我们在编辑时对其中部分文章的标题和个别地方做了相应的调整，初次刊发时的标题也在文后加以注明。

黄河文化源远流长、博大精深。本书虽然在如何讲好“黄河故事”、如何保护和传承好黄河文化、如何促进黄河文化的创造性转化与创新性发展等方面做了一些探索，但是远远不足以穷尽其研究内容，更多的课题有待各领域的专家学者继续深入开掘。希望这本书能起抛砖引玉之效，为后续研究提供有益的借鉴与参考。

目 录

第一篇

返本开新 1

新时代的黄河文化传播

黄河文献考略与黄河文化传播

黄河孕育了灿烂的华夏文明，哺育了一代代黄河流域的华夏子民。黄河河道变迁、黄河水流量变化等也深深影响着沿岸的人类群落。人们将与黄河相关的事物付诸文字，形成了各式各样的黄河文献。《四库全书总目》（下文简称《总目》）是清代乾隆朝在修撰《四库全书》时所编撰的群书目录，清末张之洞认为读一过《总目》，“即略知学问门径矣”[1]。可见《总目》对了解中国传统典籍的重要程度。同理，研究《总目》中所记录的黄河文献，对于了解黄河文明、传播黄河文化也有着重要意义。本文所说《总目》视阈下的文献是指《总目》收录书及存目书，其中既包括《总目》所做书目与提要，又包括这两类图书自身的全文文献。

一、黄河文献的界定及文献分类

黄河文献的界定有着广义与狭义之分，广义的黄河文献是将黄河作为一个地域概念而言，即与黄河流域地域概念相关的各类文献，以及生活在黄河流域的人们所创作的各类文献。因此，本文将研究对象界定于狭义的黄河文献范畴，是指将黄河作为一个具体的地理概念进行界定，即限定叙述视角置于黄河流域之内且叙述对象明确涉及黄河的相关文献。也就是对于黄河文献的界定是根据文献内容进行，而不是如同研究一般的地方文献那样直接将作者籍贯在某地或仕宦于某地的文献包含在内。

将黄河文献加以分类概括有利于学界对于各类相关文献的细化研究，目前已有多位学者进行了此类研究，但大多是对于某一类黄河文献而言。如钟银梅《宁夏黄河水利文献文化价值探析》将黄河水利文献体系归纳为来自水利行业

“内部”和“以外”两大类，并举要说明了“工程与技术文献，历史典籍文献”[2]等七种黄河文献。牛建强、杜明鑫《先贤智慧：黄河文献的治河价值》将黄河文献分类为“混合文献类型，即包含有黄河内容的河渠类文献。专门文献类型，即围绕黄河治理或河工等形成的文献类型。图卷文献类型，即黄河治理过程中形成的黄河工程舆图”[3]三种类型，这种分类方式将关注点更多地聚焦于黄河文献中的治河文献。本文按照《总目》四部分类的脉络，系统梳理各部著述中的黄河文献，并提出笔者对于黄河文献分类的看法。

二、《总目》视阈下四部所收黄河文献考略

（一）经部文献

经部文献往往具备经学价值之外的其他文献价值，本文依据其元典文本辨析，考略相关文献是否属于黄河文献，而不仅仅将其置于经学范畴下讨论。其中，易类文献与黄河文献关系密切但并不能列入黄河文献范畴，书类与诗类中包含较多黄河文献；其他各类涉及黄河文献之处，因数量过少，本文不作赘述。

1. 易类文献与黄河文献关系考辨

易学文献在《总目》中分别著录于“经部 · 易类”及“子部 · 术数类”中。在传统学术研究中，学者多认为《易》是传承自“河图洛书”，并由此演化而来。由于易类文献往往着力于形而上的哲学研究，大多并不直接涉及地理概念上的黄河，所以并不属于本文所研究的狭义的黄河文献范畴，如《易数钩隐图 · 附遗论九事》《河洛真传》等书。综上所述，本文不将易类文献列入黄河文献分类范畴，下文书类《洪范》相关文献及“子部 · 术数类”易学文献亦然。

2. 经部所收黄河文献

第一，书类文献。在先秦典籍中，黄河多被称作“河”或“禹河”，前者彰显了黄河在中国水系中的特殊地位及其在中华文明中所占据的重要地位，后者则因为大禹主要生活于黄河流域以及“河”的概念受到《禹贡》影响较多。《禹贡》文本内容主要分为先秦时九州、五服行政区域概念，山川、水系地理概念以及治水功劳等五大部分，其中涉及“河”者十九处，明确指代“黄河”者十处，为黄

河流域地理范围以及水系组成、水道走向等研究提供了重要的地理学文献依据。除各种“书经”注解外，《总目》中以“禹贡”为名的文献就有二十三部，如《禹贡锥指》等。其他不以“禹贡”为名的书类文献也多有涉及《禹贡》者，这些文献都是黄河文献中的重要组成部分，为黄河地理研究提供了大量的文献依据。

第二，诗类文献。诗类文献是指《总目》中所收以《诗》为中心，历代学者所作注解著述。《诗》中明确涉及“河”（黄河）的篇章共八首，即《新台》《硕人》《河广》《清人》《伐檀》《时迈》《般》《玄鸟》。这八首诗歌主题涉及讽刺、爱情、婚恋观、祭祀、史诗等方面，有着极高的文学文献价值，对于研究先秦礼制、先秦政治史、先秦社会生活史等都有着重要意义。同时，诗类文献中还有着《毛诗草木鸟兽虫鱼疏》《毛诗名物解》《诗地理考》等关于名物疏证、地理考释的著述中包含有黄河的文献，它丰富了黄河文献的种类与体量。

（二）史部文献

《总目》将史部文献分为十五小类，其中黄河文献主要集中于正史类、诏令奏议类、地理类三类中，职官类、政令类、目录类中也有少量相关黄河文献。

正史类文献即“二十四史”及相关考辨文献，如“史记三家注”。古代中华文明以农耕文明为主体，所以正史对于河流记录尤为重视。如《史记》列《河渠书》，“宋金元明”四史亦列《河渠志》，《汉书》列《地理志》《沟洫志》。需要特别指出的是，《汉书》中《地理志》《沟洫志》都有着河渠相关文献，但自《晋书》以降其他正史即便列有《地理志》（或名“地形、郡县”）者，其具体内容也多以行政区划为主，而与河渠文献没有太多关系。在正史中的这些“河渠”文献中，包含了大量黄河河道变迁、黄河水灾及其治理、黄河生态保护等相关文献。除了专门的“志书”之外，正史中还有其他涉及黄河文献的地方。如各部史书中记录黄河水利管理职官机构以及黄河治理相关人物、事迹等相关篇章。以上各种黄河文献同样散见于《总目》“史部 · 正史类”之外的其他分类之中。

诏令奏议类文献中的黄河文献集中于“奏议”部分，其中《两河经略》为明代潘季驯所作，《总目》云：“季驯先后总河务二十七年、晚辑河防一览。其大旨在以隄束水、以水刷沙、卒以此奏功。”[4]最能体现出此类文献的特点，即作者担任河道相关官员、上书内容为防治黄河水灾相关。诏令奏议类共收录各类著述一百三十五部，以黄河文献为主者共十二部，几乎占了此类著述的十分之一，可见黄河在古人政治活动中的地位，也可见黄河在作为中华民族母亲河的同时，其水灾也使得人们深受其苦，黄河治理与黄河生态保护成为一个关系两岸居民正常生产生活的重要课题。

《总目》地理类是整个《总目》视阈下收录黄河文献最为集中的一个类目，尤其是其中的“河渠”部分。而地理类叙言概括其收录文献内容、体例为：“其编类，首宫殿疏，尊宸居也。次总志，大一统也……若夫《山海经》《十洲记》之属，体杂小说，则各从其本类，兹不录焉。”[5]事实上，虽然《总目》将《山海经》由地理类移入小说家类，但《山海经》中同样记载着大量的黄河文献，也是记录黄河文献较早的著述。而地理类除“河渠”之外的其他部分，也多有涉及黄河文献者，如总志类《太平寰宇记》、都会郡县类《延祐四明志》等都包含有与黄河文献密切相关的内容。

《总目》地理类“河渠”小类共收录著述二十三部，存目五十二部，其中大多包含黄河文献。明确涉及黄河文献者有收录十六部，存目二十四部，占“河渠”类总数的十分之八。此类黄河文献，内容涉及以下多个方面：黄河河源及水系地理分布、黄河流域范围及其流经山脉与城池等，如《水经注》；具体治理黄河的方法，包括物料准备、人员调配、治理途径与步骤、治理图示与黄河水系图示等，如《河防通议》；河源考，如《钦定河源纪略》；黄河决堤原因考及防洪堤坝建设等，如《治河奏绩书·附河防述言》。同时，以上各类黄河文献相关著述往往并非单独涉及某一内容，而是一书涉及有关黄河的多方面内容。

（三）子部文献

《总目》所分四部中，子部收录黄河文献数量最少，且多集中于杂家类、类书类、小说家类三部分。这三个小类的相似之处在于其收书体例都是“无所不包”又“无类可归”。也就是说，三个小类本就是在四部之内难以具体分类而被归入子部的。而子部各书涉及黄河文献者又分以下三种情况：（1）与事实相违背，如杂家类《名义考》：“论河源则全据传闻之伪。”[6]（2）从他书中搜集文献，而非原创，如类书类《骈语雕龙》等。（3）虽有相关记载但缺乏实证，如《穆天子传》等。综上所述，子部虽有涉及黄河文献者，但无论是数量还是文献原始程度与可靠程度，都与其他部类所收黄河文献有着较大的差异。

（四）集部文献

《总目》集部所收黄河文献的特点在于数量众多，且散落在各种著述之中。集部所分楚辞、别集、总集、诗文评、词曲五个小类中，别集、总集、词曲三个小类中都收录了大量的黄河文献。其中既有如“黄河入海流”“一尊酒，黄河侧”这些人们耳熟能详的诗词名句，也有如《贺黄河清表》之类大众知晓度较低的公牍文等，可以说集部收录的黄河文献之庞杂不亚于史部。再加上同时著录别集与总集又必然导致某一文献内容既收录于其个人别集，又被收入某一总集而导致文献重复著录。所以《总目》集部所收黄河文献不仅数量众多，整合难度较大，而且存在大量的重复著录情况，需要在搜集整合之后对重复文献予以说明。

（五）四部总论与新的分类

综上所述，《总目》所收黄河文献整体上有着数量众多以及在某些小类中较为集中两大优点，也有部分文献重复著录、分类不合适、琐碎而难以整合等缺点。上述问题是因为四部分类法由“七分法”演变而来，因循袭旧而又自成体系，与现代学术体系有着一定的距离。虽然四部分类法在数千年来的发展演变中已渐趋完备，堪称古代目录学分类方式的集大成者，但其在具体的文献著录工作中所存在的问题也不容忽视。因此，在《总目》四部收录黄河文献的基础上，对搜集整合后的文献按照当代学科类别进行重新分类显然尤为必要。笔者在整理《总目》视阈下黄河文献的过程中，所注意到的黄河文献按照当下学科分类较为集中地聚合于“地理”“史学”“公文”“文学”四个科目。在这四个科目之下，还可以再根据文本内容及文献功用进行细分。但各种分类方式都无法忽视黄河文献往往涉及多领域、多学科的现象。相信随着黄河文化与黄河文献研究的不断深入，会有更好的黄河文献分类方式的提出。

三、《总目》所收黄河文献与黄河文化传播

文献作为文化的重要载体，在《总目》纂修过程中，对于黄河文献分类选录的同时，客观上也起到了传播黄河文化的作用。

“采汇京师，以彰千古”，为黄河文化传播提供文献信息资源。乾隆发起编选《四库全书》的原因与目的是非常复杂的，但确实在客观上起到了汇聚我国古代典籍的作用。以四部所收黄河文献为例，就为黄河文化的传播提供了丰富的文献信息资源，而所编《四库全书》及《总目》也都在客观上成为传播黄河文化的信息源之一。

“四库七略、益昭美备”，在中国传统目录学分类思想的指导下将各类典籍分门著录，为黄河文化传播提供了信息筛选渠道。《总目》延续并发展了中国传统学术视野中“七分法”到“四分法”的目录学分类方法，而这种将黄河文献分类著录的方式也为黄河文化传播提供了信息筛选便利。

“流传广播、沾溉艺林”，直接推动了黄河文化传播。《总目》收录著述可供士子抄录，推动黄河文化传播。见《总目·卷首·圣谕》：“该督抚等谆饬所属、俟贮阁全书排架齐集后、谕令该省士子有愿读中祕书者、许其呈明、到阁钞（抄）阅。”[7]也就是说，在《四库全书》编纂抄刻完成后，各地士子可以前往相应藏书阁抄录自己想要阅读的文献，这一规定使得黄河文化在相关文献抄录的过程中直接得以传播。

四、启示

《总目》的编纂起到了较好的整合各类文献的作用，以黄河文献为例，无论是收录入《四库全书》者，还是《总目》存目者，都为保存与传播黄河文化起到了积极作用。

重视《总目》中所收黄河文献，既需要整理《总目》各部所收黄河文献并进一步加工编选，又需要学习《总目》搜集文献的方式，更全面地整理黄河文献，并且在《总目》的分类基础上，进一步研究更加符合当代学术体系的分类方式，

在新型分类方式的基础上整合文献，为传播黄河文化做贡献。另外，还要结合信息时代数字化技术优势，为黄河文化传播建构更加便利的平台。当前已有学者提出相关构想，如朱涵钰从“移动互联、大数据、虚拟现实”[8]等五种技术角度，解读了信息技术维度下的黄河文化传播。李景文从“数据库的选题与分类，平台选择，数据库建设”[9]等三个方面对数据库建构进行了详细阐述。对于数字化传播及文献数据库等技术的运用，必定会对黄河文化传播起到极大的推动作用。

参考文献：

[1] 司马朝军．輶轩语详注［M］．上海：华东师范大学出版社，2010：198.

[2] 钟银梅．宁夏黄河水利文献文化价值探析［J］．宁夏社会科学，2020（3）：212－216.

[3] 牛建强，杜明鑫．先贤智慧：黄河文献的治河价值［N］．黄河报，2019－12－3（004）.

[4] 永瑢．四库全书总目［M］．北京：中华书局，1965：500.

[5] 永瑢．四库全书总目［M］．北京：中华书局，1965：594.

[6] 永瑢．四库全书总目［M］．北京：中华书局，1965：1027.

[7] 永瑢．四库全书总目［M］．北京：中华书局，1965：8.

[8] 朱涵钰．信息技术助推黄河水文化的数字化传播［J］．新闻爱好者，2019（12）：27－29.

[9] 李景文，李国政．基于大数据环境的黄河文明文献资源数据库建设构想［J］．河南图书馆学刊，2015（11）：2－4.

（作者：段志鹏，原载于《新闻爱好者》2020 年 11 期，原题为：《〈四库全书总目〉视阈下的黄河文献考略与黄河文化传播》）

黄河文化的概念、内涵与传播构想

一、黄河文化的概念

人类早期的文明与河流有着密切联系，无论是古巴比伦、古埃及、古印度文明，还是人类早期的中华文明都是如此。在中国，黄河与长江这两条大河孕育了早期的中华文明。黄河作为中华民族的“母亲河”，成为中华文明重要的发祥地。在中华上下五千多年的文明史中，黄河流域有三千多年一直是我国政治、经济、文化的中心区域。在这一流域内孕育了仰韶文化、马家窑文化、大汶口文化、龙山文化等灿若星河的古人类文明。

对于黄河文化的概念，学者多从广义和狭义两个角度来讲。广义上来看，黄河文化是指黄河流域广大劳动人民在黄河水事及其相关实践活动中创造的全部物质财富和精神财富的总和；从狭义上讲，黄河文化是指黄河流域广大劳动人民及黄河水利工作者所具有的精神诉求、价值取向、基本理论以及行为方式的综合，主要包括精神、理念、价值观、制度等文化现象。[1]

从地理空间来看，黄河文化又可划分为多个区域文化，以上游三秦文化、中游中州文化、下游齐鲁文化为主体，包含诸如三晋文化、燕赵文化等文化层次而构成的庞大的文化体系。总体而言，黄河文化可看作是自古以来黄河流域劳动人民在长期的社会实践中所创造的物质财富和精神财富的总和。它包括黄河流域地区的人们所共同遵守的社会规范、生活方式、风俗人情、精神面貌和价值取向等。

在文化演进发展的过程中，黄河文化融合不同地域的草原游牧文化、农耕文化、宗教文化和民族文化，并且，黄河流域不同民族文化的交流融合，也形成了丰富而多样的黄河文化。总体说来，黄河文化是华夏文明发展历程中的重要组成部分，它是黄河流域所涌现的全部文明成果的聚合。所以，黄河文化是一个庞大的文化体系，是多元文化的统一体。由此看来，黄河文化是一个多层次、多维度的文化共同体。它的内涵极为丰富，博大深邃。它涵盖政治、经济、军事、艺术、哲学、科技、教育、语言文学、史学、宗教、民间信仰、道德规范和社会生活习俗等方面的内容，是物质与精神、自然与社会的统一。

从不同视角对黄河文化进行解读，有助于人们对黄河文化丰富内涵的认识，同样也有助于人们对黄河文化全面而深刻地把握。从文化发生的角度来看，文化是由人类的社会实践活动所创造，它反映的是人与自然、人与社会、人与人之间的关系。黄河文化是在人类与黄河的互动中产生和发展形成的，它反映了人与河流、人与自然、人与社会的关系。作为中华优秀传统文化的重要组成部分，我们应该把黄河文化放在中华优秀传统文化的庞大体系中，来揭示其丰富的文化内涵，从而更好地传承和发展。

二、黄河文化的内涵

黄河作为一条自然河流，在漫长的历史发展中，早已成为一种文化符号，成为人们心中的“母亲河”。它对于中华民族具有重要的象征意义，它是中华民族文明的重要发祥地，它是中华文明的象征。

“黄河”作为一种文化象征，是中国文化的精髓，也是中国文化的根基。黄河文化的内涵是极为丰富的，它所流经的每一方土地、养育的人民，并由此而产生的文明，形成丰富多样的文化，成为中华文明的主体。从抽象意义上来讲，它是中国传统文化、道德、精神的体现，它表现在“民为邦本”“天人合一”的传统思想，优秀的民族精神和“多元统一”的中华“大一统”观念里。

（一）“民为邦本”“天人合一”的传统思想

1.“民为邦本”思想

黄河文化的内涵存在于黄河的自然母体中。黄河起源于青藏高原，流经腾格里沙漠、鄂尔多斯高原，在晋陕峡谷奔腾而下，途经中州平原、后经齐鲁大地而入大海。黄河自西向东而下，哺育黄河岸边的众多人民，孕育了深厚而久远的历史文化，这显示出黄河作为人类物质和精神的共同家园，为人类社会、人类文化所做出的贡献。作为一条自然河流，它为人类提供了基本的生存和发展基础，是人类赖以生存的家园。

中国的早期文明产生于中国古代的农业生产基础上，是以农耕文化为基础的。而黄河流域的中原地区由于得天独厚的自然地理条件，为中华农耕文明形成提供了有力保障，所以黄河文化蕴含着农耕文化的特质。“民为邦本”思想是这种农耕文化的显著特点，也是黄河文化的基本内涵之一。

“黄河宁，天下平”是不同历史发展时期人类社会的共同心愿。黄河的治理历来是兴国安邦的重大事件，一部黄河治理开发史就是一部中华民族发展和进步的奋斗史。这里蕴含着国家形成和发展的兴衰沉浮。从远古时期的神话传说中可以窥见“民为邦本”思想的端倪。首先，远古神话中黄帝战胜蚩尤，逐鹿中原，完成统一大业。之后黄帝带领百姓开地种田，植桑养蚕，种五谷、养家畜，发展石器和陶器等手工制造业，并把驯养的野马、牛驴等分给缺少耕畜的部落。很短时间，城内粮畜富余，衣着用具不用发愁。这充分体现了远古社会时期黄帝作为部族首领，以民为本，以人民为国家发展之根本，大力发展农业生产，改良生产工具，为部族发展奠定基础。这应是黄帝治世之道中“民为邦本”思想的有力体现。

再者，在大禹治水的神话中，“民为邦本”的思想更为显著。治理水患本身就是为人民提供更好的生存环境和条件，减少洪水灾害对人类社会的影响和制约。大禹重农爱民，无私奉献，不畏艰辛，坚持不懈，治水获得成功。大禹在水患解除后，极力发展农田水利建设，大力发展农业生产，为人民生存提供了有力的物质保障。同时，生产工具和生产力水平的发展为夏王朝的建立奠定了基础。这些都充分展现了大禹以民为本，重农爱民，也是“民为邦本”思想的直接体现。到了先秦时期，“民为邦本”思想进一步发展。以孔孟为代表的儒家学说，以“仁”为核心，提倡君王实行“仁政”，其根本就是爱民。孟子在此基础上发展为“民本”思想，提出“民为贵，社稷次之，君为轻”。这种民本意识的强调，是“民为邦本”思想在后世社会的影响，并为后代的治国安邦理论提供借鉴依据。

2.“天人合一”思想

“天人合一”思想最早产生于上古社会的神话传说中，它是原始人类的宗教观念。在原始人类的思维结构中，首先显现为“万物齐一”，原始人类认为人和物可以相互转化，万物平等，都有生命性，进而发展为“灵魂不死”的原始信仰观念。在黄河流域普遍存在的黄帝神话、大禹治水神话中分别有黄帝骑龙升仙、大禹化身为熊等都是这一原始信仰的体现。除此之外，水化育万物，在此基础上产生的水崇拜、众多水生神话故事，也都显示出“万物有灵”的原始信仰观。其次，在黄河流域内，古代人们为发展农业生产而产生的祈雨等祭祀仪式以及众多的龙王庙、祭祀建筑等文化遗迹都充分展示着人们祈求通过人神沟通、天人感应而得到庇佑的心理特征。而这里的“天人合一”正是人们对人与自然平等，人与自然协调、平衡关系的初步探索。

在现今黄河流域所修建的众多水利建设工程，如龙羊峡、刘家峡、三门峡、小浪底水利枢纽工程等，都是人们在黄河水利实践活动中，遵循自然规律，利用自然、改造自然，与自然和谐统一的“天人合一”思想的体现。

长期生活在黄河流域的人们，在与自然相处的过程中，通过观察和研究，总结出春种夏长秋收冬藏的自然变化规律。由此，黄河流域农耕社会的人们依照时令进行农业生产，追求天、地、人三者合一，即是天时、地利、人和，在这里强调自然与人类社会达到秩序、平衡与和谐，从而显现出朴素的生态保护意识。

两千五百多年来，在黄河流域以农耕文明为基础形成的儒家思想传承不息，儒家提倡以“修身、齐家、治国、平天下”为核心的人生理想，以达到“个人内心和谐、人与人和谐、人与社会和谐、人与自然和谐”的终极目标。这样的人生追求和目标是黄河文化“天人合一”思想的集中体现，也是中国传统文化思想的一个显著特征。

（二）黄河文化蕴含优秀的民族精神

黄河如一条巨龙，在中华大地蜿蜒奔腾，川流不息。古老的黄河文明作为华夏文明的起源，黄河文化蕴含着优秀的民族精神，正如黄河生生不息的生命力，它是自强不息、敢于拼搏、勤劳务实、开拓进取、团结一致、无私奉献的民族精神。在中国特色社会主义新时代，它仍然焕发着蓬勃生机，向世人展示着中华民族精神的光芒。

1. 自强不息、敢于拼搏的精神

数千年来，黄河哺育了华夏亿万儿女，但也为人类带来了深重的灾难。在与黄河的无数次斗争中，中华儿女形成了不屈不挠、坚忍不拔、自强不息、敢于拼搏的民族精神。治水先贤大禹历经十三年，与水患斗争，公而忘私，三过家门而不入，坚持不懈、不屈不挠、不畏艰险，遭遇种种治水的磨难，仍旧初心不改，水患治理取得成功。这一过程充分展现了以大禹为代表的远古人类自强不息、勇于拼搏的民族精神。同时，夸父追日、后羿射日、精卫填海、愚公移山等无不体现着中华民族一往无前、不怕挫折、顽强拼搏的精神品质。随着社会的进步，这种民族精神传承不衰。如在以毛泽东同志为核心的党的第一代领导集体带领下所涌现的井冈山精神、长征精神、延安精神，都是自强不息、敢于拼搏的民族精神的有力展现。

2. 勤劳务实、开拓进取的民族精神

土生土长的华夏儿女，在黄河流域长期的农耕实践中，认识到天道酬勤、一分耕耘一分收获的道理，从而形成了勤劳务实、踏实努力的价值取向。同时，黄河沿岸的人们在与黄河的抗争和融合发展中，形成了开拓进取的精神。在一代又一代的黄河治理与水利工程修建中涌现的英雄，如大禹、郑国、贾让、欧阳修、司马光、潘季驯、林则徐等，都用各自的勤劳智慧、敢想敢干、务实求真、开拓创新的精神取得了一定成就。在当代社会同样涌现出值得我们学习的时代楷模，比如，焦裕禄。治灾先治沙，焦裕禄到河南兰考县工作期间，带领当地群众，造林防沙，育草封沙，翻淤压沙，通过多种方法治理兰考县的风沙灾害，并经过实际调研，实事求是，探索出栽种泡桐树治理兰考三害的方法。这种不怕苦、不怕累，求真务实的工作作风，勇于创新的理念，无不是勤劳务实、开拓进取精神的体现。

3. 团结统一、无私奉献的民族精神

从战胜 1958 年的特大洪水，防风治沙的科学实践，到南水北调工程，从小浪底水库的建成到其稳定发挥效用三十余年，这些无一不是黄河儿女上下一心、协调配合共同实现的成就。一首《黄河大合唱》，唱出了中华儿女团结一致的勇气和决心，它所展示的是黄河儿女万众一心、团结一致的民族精神。这也充分显示出，在国家生死存亡之际，中华民族精神所形成的强大感召力、凝聚力和向心力。

奔腾不息的黄河，滋养了华夏大地和华夏后世子孙，它是中华儿女的“母亲河”。也正因为此，它为人类社会的发展、为人类文明的演进，默默奉献，并孕育出中华民族无私奉献的精神。在新中国黄河水利工程和治水过程中，数以万计的黄河人敬业奉献，他们夜以继日，默默付出，才得以换来黄河的岁岁安澜，使得黄河文化繁荣发展。

当代黄河人将“团结、拼搏、求实、开拓、奉献”的黄河精神，贯穿于日常工作中。这种黄河精神与中华民族优秀的民族精神是一脉相承的。九曲黄河造就了中华民族独特的民族精神，使黄河儿女形成具有民族特色的性格特质。黄河文化所蕴含的优秀民族精神，是中华民族精神的根本和灵魂，激励中华儿女不断前行。

（三）中华民族大一统的观念

从历史发展进程来看，黄河是促成中华民族大一统最重要的自然因素。从文化发生的角度来看，在上古神话中，黄帝打败炎帝和蚩尤，平定各部族战乱，实现中原统一的政治局面，它反映出中华民族崇尚和谐统一的民族心理。在大禹治水之时，大禹治理水患取得成功，并为夏王朝的建立奠定基础，大禹的儿子启最终建立夏朝，建立中华历史上第一个统一国家。秦始皇完成“吞二周而亡诸侯，履至尊而制六合”的统一大业，建立秦王朝。由此可见，在黄河流域，以农耕文明为基础发展的小农经济，使人们形成追求民族统一的观念。中国是多民族的国家，一直以来，多民族在历史的长河中不断交流，相互融合，从而形成多元一体的“大一统”格局。这种“大一统”展现的是中华民族强大的包容性，是和而不同、同中有异、多样统一的理念。这种多元统一的“大一统”观念不仅体现在政治方面，在中华文化中同样存在。在文化演进发展的历史进程中，黄河文化也正是吸收、容纳了不同地域的草原游牧文化、农耕文化、宗教文化和民族文化，从而形成了多元统一的文化体系。

在当代社会，“和谐社会”的理想、“和谐世界”的构想引起世界人民的共同欢呼。在中国特色社会主义新时代，构建“人类命运共同体”的伟大梦想，都是中华民族“大一统”观念的延续，是“大一统”观念在新的时代背景下，内涵的深化和创新发展。

三、黄河文化的传播

悠久灿烂的黄河文化，作为中华文化的重要标志，在当代社会的传播意义重大。在当代社会，黄河文化与构建和谐社会，实现中华民族的伟大复兴紧密联系。它的文化内涵是社会主义核心价值体系的根基，它是中华民族文化的根本，也是中华民族不断发展壮大的动力之源。2019 年 9 月，习近平总书记在黄河流域生态保护和高质量发展座谈会上指出，要“保护传承弘扬黄河文化，让黄河成为造福人民的幸福河”，为黄河文化的传承发展指明了方向。

“讲好黄河故事，传播黄河文化”。好的文化要有好的传播，黄河文化的传播可从以下四个方面开展。

（一）加快建设黄河文化遗产数据库

黄河所流经的地域形成各具特色的地域文化，而黄河文化经过五千多年的沉淀，是黄河流域几千年文化的累积。这种丰富而深厚的文化体系中，必然有众多地域文化和历史文化遗产。比如，西北地区的羊皮筏子、黄河水车、黄河船、黄河桥、黄河民居、民俗文化等不同类型的文化遗产和非物质文化遗产的存在。同时，也有仰韶文化、马家窑文化、大汶口文化和龙山文化等史前文化遗存。文化的传播需要一定的载体，在黄河文化的传播和弘扬过程中，对具有黄河文化特征的文物遗迹等，都应进行充分的保护。加快建设黄河文化遗产数据库，是对传播载体的有力保护，也有助于对黄河文化的整理和研究，能够帮助人们更加深刻地认识黄河文化。

（二）多途径深入发掘黄河文化

随着时代的发展，黄河文化被赋予新的时代内涵，其时代价值也在不断提升。首先，长期奋战在黄河一线的黄河工作者，可以成为研究黄河文化的成员。他们在长期的黄河实践活动中，能够充分掌握第一手资料，这为黄河文化的研究提供了极大的便利条件。其次，研究黄河文化的专家、学者应当成为深入发掘黄河文化的主力。因为他们有深厚的学术积累，更容易在创新研究上取得新的成果。最后，部分高校教师应该成为黄河文化发掘的有力补充。高校教师从事一线教学工作，应当充分发挥文化育人的功能，加强对中国传统文化的研究，对黄河文化的发掘，也应当成为其自身科研工作的一部分。

在深入发掘黄河文化的工作中，研究者应当理论联系实际，深入挖掘黄河文化的丰富内涵和广阔外延，构建以黄河文化为中心的核心价值体系，为黄河文化的有效传播奠定理论基础。

（三）构建多样化的传播平台，加强宣传

首先，文化的有效传播一定要有先进、便利的传播平台。随着信息化时代的发展，数字媒体、众多网络媒体等都可以作为黄河文化的有效传播平台，可以通过这些平台增强人们对黄河文化知识的了解、认识和传播。其次，应加大宣传力度。在社会宣传方面，可以通过传统媒体及新媒体，以人民群众喜闻乐见的方式，讲故事、开展文艺活动等宣传黄河精神、宣传黄河文化，增强文化传播的深度和广度。再次，构建黄河文化研究者的交流平台。研究者之间的交流和互动，有助于提高黄河文化发掘的实效，同样也有助于黄河文化发掘成果的快速传播。

（四）借助文化旅游产业拓展传播

黄河文化是丰富多样的文化体系，它包含了历史文化、民俗文化、科技文化、旅游文化、工程文化以及民间各种文化产业等，将黄河文化凝聚为一个庞大的整体。因此，在黄河文化的传播中，要充分利用不同文化的特点，进行有效传播。在当前，文化旅游已成为人们休闲娱乐的一种方式。那么，在黄河文化的传播中，可以借助文化旅游来拓展黄河文化的传播。在黄河沿岸的旅游景点开发和建设中，加大黄河文化元素的融入，因地制宜，结合不同地域、不同主题

进行文化景观的打造，在追求旅游经济的同时，提升文化价值，拓展文化传播。比如，在黄河生态经济带建设中，深入挖掘黄河文化潜力，促进文化旅游产业的融合发展，使旅游成为文化传播的有效载体。除此之外，也应加大文化旅游中文创产品的开发和加工。通过创新性的文创产品，使其作为一种文化符号，带动黄河文化的传播。

四、结语

中国历史上，黄河流域曾长期作为中国古代政治、经济、文化的中心地带，黄河流域的文化源远流长、内容丰富。黄河流域是中华民族文明的起源，黄河文化早已成为中华民族的文化符号。黄河文化深厚而丰富的内涵，有着独特的文化价值。保护和传承黄河文化是时代赋予中华儿女的责任和使命，在当前中国特色社会主义建设新时代，我们应当深入挖掘黄河文化的内涵，并结合时代特点，使其获得创新发展，创造新的文化价值，讲好黄河故事，传播好黄河文化，坚定中华民族的文化自信，提升中华文化的国际影响力，推动中华民族的伟大复兴。

参考文献：

［1］徐吉军．论黄河文化的概念与黄河文化区的划分［J］．浙江学刊，1999（6）．

（作者：朱伟利，本文原载于《新闻爱好者》2020年1期，原题为《刍议黄河文化的内涵与传播》）

弘扬黄河文化的实然困境与应然进路

黄河文化是中华文化中最具代表性的主体文化，凝聚了中华文化的精髓，是新时代培育文化自信、增强民族凝聚力的重要载体。黄河文化作为中华优秀传统文化的重要组成部分，在新媒体时代如何推进黄河文化保护、讲好黄河文化故事、传播黄河文化声音和推动黄河文化普及，对赓续历史文脉，坚定文化自信，构建中华民族命运共同体具有重要的现实意义。

一、弘扬黄河文化的时代价值

文化体现着一个国家、一个民族的价值取向。黄河文化是中华文明体系的发端和源头之一，几千年来，以其丰富的内容资源、方法资源和载体资源在中华大地上发挥着政治、经济、生态和价值等引领功能，对中华民族的兴盛和发展发挥着重要的推动作用。[1]因此，新时代弘扬黄河文化所蕴含的丰富的人文精神和时代价值，是时代发展的必然选择和迫切需要。

（一）弘扬黄河文化是构建中华民族命运共同体的必然选择

构建中华民族的共同精神家园，文化认同是民族团结的根脉。中华民族多元一体格局的形成，得益于各民族间文明的交流交融，使得黄河文化成为中华文明的集大成者和最高代表。黄河文化所蕴含的同根同源的民族认同、民为邦本的民本思想、自强不息的奋斗精神、百折不挠的斗争精神、革故鼎新的革新意识、和谐共生的生态智慧、兼容并蓄的包容格局等文化内核[2]，凝聚着中华优秀传统文化的智慧结晶，是增强民族文化自信的重要载体，为铸牢中华民族共同体意识不断赋能。

（二）涵养社会主义核心价值观的动力之源

黄河文化所蕴含的精神内核是其他文化难以比拟和替代的。在人与黄河长期共存的过程中，诞生了极其灿烂的人文思想，其内涵丰富、元素多元。[3]除了主体的农耕文化，也包含宗教文化、哲学文化、政治文化、民俗文化和中医药文化等。涉及自然科学、哲学、社会学、宗教学、历史学和美学等多学科知识。蕴含了丰富的价值观念和人文精神，如天人合一、道法自然的精神特质等，体现了民族的价值取向和终极人文追求，承载了人民对美好生活的向往与追求，这与社会主义核心价值观有思想上的共通性、内涵上的契合性。

（三）提升中国文化软实力的战略之举

文化软实力是国家综合国力的重要组成部分，体现着一个国家的生命力。而以黄河文化为代表的中华优秀传统文化正是我国最深厚的文化软实力，是中国特色社会主义植根的文化沃土。弘扬黄河文化，推动黄河文化创造性转化、创新性发展，既是传承民族文化基因，推动社会主义文化繁荣发展的现实选择，又是增强文化话语权，提升国力的战略举措。有利于建设社会主义文化强国，推动文化领域的对外合作交流，扩大中华优秀传统文化在世界上的影响力，树立良好的国际形象。[4]

二、弘扬黄河文化的实然困境

从历史来看，黄河可以说是国家发展的一个缩影。中华民族发展史实际上就是一部与灾害斗争、战胜一切挑战并不断取得发展的奋斗史。只有弘扬和传承好黄河文化，才能增强民族自信，不断推动民族文明兴盛与发展。但微时代在弘扬黄河文化的进程中，却面临着一些制约因素。

（一）现实问题与文化阐释的张力

从现实来看，由于近代以来各种因素的影响，与大河文化中的长江文化和国外异质文化相比，黄河文化相对而言处于迟滞期，其文化再生与复苏面临着诸多困难，如遗产保护不足，缺乏流域体系的统筹规划和协调；传承发展质量不高，在传承与发展之间没有很好地平衡；文旅融合度不够，黄河文化与旅游开发之间衔接不够等问题，亟须探索新时代背景下弘扬和传承黄河文化的新模式。

（二）国家意志与行政逻辑的落差

2019 年 9 月，习近平总书记在郑州主持召开黄河流域生态保护和高质量发展座谈会，强调要深入挖掘黄河文化蕴含的时代价值，讲好“黄河故事”，延续历史文脉，坚定文化自信，为实现中华民族伟大复兴的中国梦凝聚精神力量[5]，并将黄河流域生态保护和高质量发展上升为重大国家战略。2020 年，中央又明确要求开展黄河文化宣传，大力弘扬黄河文化。2022 年，党的二十大报告中明确指出要“传承中华优秀传统文化”“不断提升国家文化软实力和中华文化影响力”和“增强中华文明传播力影响力”。[6]党和国家将传承发展黄河文化提升到国家战略高度。从这一角度来看，黄河文化创造性转化、创新性发展的迫切要求体现了国家意志自上而下的一种公共意愿和追求。然而在实际执行过程中，尽管各地进行了不同程度的探索和实践，但黄河流域涉及的九省区对自身的文化定位和时代方位没有形成统一的认知，存在着主体作用发挥不完全、调动社会积极因素不明显等情况。

（三）价值多元与西方文化的渗透

在新媒体时代，个人价值观更加多元。价值多元表征为价值追求繁多与诉求的集聚与扩张，个体对价值的追求，除了诉诸现实世界，也通过虚拟网络予以呈现，构建了一个集线上与线下于一体的共同场域。在这个共同场域中，商业价值的追求处于主导位置，多种文化、历史、民族和社会因素不断叠加和聚合，边界会不断随着时代的发展而无限延展。多元价值在其中不断交互、融合、激荡，进而引发冲突与博弈，发生裂变，催生出立场各异的价值选择与价值追求，从而影响到个体价值观的变迁与走向。加之个体在内生动力不足、外部环境助力有限的综合作用下，很难真正感受到黄河文化对个体的价值引领作用，不利于凝聚个体价值共识。在多元价值的共同场域中，西方文化的价值分化和离散作用显得尤为突出。随着东西方文化的交互，西方部分国家依托软硬实力尤其是“锐实力”作用的发挥，掌握文化输出的话语权，其通过显、隐两种手段交互使用，利用科技和网络的综合优势，借助大众文化和宗教等的传播进行文化输出和渗透，对我国个体价值观产生了深远影响。

（四）区域传统文化的趋同与求异

中华优秀传统文化有着共性的精神内涵和价值追求，黄河文化也是在发展过程中长期汲取流域内各民族优秀文化成果，与各民族文化相互融合、不断升华，才形成了如今的黄河文化共同体。因此，黄河文化呈现出文化的多样性特征。但随着经济全球化的不断加速，文化之间的交流与互动也越发频繁，进而奠定了文化趋同的基础。受此影响，黄河文化除与区域外文化交流交融外，由于空间位置邻近、交流时期较长，其自身与各民族各区域文化也不断相互融合，风土人情、建筑风格等渐趋一致，区域传统文化的特点也不断消缺，甚至部分少数民族文化渐失民族特色，趋同化趋势越发明显。但文化从本质上讲就是存异而非趋同。文化趋同固然有利于民族融合发展、形成“大一体”的国家概念，但也可能导致文化多样性的消逝，不利于黄河区域传统文化的保护。由于客观条件的局限，在传承和弘扬黄河文化时，尤其是对地域文化资源的发掘，对特色文化的掌握度、关注度和利用度远远达不到现实的需要，在主导文化传承过程中就容易出现强调共性文化要素而忽略地方文化特色等情况。

（五）传承载体与传播渠道的局限

文化传承载体多以物质形态或非物质形态显现，如语言文字、服饰建筑、宗教、教育和祭祀活动等。其中教育发挥了巨大的作用，其他方面则显得有些式微，载体较为单一。同改革开放之前相比，中国的社会生态发生了根本性的变革，原有的文化传承载体和传播渠道难以适应中华优秀传统文化“创造性转化、创新性发展”的要求。主要表现在：一是文创质量不高。有代表性的、生命力强的作品数量明显不足，人民日益增长的美好精神文化生活的需求与不平衡不充分的发展之间的矛盾没有得到有效缓解。二是与智媒体结合不足。“互联网 +”传统文化机制没有很好建构起来，没有充分发挥网络传播的新优势，尽管有一些博物馆和文化景区等机构做了很多尝试性的探索，但从整体上来看，线上线下有机结合明显欠缺。三是个体参与度不够。很多文化机构在选取或制作文化宣传素材时，容易忽略个体的需求和感受，没有把“我能给”和个体的“我想要”有效结合起来。

三、弘扬黄河文化的应然进路

弘扬黄河文化，多元主体的协同推动是确保成效的重要基石，资源要素的优化整合是重要前提，传承载体与传播渠道的融合共生是重要支撑，弘扬机制的建构完善是重要保障。这四个方面共同构成了弘扬黄河文化的多元路径，也是弘扬黄河文化的应然进路。

（一）多元主体协同推动

弘扬黄河文化必须以大众喜闻乐见的方式进行，避免“流程化”和“标准化”，真正做到文化基因与现代生活相调适、文化融入与个体内生需求相契合，从而把黄河文化的内涵精神根植于个体内心、时代价值作用于个体行为方式。弘扬黄河文化是一个复杂的系统工程，既涉及政府的顶层设计，又离不开社会的全面参与和支持。政府作为文化传承的主导者，应加强党的领导，充分发挥政府主导作用，构筑黄河文化传承体系，在政策制定和财政物力上给予一定程度的倾斜，加大对黄河文物遗迹保护的力度。如制订黄河流域系统性的文物保护方案，推动黄河流域内各区域之间的合作，保护好自然和文化的“双遗产”，还需要政府整合相关高校和机构的力量及资源，建设黄河文化传承发展的研究平台。

（二）载体渠道融合共生

黄河文化载体是指在实施黄河文化传承教育的过程中，能够承载和传递黄河文化价值和内容的物质或活动形式。在实现黄河文化以文化人、以文育人功能的过程中，载体发挥着重要作用。从分类上讲，载体可以分为物质载体、活动载体和传媒载体。物质载体的继承和保护、活动载体的繁荣和开发、传媒载体的运用与拓展等三个方面共同作用于黄河文化。而传播渠道作为传播过程的基本要素之一，指完成文化传播的媒介方式，如书籍、报刊、广播、电视和网络等。坚持传统与现代相融合。时空环境流变下的文化传承，要解决好传播的内容、形式和载体与时代结合的问题，要与当代文化相调适，从而赋予黄河文化新的时代气息。[7]

（三）弘扬机制建构完善

弘扬黄河文化是一个系统工程，其中多主体协同、多元素联动共同构成了一个生态系统，需要长期从全局性和根本性上建构完善的弘扬机制，使这一生态系统得以健康、科学、有效地运作。而弘扬机制的构建涉及四个方面的内容，包含导向激励机制、融入创新机制、运营管理机制和评估保障机制等。导向激励机制，也就是动力机制。在个人自觉不足的前提下，行为会受到动机的驱动和支配，适当的正向激励可以强化人的行为动机，可以调动机构和社会参与黄河文化建设的积极性。融入创新机制要从融入社会生活、融入社会道德范畴等方面进行创新设计。新媒体时代，在弘扬黄河文化的过程中还要创新运用微视频等传播载体。运营管理机制要做到“三全”：一要全员凝聚弘扬黄河文化的多元主体力量，二要全过程实现弘扬黄河文化实践活动的有效衔接，三要全方位深度整合黄河文化优势资源。评估保障机制有利于评价弘扬成效的好坏，对改进弘扬的方式方法、增强弘扬的针对性有很大的价值和作用。

四、结语

随着中国特色社会主义进入新时代，黄河文化不断被赋予新的内涵。黄河文化的传承和发展不断遇到新的情况，尤其是在新兴信息技术的持续赋能下，如何通过探索黄河文化传播的新策略、打造传播的新体系、构建传播的新机制，提高弘扬黄河文化的效能，是未来弘扬黄河文化，走出一条具有新媒体时代特色传承发展之路的新课题。

参考文献：

[1] 田学斌.黄河文化：中华民族的根和魂[N].学习时报，2021-02-05(01).

[2] 王国生.大力弘扬黄河文化为新时代中原更加出彩凝聚精神力量[N].河南日报，2020-01-15(001).

[3] 徐光春.黄帝文化与黄河文化[J].中华文化论坛，2016(07)：5-14+191.

[4] 刘翠玉.新时代黄河文化传播的时代价值、机遇与路径[J].新闻爱好者，2021(3)：70-72.

[5] 习近平.在黄河流域生态保护和高质量发展座谈会上的讲话[J].求是，2019(20)：4-11.

[6] 习近平.高举中国特色社会主义伟大旗帜为全面建设社会主义现代化国家而团结奋斗：在中国共产党第二十次全国代表大会上的报告[N].人民日报，2022-10-26(01).

[7] 周青建.文博机构传播黄河文化的路径探索[J].新闻爱好者，2022(8)：73-75.

（作者：吴春阳、夏梦萱、赵睿睿，原载于《新闻爱好者》2023年2期，原题为《微时代弘扬黄河文化的实然困境与应然路径》）

基于传承与创新的黄河文化传播体系构建策略

一、黄河文化传播的重要意义

第一，黄河文化传播对树立中国形象、传播中国文化，构建人类命运共同体具有重要意义。[1]黄河文化是中华民族的根和魂，凝聚着几千年来中华民族创造的大量优秀精神财富与物质财富，是中华民族的世界观和方法论的基本起点。[2]河南是黄河文明的发源地和黄河文化的核心区域，是“最早的中国”所在地。随着人口迁移和国家发展的历史进程，黄河文化不断走出中原，走进全国，走向全世界，为世界人民提供天人合一、兼容并蓄、和而不同的理念，对促进人与自然和谐共生、解决文明冲突、构建新型国际关系具有重大意义。从全球四大文明发展演变过程看，黄河文化是中华文明的代表和象征，构成了一个独特的东方思想体系，在东亚乃至全球具有重要地位与影响。当今世界正处于百年未有之大变局，宣传黄河文明，加强文化交流与互鉴，构建人类命运共同体，迫切需要传承发展以黄河文化为代表的中华优秀传统文化。

第二，黄河文化传播是增进民族团结、凝聚各方力量，实现中华民族伟大复兴的有力支撑。黄河孕育了中华民族和中华文明，黄河的河运治理所对应的融合、统一的思想文化，对中华文明影响深远。实现中华民族伟大复兴的目标，迫切需要以黄河文化为代表的中华优秀传统文化的滋养，从以黄河文化为代表的中华优秀文化中汲取精神力量，提高文化的软实力，推进社会主义文化强国建设。黄河文化具有的根源性、系统性和包容性的历史特质，将对全国人民增强文化自信，保护生态环境，促进高质量发展产生重要影响。[3]实现全体人民共同富裕，也需要把满足人民的物质文化需求和增强人民精神力量结合起来，让黄河文化旅游的成果惠及全体人民。[4]

第三，黄河文化传播是河南发挥文化资源优势，建设文化强省的重要依托。河南是黄河文化的核心区和集大成之地，是华夏儿女的心灵故乡和精神家园。目前，河南省委、省政府正在积极实施黄河流域生态保护和高质量发展这一国家战略，给我们推动新时代的黄河文化传播、遗产保护、历史传承提供了很好的机遇。我们应积极对接国家战略，以高质量的文化传播持续促进全省文化资源的创新发展，助推河南现代化建设，谱写新时代中原更加出彩的绚丽篇章。

二、黄河文化传播体系的现状与问题分析

（一）黄河文化传播体系的现状

历史上的黄河文化传播以人际传播为主。在漫长的传播历史中，口头传承、技艺传承和民俗传承是黄河文化的主要传播方式，也有以听觉符号和非语言为主要载体的传播。在漫长的历史中，通过历次河南人的大批外迁，南来北往的官吏和商民以语言符号呈现了黄河文化，如大禹治水、鲤鱼跃龙门的故事在民间广泛传播。以听觉符号为主要载体的传播，如方言土语、民间传说、河南豫剧、黄河号子等非物质文化遗产，都成为黄河不同时空里回响的腔调。以非语言符号为主要载体的黄河文化传播，如从远古的壁画到石窟造像，从建筑画像到器物纹饰，从服饰华章到居所装饰，从山水临摹到市井画卷，呈现出多姿多彩的黄河文化。各种历史遗存与出土文物直接展示了黄河文化丰富的内容，也是黄河文化的结晶和标志。借助人际传播，民风民俗和非物质文化遗产得以世世代代传承下去。

随着报纸、广播、电视等现代媒体的出现和发展，黄河文化传播的广度和深度不断拓展。特别是近几年来，河南省组织开展了“黄河文化月”和“中国郑州国际旅游城市市长论坛”等一大批主题活动，启动了“黄河非遗点亮老家河南”计划、“文化产业赋能乡村振兴”计划，着力打造“行走河南、读懂中国”品牌，以崭新的传播方式展现丰富多彩的黄河文化。河南主流媒体在传播黄河文化方面取得了很大成绩，也积累了丰富经验。河南广播电视总台先后推出了《壮美中原，老家河南》《豫见中国，老家河南》等系列公益宣传片，呈现了豫

剧、少林功夫、开封古城墙、殷墟甲骨文、嵩阳书院、郑州烩面、温县陈氏太极拳等典型的黄河文化符号。随着数字技术的发展、科技赋能文化产业，黄河文化“破圈”而出：太极拳成功申请人类非物质文化遗产，洛阳龙门石窟、登封“天地之中”古建筑群、安阳殷墟和中国大运河进入世界文化遗产名录。《唐宫夜宴》《洛神水赋》《龙门金刚》《国色天香》等传统文化节目也焕发出光彩夺目的魅力。

（二）黄河文化传播体系存在的问题

尽管河南黄河文化传播取得了一定效果，知名度进一步提高，但与河南丰厚的文化底蕴相比，黄河文化的传播整体效果还比较弱，传播潜力还没有被完全发掘出来。从近年来黄河文化传播的实践看，其传播力和影响力不足主要体现在以下几个方面：一是顶层设计和系统引导不足。政府部门对推动黄河文化传播缺乏较为全面、层级较高的总体设计。各类研究力量和资源要素相对分散，各个部门、行业、高校、科研机构对黄河文化内涵的挖掘梳理整合不够。文化创意人才匮乏，缺少创新创意的空间环境和政策环境，难以孵化新业态和新模式。传播主体与政府的配合不够紧密，跨行业的合作交流、文化融合发展存在一定不足，有分量的文创作品少，延伸产业辐射小，市场化和集约化程度整体不高。二是传播内容刻板单调。黄河文化传播定位不清晰，内容刻板单调，没有形成能代表河南文化的鲜活名片。过于粗放的文化展示模式降低了黄河文化的传播氛围和传播力，文化内涵同质化，文化资源的活化意识和现代化呈现的能力不足，无法得到应有的传播效果。定位不够精准、传播受众范围狭小。我省目前还没有针对国内受众设置差异化的传播方案，黄河文化在国家级宣传平台上出现得还不多，大量的宣传仅限于河南本地，直接导致宣传效果大打折扣。没有顶级项目，加之尚未形成跨区域的旅游产业，黄河文化的传播力度较弱，更遑论辐射到其他省份。三是传播技术有待提高。现阶段没有将各种资源融合在一起，黄河文化的传播还没有形成全景式、立体式、动态式传播的资源数字化、网络化建设与创新发展模式。传播形态上，报纸、电台、电视台、互联网的媒体融合不足，传播效果不佳。短视频、网络直播、H5 等新兴媒体在微信公众号上寥寥无几，与黄河有关的抖音更是少之又少。“文化 +IP”“文化 + 科技”、黄河文化融入生产生活等方面有待提高。

三、基于传承与创新的黄河文化传播体系构建对策

在现代科技和文化融合背景下，重构河南省黄河文化传承与创新的传播体系，既需要加强顶层设计、统筹规划，更需要借助科技手段，丰富整合黄河文化的深厚内涵，创新适合时代特点的传播方式，实现黄河文化的创造性转化和创新性发展。创造性转化是对黄河文化在形式、载体、传播途径等层面进行现代表达；创新性发展则强调对黄河文化在内涵上的补充、扩展、完善，赋予新的时代内涵。[5] 为此，需要在以下几个方面持续发力。

（一）加强顶层设计，统筹整合资源

政府及有关部门要加强统筹规划，前瞻布局。一是提升站位，拓宽视野。传播黄河文化是河南省贯彻习近平总书记“让黄河成为造福人民的幸福河”的重要举措，是落实黄河流域生态保护和高质量发展规划纲要的实际行动，使命光荣、影响深远。[6] 要坚持以推动文化旅游高质量发展为主题，以深化供给侧结构性改革为主线，以文化创意、科技创新为基本路线和主攻方向，以扩大内需为战略基点，满足人民日益增长的美好生活需要为出发点[7]，在黄河文化传播领域持续创新创意、破题破冰、出圈出彩，走出一条黄河文化传播的新路子。二是整合资源，形成合力。集中行业、高校、科研机构等各类研究力量，明确主攻方向，深化对黄河文化重大课题的研究。建设河南省文旅大数据库，实现与省政务云、政务网和大数据管理平台数据的共享，建立全省文旅智慧大脑，打造全省文旅线上虚拟空间。加大整合新媒体与报刊、广播、电视等大众媒体的融合，建成一体策划、集中采集、多种生成、立体化的传播方式，形成同频共振的河南文化旅游全媒体传播矩阵。打造自媒体、互联网大平台、省市媒体与中央媒体联动的传播体系，利用影视、广播、网络等多种媒体构建多元化复合型黄河文化传播平台。三是引育人才，锻造团队。各级政府要把培养人才、吸纳人才

和建设一支德才兼备、锐意创新、结构合理的人才团队作为工作的重心，不仅要在省内培养一批优秀的融媒体人才服务黄河文化传播事业，而且面向全国吸纳一大批高科技人才，提升黄河文化传播的实力和后劲。

（二）充实黄河文化传播内容

积极提炼、传播河南黄河文化精髓，坚守内容为王、渠道提升、受众至上的运作思路，坚持与民众对话，贴近社会现实，聚焦热点问题，以受众需求为中心的创新节点，不仅传播黄河文化的生命力、凝聚力、向心力，更要在黄河文化的引领力、主导力、传播力和影响力上下功夫。一是运用科技手段开展黄河文化资源普查。运用遥感技术（RS）、地理信息系统（GIS）和大数据等科技手段，依托国土空间基础信息平台、国家文化大数据体系、全国文物普查数据库，对黄河沿岸的文物古籍、非物质文化遗产、地方戏曲剧种、传统乐器、美术馆藏进行普查，完善黄河流域文化资源库的建设。二是做好溯源、寻根、铸魂的大文章。依托郑州大学、河南大学等高校和河南博物院、文物考古研究院等科研机构，实施中华文明探源工程、黄河文化考古等重大研究工程，加大对黄河文化的传承与阐释。激发黄河文化遗存活力，统筹推进古今图书、馆藏文物、文化遗迹等黄河历史文化遗产的保护、传承。三是建立黄河文化大IP。传播老家河南、天下黄河、华夏古都和中国功夫等宣传理念。打造中国文字的甲骨文文化IP，彰显华夏之光的仰韶文化IP，代表早期中国的二里头文化IP，隋唐洛阳城文化IP，蕴含中华美学的宋文化IP，凝炼东方智慧的道家IP，传达中国意境的唐诗宋词IP，扩大国际知名度和影响力。

（三）拓展黄河文化传播手段

铸造黄河文化传播平台，通过创意激活和科技赋能加速转化黄河文化旅游产品，促进黄河文化传播的国际化和现代化。一是立体打造黄河文化传播平台。充分发挥创作团队和民间传播的力量，利用新媒体平台等现代手段构建黄河文化传播体系，推进黄河文化传播国际化。充分利用新媒体平台，建设媒体特约评论员、黄河文化的专家学者、网络大V、网络写手等人员信息库，拍摄人文风景、影视作品、历史纪录片等，打造线上加线下互相融合的云文旅推广体系。发挥文艺院团、文博院馆、文化研究机构等优势，借助门户网站、社交媒体和网红平台开展全方位、多层级、立体化宣传推广。建立黄河文化与世界沟通的平台。总结、提炼、升华黄河文化的精神价值、思想价值、文化价值，提升用外文讲好河南故事的能力，让老家河南成为有故事、有传承、有温度、有情怀的社交平台公众号。打造多语种文旅推广基地，展现中国之中原、亚洲之中原、世界之中原；世界之黄河、中国之黄河、河南之黄河。盘活群众性文艺创作平台。激发文艺工作者的创作动力，打造一批以黄河文化为主题的戏曲、影视剧、话剧、情景剧等群众性艺术精品。二是创意驱动、科技赋能新业态。推进大数据、物联网、人工智能、AR、VR、MR 等现代信息科技在文旅文创产业的应用，将创意作为文化旅游融合发展的催化剂，贯穿到黄河文化传播的各个环节。随着高科技与文旅的高度融合，运用 5G 背景下的“互联网 +”“移动网 +”和人工智能等技术打造出一批文化产业的新产品、新组合和新业态，构建起一个跨界的文化产业新业态，使大批国潮国风文化持续出圈，以文化创意和科技赋能来引领黄河文化的现代化。三是以人为本，推送个性化信息。建设河南省文旅文创融合数字创意中心，实现黄河文化的云展览、云娱乐、线上演播、智慧服务、沉浸式体验等新兴业态的内容。创作生产出河南特色的网络演绎、网络视听、数字动漫、数字出版等，实现可视化、互动化、沉浸式体验和便捷化消费。利用大数据的技术手段创新，通过人工智能分析，按照不同性别、不同年龄、不同文化档次的用户需求、兴趣及偏好进行智能匹配，实行个性化定制，满足个性化需求。

四、结语

构建黄河文化传播体系要充分发挥黄河文化在赓续国家文脉、弘扬民族精神、坚定文化自信中的作用，形成中华民族共同体意识的现实功能。大力宣传黄河文化的生态理论、治国理念、哲学思想，提升其生命力、传播力和影响力，助力中华民族的伟大复兴；推进黄河文化精神内涵和展现方式的现代化，使文化元素与文化价值充分融入百姓生活。

参考文献：

[1] 赵淑萍，王婧雯．构建中国全媒体传播体系的三个重心［EB/OL］.http：//theory.people.com.cn/n1/2019/12－03/c40531－31486406.html.

[2] 张占仓．黄河文化的主要特征与时代价值［J］．中原文化研究，2022（6）．

[3] 赵晓芳，吴朋飞．盘活创新发展黄河文化资源［EB/OL］.https：//theory.dahe.cn/2021/02－24/803897.html.

[4] 陈学桦，陈小平．黄河文化与黄河文化地标理论研讨会举行［EB/OL］．https：//news.dahe.cn/2020/07－11/683568.html.

[5] 涂俊仪．“两创”视域下文物形象的跨媒介创意表达与传播：以三星堆文物为例［J］．北京文化创意，2021（4）：35－41.

[6] 李铮，冯芸．楼阳生为黄河实验室揭牌［EB/OL］.https：//news.dahe.cn/2021/10－20/914460.html.

[7] 张婷．沿黄九省区专家学者龙城话“黄河”［EB/OL］.http：//news.sxrb.com/GB/314060/9654248.html.

（作者：刘向阳，原载于《新闻爱好者》2022年7期）

新时代黄河文化传播创新路径研究

承百代之流，而会乎当今之变。中国特色社会主义文化，源于中国传统文化。尽管学术界指出中华文化多元发生的问题，但是这种多元化发展是不均衡的，“从中华民族的始祖炎帝、黄帝及传说中的尧舜时代，到有史可稽的夏、商、周，其活动区域都在黄河中下游地区”[1]，黄河流域仍然是中国古代文化发展的中心。中国文化的曙光，实际是从黄河流域的地方开始辉煌，所以我们可以说：黄河流域是我国文化的摇篮。[2]正如2019年9月18日，习近平总书记在河南主持召开黄河流域生态保护和高质量发展座谈会上指出的：“黄河文化是中华文明的重要组成部分，是中华民族的根和魂。”[3]因此，新时代探讨中华优秀传统文化的继承与发展，必然绕不开探讨黄河文化的传播。如何“讲好黄河文化，传播好黄河声音”成为新时代需要探讨的重要课题。

一、新时代黄河文化传播的时代价值

中国共产党历来重视优秀传统文化的重要性，尤其是党的十八大以来，以习近平同志为核心的党中央围绕传承和弘扬中华优秀传统文化发表了一系列重要论述。黄河文化作为中华文明的重要组成部分，其蕴含的思想观念、人文精神、价值规范，在新时代仍然体现出重要的时代价值。

（一）涵养社会主义核心价值观的重要源泉

社会主义核心价值观是中华民族赖以维系的精神纽带，是我们共同的思想道德基础。社会主义核心价值观与中华优秀传统文化有着密不可分的内在关联。优秀传统文化是中华民族的精神命脉，是涵养社会主义核心价值观的重要源泉；

社会主义核心价值观为中华优秀传统文化的高度凝练和集中表达，必须从优秀传统文化中汲取丰富营养，否则就不会有生命力和影响力。黄河文化作为中华民族的根和魂，其文化产生最早、发展最快，体现了中华民族在生产生活中形成的价值取向、思想风貌、道德规范等，在长期的形成和发展过程中，已经具有广泛的群众基础，具有一定的亲和力、感召力和向心力。社会主义核心价值观只有植根于此，才能被普遍理解与接受，成为全体人民共同的价值追求。

（二）中国日益走近世界舞台中央的重要助力

习近平总书记在党的十九大报告中指出，"这个新时代，是我国日益走近世界舞台中央、不断为人类作出更大贡献的时代"。[4] 我们必须明确的是，日益走近世界舞台的中央，就是日益走近全球符号市场的中央，就是日益走近文化软实力和价值观竞争的中央。经过改革开放 40 多年的奋起直追，中国的发展成功打破了西方发展模式主导世界的格局，丰富了现代化发展道路的多样性，向世界凸显了中国方案与中国经验，同时也向世界彰显了中国精神与中华文化。传播的理念是共享共通，世界需要文明互鉴。黄河文化作为中华文明的重要组成部分，一直讲求对外交流，在历史上多次开展中外交往，进行文化的碰撞与融合，如以著名的四大发明为代表的黄河文化在元朝辗转西传，西方的阿拉伯文化也在这一时期传入中国。因此，黄河文化在世界传播格局中应当占据一席之地，这样不仅有助于坚守中国文化立场，体现文化道路自信，还能从中汲取精神力量，为构建和谐世界贡献中国智慧。

（三）推进国家治理体系和国家治理能力现代化的重要保障

国家治理是一个庞大而复杂的系统工程，涉及方方面面。党的十八届三中全会提出"推进国家治理体系和治理能力现代化"[5]，这是一个国家的制度和制度执行能力的集中体现，是适应社会发展和满足人民群众需要的必然选择。文化兴则国运兴，文化强则民族强。[6] 新时代传播黄河文化有助于提升文化软实力、增强民族凝聚力，实现中华民族的伟大复兴。同时，黄河文化中蕴含着大量的智慧结晶，如儒学是黄河文化的重要符号与标志；又如黄河的防洪、灌溉、航运等经验都可以运用到治国理政的实践中，推进国家治理体系和治理能力现代化。

二、新时代黄河文化传播的制约因素

目前，黄河文化的传播已经逐步开展，如建立黄河游览区、黄河博物馆，主流媒体对黄河文化进行宣传报道等。随着媒介技术的快速发展，信息传播环境发生根本变化，在一定程度上影响和推动了我国媒介生态格局的转变。技术虽然不能决定社会，但是技术是“一种革命的动因”[7]，为黄河文化传播带来了机遇。但是在具体的媒介实践过程中，黄河文化的传承与传播仍然存在很大的提升空间，这主要与所存在的理念缺失、运作偏差等制约因素有关。

（一）理念的缺失导致对黄河文化认知不清和认识不足

黄河文化的传播长期受到错误观念等方面的干扰和影响，在传播理念上一直存在诸多偏差甚至是误区，导致对黄河文化认知不清和认识不足。

首先，多元文化的冲击导致对黄河文化重要性的认识不足。改革开放以来，为满足人民的文化需求，我国在强化主导文化的同时，也提倡文化生产和发展的多元化和多样化，加之西方文化的强力渗透，使我国传统文化受到强烈冲击。尤其是移动互联网的出现，动摇了以传统文化为基础的主流文化的权威地位，“主要体现在两个方面，首先，互联网的出现导致了文化的多元化，助长了个人主义，消解了主流文化的主导地位；其次，互联网的出现冲击了主流文化推崇的价值体系”[8]。黄河文化作为传统文化的重要组成部分，自然也备受冲击。而且这种冲击不容小觑，使得包括黄河文化在内的传统文化呈现边缘化的态势。这都使得公众对黄河文化的重要性认识不足。

其次，错误观念导致对黄河文化的非理性认知。在黄河文化传播的过程中，不同受众对黄河文化的理解存在差异，甚至有些人存在误解和错误认识。目前关于传统文化的错误观念主要包括“复古主义思潮、历史虚无主义、功利主义、经院主义”[9]等。这些认知都是非理性的，严重影响和制约了黄河文化的传播。黄河文化源远流长，优秀的黄河文化具有很强的生命力，是黄河流域乃至中华民族全体劳动人民的智慧结晶，对现代化建设仍然具有重要的指导和借鉴意义，需要我们在生产生活中继续传承与发扬。

（二）运作偏差导致黄河文化现代阐释不足

黄河文化的传播虽然已经开展起来，但是缺乏应有的传播效果，还停留在自说自话层面，这与实际运作出现偏差有一定的关系。

首先，“照搬”模式导致现代阐释和转化不足。传统文化的传承不是一种静止状态，而是应当不断与现实对话，不断发展转化和改造创新的。黄河文化本身就是随着社会的进步不断发展变化的。而目前黄河文化的传播主要还是将其具体内容照搬到各种传播媒介上，虽然传播渠道呈现多样化态势，但是缺乏对现实的观照，没有过多进行现代阐释和现代转化。而且这种照搬更多的是一种简单的复制，没有考量传播介质的适用性和传播力。

其次，碎片化的解读导致黄河文化传播的片面性。黄河文化是一脉相承、复杂的、完整的思想体系。而新媒体语境下，移动互联技术的发展使新媒体传播模式具有碎片化的特征，这种碎片化体现在传播主体、传播内容、受众注意力等方面。当黄河文化借助新媒体进行传播时，虽然具有一定的活力和表现力，同时也使黄河文化被碎片化解读。这种碎片化的解读导致黄河文化在传播过程中缺乏对其系统阐释和深度解读，长此以往会导致受众难以把握黄河文化的整体脉络。同时，碎片化的解读还容易导致黄河文化传播的浅层化，存在断章取义的解读和误读。

三、新时代黄河文化传播的路径创新

黄河文化的传承与发扬，不仅取决于它自身彰显的魅力，还取决于它如何被传播与被接受。继承是基础，创新是方法。尤其是在新的媒介生态格局下，如何准确把握和认识、继承和发扬黄河文化，成为“讲好黄河文化，传播好黄河声音”亟待回答的问题。

（一）顶层设计与基层落地相结合，建立文化传播保障体系

首先，弘扬和传播黄河文化，使之实现时代价值，需要从国家层面做好顶层设计，这有助于协调传承和创新之间的关系，促进黄河文化的现代阐释和现代转化，从制度层面保障黄河文化的传播环境，建立黄河文化传播的保障体系。目前，我国出台了不少相关制度，以确保中华优秀传统文化的传承与发展，如2017年中共中央办公厅和国务院办公厅联合印发的《关于实施中华优秀传统文化传承发展工程的意见》等。在落地方面，应当以顶层设计为纲要和原则，结合具体实际开展黄河文化传播工作，在全社会范围内营造良好的黄河文化传播氛围，促进黄河文化的传承与建设。

其次，加强黄河文化传播的专业队伍建设。在进行黄河文化的传播过程中，往往存在误读、片面等问题，这就需要从事黄河文化传播的新闻媒体工作者具备一定的黄河文化传播素养，既包括黄河文化知识储备，也包括深入挖掘黄河文化蕴含的时代价值的分析能力，还包括将黄河文化与现实需要相结合、相观照的能力。只有这样才能确保黄河文化传播内容的科学性和合理性。

（二）深入挖掘黄河文化的内涵，实现现代转化效果最大化

黄河文化是有着漫长演进历史的复杂综合体，涉及哲学、宗教、科技、文化、地理等诸多方面。如何发挥黄河文化的现实价值，关键在于我们应该如何从现实入手，深入挖掘黄河文化的核心内涵，并结合新时代语境进行合理阐释与转化。

首先，优化传播内容，有扬弃地予以继承。在新时代要理性对待黄河文化，不能一味肯定或者批评，而是应当“取其精华、弃其糟粕”，以时代发展的要求为依据进行扬弃。尤其是新的媒介生态格局下，并非所有的黄河文化内容都会被一一涉及，进行文化传播之前应当鉴别好精华与糟粕，鉴别好适合新时代传播与表达的文化内容，将现代文化与优秀的黄河文化相互融合，真正做到传播内容的最优化。

其次，实现黄河文化的分层传播，满足受众的多层次需求。黄河文化具有包容性与发展性，涉及诸多方面。因此，分层传播是黄河文化传播的有效策略

之一。所谓分层传播，就是将受众视为具有共性的多层次群体的有机组合体，只有通过针对不同层次受众的精准传播才能有效提升传播的有效性。目前黄河文化的传播多停留在知识传播和商业价值传播方面，对其价值引导等方面的挖掘还有所欠缺。而精神文化和价值引导是文化的核心部分，黄河文化精神在黄河文化中起主导作用。这就需要在实际传播过程中，将黄河文化进行系统挖掘，将具体内容进行划分和分类，同时确立文化核心，系统和有针对性地进行转化和传播，提升传播的有效性。

（三）依托全媒体传播平台，创新话语表达方式

内容正确不等于效果就好。[10]黄河文化传播要讲究技巧、注重艺术，要明确受众感兴趣的传播内容、乐于接受的传播方式、易于理解的话语方式。这就要求黄河文化在实际传播中，要牢牢把握人民群众对美好生活向往的根本目标，加强话语体系建设，创新传播方式，让世界和中国知道中华民族为人类文明进步已经做出了什么贡献，正在做出什么贡献，还要做出什么贡献。

首先，依托全媒体传播平台，全方位多样态进行文化传播。2019 年 1 月 25 日，习近平总书记关于“全媒体时代和媒体融合发展”的重要讲话中指出，信息变得无处不在、无所不及、无人不用，全媒体不断发展，出现了全程媒体、全息媒体、全员媒体、全效媒体，导致舆论生态、媒体格局、传播方式发生深刻变化，新闻舆论工作面临新的挑战。[11]这种挑战，同样是黄河文化传播的新挑战。尤其是 5G 技术的推广与运用，为黄河文化传播提供了更大的机遇。黄河文化传播要运用信息革命成果，借助媒体融合向纵深发展的浪潮，“积极探索有利于破解工作难题的新举措、新办法，特别是要适应社会信息化持续推进的新情况，加快传统媒体和新兴媒体融合发展，充分利用新技术、新应用创新媒体传播方式，占领信息传播制高点”[12]，还要综合运用全媒体的表现形式，以多样态、多介质进行黄河文化的报道和内容推送，实现“内容产品从可读到可视、从静态到动态、从一维到多维的升级，满足多终端传播和多种体验需求”[13]。

其次，还应重视黄河文化传播的文风、话风建设，创新话语表达方式。新时代如何讲好黄河文化的主要内容，如何打造易于国内外舆论界所理解和接受的

理念、范畴、表述，探索适应新时代和新形势的话语表达方式，考验着黄河文化传播工作者的传播能力。在具体传播实践中，应当将黄河文化的话语表达嵌入中国特色社会主义话语体系中，应当把握好黄河文化传播的节奏，根据不同传播平台和不同传播形式采用不同的话语文风表达。值得注意的是，这一切工作都以最广大人民群众的根本利益为检验标准，结合当下社会的关注点，拉近受众与黄河文化的距离，让黄河文化以受众喜闻乐见的方式植根于人类交往的精神世界。

参考文献：

[1] 刘德久，张安塞．文苑卷［M］．济南：山东人民出版社，2001：31.

[2] 陈鹤琴，陈选善，主编；顾绰明，卢冠六，吴揖尘，编辑．黄河文化［M］．上海：世界书局，1941：3.

[3] 习近平在河南主持召开黄河流域生态保护和高质量发展座谈会时强调：共同抓好大保护协同推进大治理让黄河成为造福人民的幸福河［N］．人民日报，2019-09-20（01）.

[4] 习近平．决胜全面建成小康社会夺取新时代中国特色社会主义伟大胜利：在中国共产党第十九次全国代表大会上的报告［M］．北京：人民出版社，2017：11.

[5] 中国共产党第十八届中央委员会第三次全体会议公报［EB/OL］.http：//www.xinhuanet.com/politics/2013-11/12/c_118113455.htm.

[6] 习近平．决胜全面建成小康社会夺取新时代中国特色社会主义伟大胜利：在中国共产党第十九次全国代表大会上的报告［M］．北京：人民出版社，2017：11.

[7] 李清霞．沉溺与超越［M］．北京：中国社会科学出版社，2007：132.

[8] 戴元光．社会转型与传播理论创新［M］．上海：上海三联书店，2008.

[9] 董成雄．中国优秀传统文化的系统解读和传承建构［D］．华侨大学，2016.

[10] 学习领会习近平批示精神把握对外传播时代要求［EB/OL］.http：//www.scio.gov.cn/m/zxbd/wz/Document/1439594/1439594.htm.

[11] 习近平：推动媒体融合向纵深发展巩固全党全国人民共同思想基础[N]. 人民日报，2019-01-26(01).

[12] 中共中央文献研究室. 习近平关于全面深化改革论述摘编[M]. 北京：中央文献出版社，2014：84-85.

[13] 新华通讯社课题组. 习近平新闻舆论思想要论[M]. 北京：新华出版社，2017：238.

（作者：邢祥、邢军，原载于《新闻爱好者》2020年3期）

黄河文化的符号化与场景化传播

智能化、场景化、符号化的媒介技术的发展，有助于拓宽黄河文化传播渠道，讲述黄河文化故事，弘扬与传播黄河文化。运用多种新兴媒介传播技术，深入挖掘黄河文化元素，传承黄河文化精神。智能化、场景化、符号化的传播方式与手段，将中华传统文化与黄河文明塑造成生动、活泼、有趣的符号，意义深远。

一、黄河文化故事与黄河精神的传承

（一）丰富黄河文化故事的传播形式

古往今来，黄河流域发生过许多传奇的、生动的、感人的、励志的黄河故事，这些故事承载着一代又一代黄河儿女的理想信念和文化基因。河南民俗文化展示馆以“黄河故事”为主题，建成全新的黄河文化传播基地，吸引更多群众了解黄河文化故事。借助新兴媒介技术，将蕴含着黄河文化精神的神话传说、民间故事、散文诗歌等文化故事和文学作品，赋予全新的表现形式和传播渠道，使黄河文化故事传播的范围更广。

首先，黄河文化传播将黄河故事和文学作品的原型改编成生动有趣的 IP 形象。例如，金水河的传说、镇河铁牛的传说、贾鲁河的来历等河南地区黄河民间故事，作为故事原型进行创作，将生动有趣的故事以图像、影音、短视频的形式，实现黄河故事在新媒体平台的广泛传播。

其次，黄河文化传播将黄河故事的文化符号由“实”转化为“虚”。借助智能化媒介技术模拟真实世界，使用户与虚拟世界零距离接触，沉浸在符号拼凑的虚拟场景中，增强用户的场景交互体验。智能技术应用在黄河文化主题公园、黄河文化体验馆、黄河文化纪念馆、黄河文化数字博物馆等场域，AR 技术建造超现实空间，利用 VR 技术将黄河文化故事展现在人们面前，提供智能视频，打破空间限制，扫描二维码自动识别黄河文化场景，二维平面实现三维空间的全景图全方位展示，使用户了解黄河文化文物、历史遗址的细节。

（二）弘扬黄河文化精神的历史传承

从黄河故事中提炼黄河文化精神价值，以黄河文化的历史文脉为依据，构成其独特的文化精神体系。天地玄黄，宇宙洪荒，自上古时期人文始祖炎黄二帝到夏商周时期，黄河文化逐渐发展壮大。舟楫黄河的人们总会发出“黄河之水天上来，奔流到海不复回”的感慨豪情。黄河是天作地合，黄河所流经的区域孕育着世界著名的农耕文明，黄河儿女见证了母亲河的伟大。黄河文化吸纳北方游牧民族文化，经过数千年不断地杂糅、交错、融合，逐渐形成如今的中华文明。

对于中华文明来说，黄河已不仅是自然河流，更像精神图腾，形成统一的精神文明。因黄河而生的文化，是建立在人与黄河关系基础上形成的文化。黄河文化是兼收并蓄的有机体，是整个黄河流域所发生、发展、发现的全部文明成果的集合。黄河儿女的文化基因流传着国家统一的思想观念，时刻铭记着维护国家领土统一和主权完整，各民族牢记团结起来共同抵御外敌的坚定信念。步入新时代，传统的黄河文化被赋予新的内涵，黄帝故里拜祖大典是黄河文明的重要表现形式，华夏儿女以集体团结一致的力量，彰显古代黄河文化精神的民族气节。

二、构建黄河文化符号体系

（一）黄河文化的地标符号

千百年来，黄河在河南留下黄帝故里、花园口、小浪底、商城遗址等文化地标。如郑州城西洛达庙遗址保留着古老的殷文化；洛阳的龙门石窟、牡丹花、洛神；郑州的二七纪念塔、中原福塔、花园口等。郑州在商城遗址周边建设商城遗址公园，能够为游客提供室外活动，实现城墙遗址观赏游览、文化展示和聚集休闲三大功能，环城木栈道使游人能够近距离接触古朴的城墙，缅怀千年历史。

（二）黄河文化的视觉符号

在中华民族传统美德的众多文化流派中，黄河文化对传统文化的传承主要表现在日常生活、建筑艺术和戏曲文艺等方面。河南境内洛阳附近渑池县仰韶村的仰韶文化中最为典型的华丽篇章是彩色陶器，又称彩陶文化。河南省陕县庙底沟的仰韶文化的彩陶呈现各种圆形、直线、曲线等图形，几何纹样绚丽多样、变化丰富。视觉文化的数字化传播能拉近传媒与观众之间的距离。在信息传播过程中，视觉符号不断刺激人，影响人们对事物的判断。黄河水流经黄土高原后，裹挟着大量泥沙注入河南境内，使河水显得更黄。这种黄色的泥沙带来农耕文明，成为黄河流域民本思想的根基，形成民族的脊梁。

从色彩角度来看，黄河文化取黄色的象征意义，寓意明亮的、鲜艳的、希望的、富有的。“黄”色蕴含着皇权，进而引申出国家统治者的权威性。借助视觉形象识别系统，让黄河文化动起来、活起来。设计者借助黄河文化设计宣传文案、图标、LOGO、线条，有利于黄河文化的形象塑造和传播。黄河吉祥物融入黄河文化元素，融入文化创意产品设计，形成具体的、生动的、形象的、可触可感的文化创意产品，有助于黄河文化动起来、活起来、火起来。

（三）黄河文化的时尚符号

以黄河文化的历史文明为内容输出，形成黄河文化消费体系，如开发建设黄河文化主题公园所带来的文旅收益，以黄河文化为灵感所拍摄和研发的电影、电视剧、动漫、卡通以及文创产品所产生的经济效益。商朝被设定为黄河文明之始，其活动区域正处于黄河平原，商朝甲骨文和青铜器艺术登峰造极，以甲骨文和青铜器为蓝本，进行现代文创产品的开发和研制，可作为黄河文化时尚符号的突破。

在媒介技术发展的浪潮中，“传统历史文化与现代媒介技术的结合，虚拟与现实深度融合，拓展新的文化空间”。[1]通过黄河文化说唱空间、茶馆体验空间、书院体验空间，将音乐（黄河号子、卢氏劳号）、戏剧曲艺（豫剧、皮影戏、木偶戏、锣鼓书、河南坠子）、舞蹈（齐天圣鼓、夜社火）、杂耍（高跷、舞龙、平垛）融入极具当地特色的自然风光和建筑群落，赋予传统的、陈旧的、静态的黄河民俗文化以新兴的、时尚的、动态的表现。

三、搭建黄河文化传播矩阵

（一）促进媒介跨界融合，拓宽传播渠道

发挥传统媒体在文化宣传和价值引领方面的优势，在河南卫视增设《黄河文化》专栏，以“黄河颂”为主题制作黄河文化系列节目，融入黄河流域文物考古和遗址的保护与利用（双槐树遗址、大河村遗址）、黄河文化旅游带与景区建设（黄河国家文化公园）、黄河文化历史故事与人物事迹、黄河文化时代价值与精神、黄河流域非物质文化遗产保护传承与弘扬、黄河文化文创产品的研发与制作等内容，实现全天候播出。在河南沿黄地区机场、火车站、汽车站等交通枢纽处，设置黄河文化宣传推广平台，让河南黄河文化走出河南，推向全国，传至海外。

加大黄河文化网络建设力度，拓宽黄河精神网络传播途径。利用“两微一端”新媒体平台，“打造黄河文化传播的全媒体矩阵”[2]，是宣传与推广黄河文化的主要途径。加大新媒体平台推广和宣传黄河文化的力度，征集黄河文化话题和议题，以网络“意见领袖”的力量，形成强大合力，促进黄河文化传播，提高用户关注度和参与积极性。

（二）助力线上线下联动，增强实时互动

社交媒体结合黄河文化的旅游资源，有助于扩大黄河文化的影响力、传播力。各大文化机构在政务新媒体平台推介文化旅游活动，开设黄河文化直播节目，以“慢直播 · 沉浸式 · 虚拟游河南”为传播形式，推出直播专题活动。河南博物馆“考古盲盒”融入黄河文化的文化旅游元素，受到国内外游客的热捧。

洛阳携手抖音、今日头条两大热门社交媒体平台，以线上直播的方式为广大用户呈现“云赏牡丹、花开满屏”，当日网友点击量过亿。云台山景区在抖音平台直播的汉服花朝节，播放量近亿次。

激活视频传播形态，融合抖音、快手短视频平台，以短视频为主，以视频号、视频直播为辅，增加黄河文化节目的点击率，扩大黄河文化的传播范围。短视频是媒体融合传播信息的主阵地，充分利用短视频平台，投放黄河文化作品，利用短视频、小动画等多元传播方式，展现文化遗址与著名人物的生动形象。“黄河文化月”系列活动声势浩大，内容丰富多彩，通过“线下举办 + 线上直播”的方式传播黄河文化，在微博、抖音多频道开通《豫见黄河文化月》栏目。从黄河珍宝、商代城墙遗址、郑州老奶奶庙遗址、黄帝故里拜祖大典、来洛阳探秘十三朝古都、“宝藏”郑州“潮”你而来等主题切入，在网络平台呈现黄河文化的精彩，以短视频的形式吸引人们的关注，引发热烈讨论和社交圈层的二次传播。在虚拟网络平台身临其境般观看拜祖大典、在手机端聆听黄河文化研究大咖的精彩发言，跟随无人机的镜头欣赏沿黄的壮美风景、体验黄河沿岸有滋有味的黄河民俗风情。

（三）融入智能媒介技术，提升交互体验

“媒介技术越来越透明，深深嵌入人的身体，融入人们的场景体验。”[3] 具有沉浸性、交互性和想象性的 VR 场景，借助于三维视觉显示、声音交互设备等技术，采用实物虚化、虚物实化、信息叠加、全息呈现的手段改变虚拟场景的交互方式，将信息传播内容提升到五维层面，既有空间方位上的 XYZ 三维度，又有时间维度和虚拟平行世界。在 5G 技术支持下，4K/8K 超高清技术得到广泛普及，拓展了视觉化媒体通感体验效果，实现了全景影像传播。5G 时代视频直播为大众带来不一样的体验感与现场感，观众以“遥在”[4] 的方式存在于舞台现场。先进的媒介传输技术与科技力量助推，5G 技术与文化衍生行业的发展，现代媒介传输技术与舞蹈演员肢体表演的杂糅，促进了影像符号的视听语言表达与镜头拍摄技巧的完美融合。

智能媒体时代，以 AR、VR 为代表的智能技术主导多感官场景成为未来媒

体发展的趋势。场景的核心是体验，是以用户的行为轨迹为逻辑、以连接质量为前提、以情感输出为要素。人工智能技术融入信息传播过程形成人机一体的全感官融合场景。智能媒体将线下的社会生活与线上的虚拟世界融合起来，为用户带来逼真的视听体验，影响用户的数字化生存和艺术感知体验。在智能化媒介技术加持下，黄河文化作品褪去陈旧的外衣，以崭新的面貌，活力四射地呈现在观众面前，与观众形成良好的互动场景体验。

四、实现黄河文化的场景化传播

（一）黄河文化的场景呈现

场景呈现是场景再现的基础与条件，其目的是吸引观众的注意。从场景呈现到场景再现是从真实到拟像的过程。[5]场景呈现是人为的仿制，模拟人们日常生活的真实场景。

河南通过文旅、文化周边、IP联名、晚会等大众喜闻乐见的传播形式，使黄河文化深入人心。深入挖掘黄河文化元素，运用智能化、场景化的传播方式与手段，先进的媒介传输技术与科技力量的助推，增强传统舞台表演的感染力、表现力和传播力。影像道具的选择对非常规介质进行视觉创作，使用“吸光性的黑松绒面、钢丝绳、铁丝网、无实体空间来呈现山体、树林、水、破碎的镜体，以及移动的人群”。[6]现场排练也会导致影像风格变化，导演根据现场效果调整视觉表达策略。

（二）黄河文化的场景再现

场景再现是一种拟像，通过电子、数码与科技手段再造场景，融入创作者的主观判断和艺术灵感，唤醒观众的记忆。再现的场景可以是真实的，也可以是虚拟的。借助舞台布景将色彩、图案、灯光、配乐等元素融合起来，演员的角色扮演、服饰、发型、装扮、台词再现经典的历史场景。每个符号都从细节入手，赋予其形态、色彩和意义，对细节进行刻画与升华。一方面，再现的场景逼真地仿拟现实生活的空间场域，各种装饰、造型、人物关系按照日常生活的逻辑展开。另一方面，再现的场景是人们脑海中意象的投射，是模仿、虚幻的拟态环境。

五、结语

随着媒介技术的蓬勃发展，智能化媒介技术为场景传播奠定了技术基础，让智能化媒介场景实现多重空间并置叠加、文化杂糅、人与自然和谐共生、传统文化与现代技术相交融的多样化意象。借助新兴的媒介技术，深入挖掘黄河文化精神价值，建构场景符号传播系统，形成地标符号、视觉符号和时尚符号，以场景呈现和场景再现的方式扩大黄河文化的传播范围，促进黄河文化精神的弘扬。

参考文献：

［1］曾一果，李蓓蕾．破壁：媒体融合下视频节目的“文化出圈”：以河南卫视《唐宫夜宴》系列节目为例［J］．新闻与写作，2021（6）：33.

［2］王伟．融媒体背景下黄河文化传播的策略研究［J］．新闻爱好者，2021（11）：53.

［3］孙玮．交流者的身体：传播与在场：意识主体、身体—主体、智能主体的演变［J］．国际新闻界，2018（12）：98.

［4］慕海昕，彭兰．新体验、新风险：5G环境中的人与传播［J］．新闻论坛，2019（3）：20.

［5］段永朝．互联网：碎片化生存［M］．北京：中信出版社，2009：100.

［6］郑蕾，高素娜，李亦奕．揭秘“只有河南·戏剧幻城”光影背后的故事［N］．中国文化报，2021-06-10（4）.

（作者：战令琦、张海斌，原载于《新闻爱好者》2022年11期）

短视频时代的黄河文化传播

黄河是中华民族的母亲河，千百年来孕育了“河湟文化、河洛文化、关中文化、齐鲁文化”，塑造了“中华民族自强不息的民族品格”[1]，黄河文化是炎黄子孙的精神家园。随着中国社会转型的持续深入，黄河文化在社会发展中的地位日益受到瞩目，对于黄河文化的传播亦成为社会重要议题。传统媒介环境中，黄河文化的传播具有明显的时代烙印，无论是文人墨客的咏黄诗歌[2]，还是形式多样的治黄宣传，都是精英语境下的传播行为，体现的是“精英知识分子对于文学艺术和文化生产的各种资源特别是媒介资源的垄断性占有”。[3]这与纸媒、广播、电视、电影等传统媒介生态的运行准则及逻辑内核是相对应的，但与目前以短视频、自媒体等为代表的去精英化、社交化的传播现状相去较远。

当前媒体生态环境下，传播形式的选择、内容要素的组合、传播主体的扩容，已经成为影响和决定传播效能的决定性条件。在此情境下，探讨黄河文化的传播形式与传播主体，明确黄河文化的传播内容，具有现实而深远的意义。

一、从宣传到社交：短视频传播的必要性与可行性

黄河文化形成于先民的生息、繁衍、奋斗、发展的历史进程中。起初，具有鲜明的生活气息。随着历史的发展，黄河文化不断发展累积，内涵意蕴日益深厚，逐渐带有严肃庄重的色彩。近代以降，黄河文化主要经由书籍报刊、影视作品等手段传播。这些内容多是由精英生产完成，带有鲜明的自上而下的灌输式宣传意味。社会大众虽然生活在黄河文化的浓厚氛围中，但是因为缺乏对媒体的掌握和占有，对黄河文化的表达没有主动权、参与权，成为“在场的看客”。20世纪八九十年代以来，经济为中心的发展思路，客观上将包括广大农民

在内的社会大众的注意力引向了农业之外，以“旱地农业文化”为核心的黄河文化与民众之间出现了渐行渐远的趋势。“在场的看客”亦演变出了“离场的看客”。黄河文化变成了传统媒体只有在特定时刻才会特别关注的某种符号。

就文化的传承而言，黄河文化的传播现状显然有极大的改善空间。要实现“深入挖掘黄河文化蕴含的时代价值，讲好黄河故事，延续历史文脉，坚定文化自信”[4]的文化目标，显然需要改变黄河文化传播的现状。无论是“融入新媒体，采取大众喜闻乐见的传播方式”[5]，“变静态陈列为全方位展示，变被动接受为互动体验”[6]，还是“进一步加强黄河文化对外传播平台建设”[7]，抑或“深度融合赋能黄河文化新业态”[8]，均应注重受众的参与，将黄河文化从“宣传的内容”变为受众可以进行讨论参与的“社交内容”。这就需要重视和发挥新媒体的作用，尤其需要借助和依赖民众亲身参与的自媒体形式，短视频显然是其中的重要选择。

随着网络通信技术的普及，短视频成为越来越重要的信息传播载体和形式，它的影响力和传播效力日益凸显。根据《第 45 次中国互联网络发展状况统计报告》数据，截至 2020 年 3 月，中国网络短视频用户规模达到 7.73 亿，占所有网民数量的 85.6%。根据《2019 年中国短视频行业发展趋势报告》数据，2019 年 6 月以来，用户日观看短视频时长稳定在 3 亿小时。

凭借着“满足公众放松娱乐、获取信息与开展社交同步完成”的特性[9]，短视频已经成为当前最重要的信息传播形式和表达手段之一，对社会大众具有极强的影响力。短视频平台聚集了数以亿计的用户，尤其是青年群体，成为新的“新闻舆论阵地”。按照“人在哪里，新闻舆论阵地就应该在哪里”的传播思路，短视频应该成为黄河文化传播的重要途径。

中华优秀传统文化主要集中于器物文化、制度文化和价值观文化。[10]黄河文化既包含具体可见的文物遗产、黄河景观风貌，亦包含弥散可感的生活方式、风俗习惯。这些均是短视频的主要表现对象。更为重要的是，黄河文化虽然不被人们经常演说，但是它存在于人们的内心深处。短视频所带有的社交属性、讲故事的特性，能够唤起人们的记忆。加之短视频平台的开放性，允许和鼓励用户参与内容生产，打破了传统媒体的精英垄断趋势，更易影响和引导他们回到黄河文化的场景中，成为“在场的参与者”。而短视频的各种案例，也充分印证了它“撬动的文化认同价值实在不容小觑”。[11]

二、黄河文化短视频的内容元素组合

黄河文化具有丰富深厚的底蕴，同时又带有强烈的弥散性，深深融入社会血液中，只是缺少被唤醒的行动。短视频是目前最具爆发性的媒介形式。两者结合，形成黄河文化的爆款或现象级传播，是一个极具可能的命题。然而，纵观短视频行业，任何爆款都并非妙手偶得，背后都与社会各方面进行了深层次的互动，对社会潮流和传统文化价值观具有高度的契合性。唯其如此，才能与短视频平台相互加持，形成社会话题，引起社会关注。对于黄河文化来说，通过短视频进行传播，要解决的问题即是：短视频应该首先聚焦黄河文化的哪些内容元素，以何种形式展示这些内容。

如前所述，黄河文化是一个包容性极强的文化系统，带有浓郁鲜明的农业文化色彩。而农业文化的核心特质也就是民众通过劳作，培育农作物、捕捞鸟兽鱼虫，获取回馈，蕴含的是劳有所获的价值观。事实上，广受关注的李子柒等短视频就深谙此道。李子柒短视频的田园风格、现代陶渊明等标签，都指向了一个中心主题：劳动，通过自己的劳动，获得回报。随着中国城市化进程的深入以及中国经济发展方式的变迁，越来越多的人尤其是短视频的主要观看和消费人群，已经不和农业劳动直接发生联系，而是从事着其他形式的劳动。但对于劳有所获的朴素价值观依然具有高度的认同。这也是李子柒类短视频风行的重要社会意涵。

这也就为黄河文化短视频的内容元素选取提供了参考：此类短视频可以优先从劳动、收获、农业等要素中进行创意设计。黄河绵延千里，流域内各地文化形式不一，农业现象也各有特点。种植粮食蔬菜、养殖捕捞鱼虾、采摘水果、存储食品、制作饮食等都是与农业、劳动、丰收相关的活动。这些都为短视频创作提供了极大的素材汲取空间。各大短视频平台上火热的关于农业主题的系列短视频即是如此。

仅就头条旗下的西瓜短视频平台而言，《农人》栏目紧紧围绕劳动、收获的主题展开，展示捕鱼、养殖、收割等活动的短视频均具有不俗的表现。“农村李小胖”上传的在黄河里捕鱼的系列短视频，累计点赞量超过十六万次。“黄河武松”发布的捕捞黄河鱼虾的短视频，每期的播放量均有不俗的关注量和播放量，其中一条短视频，以“黄河岸边有一只露头的动物，走近一看是一只冬眠的甲鱼，挖出来”为标题，播放量超过五百万次，点赞量超过三万次。梳理该条爆款视频近三千条的评论，可以发现，视频浏览者和互动者对黄河、对劳动、对黄河文化充满了认同，对黄河文化在不同地方的表现充满了好奇。

随着直播带货的勃兴，短视频的形式亦发生了改变。黄河流域的各种农产品也开始大量出现在直播镜头前。这些农产品既是劳动成果，同时也带有浓厚的文化烙印、家乡记忆以及民族亲情。通过展现它们，黄河文化的精神内涵亦得到了有效传播。陕西的崔淑侠奶奶，在八十岁高龄时，借助于短视频直播平台，变身主播，帮自己的孙子销售当地的大红杏。每天不定时直播，崔奶奶在镜头前讲述当地红杏的历史，讲述自己的人生和家庭经历。这种方式，不仅销售了大红杏，还收获了网友们真诚的热评。评论中对崔奶奶的祝福、对崔奶奶家庭的祝福、对当地红杏文化的欣赏，也都是对于黄河文化精神和内涵的内化于心的认识。

三、黄河文化短视频的传播主体整合

随着网络技术的普及和电信资讯费用的降低，短视频更易上传、浏览。短视频的传播也就在受众的点赞、评论、分享等划屏动作中得以实现。看起来，似乎每个关于黄河文化的短视频都能够有效传播黄河文化，每位视频上传者都是有效传播主体，然而事实并非如此。没有短视频和互联网思维的普通民众、新闻媒体、政府机构、文创行业、短视频平台等个人和组织只是构成传播主体的重要基础，还属于准有效传播主体。对这些水平参差不齐、目的诉求各异，且关注角度不同的准传播主体，必须进行整合。在尊重诉求交叉点，满足不同主体传播意愿的最大公约数的基础上，从供给侧方面整合和提升传播主体的层次和水平。

（一）沿黄各地政府的交流协同

作为中华优秀传统文化组成部分的黄河文化，既具有传统文化的普遍性特征，又具有自身的特殊性。而其最突出的特征即在于，以黄河流域为中心。这也就意味着，沿黄省区的责任最突出，优势也最明显。在此情况下，沿黄各地政府应该发挥主导性作用，在发掘发挥各地特点和优势的同时，又要尊重黄河文化的系统性，组成传播主体里的政府矩阵，进行资源整合。

仅就具体文物器物而言，黄河流域各省区已经成立博物馆联盟。该联盟可共同进行相关文物类短视频的系列策划开发，从历时性方面拼合黄河文化的形成、变迁，从跨地域角度展示黄河文化与各地的互动。

（二）短视频平台主体的整合

近年来，短视频的蓬勃发展，既依赖于技术的飞速升级，也得益于受众信息接触方式的变化，但短视频平台的助推作用同样难以忽视。某种程度上甚至可以说，正是短视频平台的培育和助推，引导和塑造了当前的短视频发展形态。短视频平台在吸引受众、发扬传统文化、形塑价值观方面具有举足轻重的作用。黄河文化短视频的传播主体要重视和整合好短视频平台的力量。

短视频平台尤其是头部短视频平台，拥有较高的智能云计算能力，可对自身拥有的数据进行检索分析，识别出黄河文化的哪些元素具有较高关注度，哪些形式的短视频更受欢迎，以此进行有针对性的短视频内容识别及推送。短视频平台的主体地位不止于此，它还可以根据传媒经济学的运行规律，将黄河文化与其他内容元素进行多种形式的嫁接组合，形成融合传播。在做好短视频传播的同时，获得相应的回报。以抖音、快手、B 站等为代表的短视频平台已经在进行此方面的尝试，且效果较好。

（三）UGC 的网民主体整合

短视频的发展普及和短视频平台的成熟，不仅改变了信息的传播方式和传播载体，更重要的是改变了信息传播链的生态。社会大众由传统时代的受传者转变为自媒体时代的传播者，一定程度上掌握了麦克风。短视频的接触者和使用者构成了 UGC 模式，其中蕴含着海量的短视频传播者。黄河文化的传播亦须格外注意整合此类网民。

与传统媒体组织、新媒体机构相比，网民具有自发性。他们对黄河文化的理解和表达包罗万象，这是对黄河文化传播有利的一面；但他们对于短视频的理解和掌握，大多处于待提高的状态，这不利于黄河文化的传播与呈现。对此，各大短视频平台应该发挥自己的技术优势和经验优势，对具有代表性的内容元素和内容创作者进行流量支持，或设计专门的内容板块予以扶持。普通网民的短视频也可以被专业平台认可，并进行 PGC 模式的深度加工。

四、结语

黄河文化是中华民族千百年来积累的优秀精神宝库，其中蕴含着中华民族复兴的重要文化密码，需要我们给予更多的关注，进行多方位的传播尝试。短视频作为新的生产力，具有明显的文化赋能潜力，应该成为我们唤起民族记忆、提升文化软实力的重要力量。当然，黄河文化的传播不能仅局限于短视频形式，其他形式的传播方式也应该获得相应的重视。顺应社会发展趋势，与时俱进地运用传媒，传播黄河文化，在理论上和实践上都具有强烈的现实意义，也将是一个持续不断的话题。

参考文献：

[1] 习近平 . 在黄河流域生态保护和高质量发展座谈会上的讲话 [J] . 求是，2019（20）.

[2] 史月梅 . “诗言志”视域下诗歌对黄河文化的传播 [J] . 新闻爱好者，2020（1）.

[3] 陶东风 . 去精英化时代的大众娱乐文化 [J] . 学术月刊，2009（5）.

[4] 习近平.在黄河流域生态保护和高质量发展座谈会上的讲话[J].求是，2019（20）.

[5] 河南博物院.使命和担当：黄河流域博物馆联盟成立暨黄河文化保护传承弘扬研讨会会议综述[N].中国文物报，2019-12-27（4）.

[6] 刘婵.推进黄河文化供给侧结构性改革：保护传承弘扬黄河文化系列谈之二[N].河南日报，2019-10-25（9）.

[7] 李晓沛，高亚宾.以“五个引领”推动黄河流域高质量发展[N].河南日报，2020-01-05（4）.

[8] 宋朝丽.用文化创意唤醒黄河文化古老基因[N].河南日报，2020-03-25（6）.

[9] 高宏存，马亚敏.移动短视频生产的“众神狂欢”与秩序治理[J].深圳大学学报（人文社科版），2018（11）.

[10] 任长玉.“传统文化+短视频”的整合传播分析[J].视听，2019（4）.

[11] 宁海林.“中华优秀传统文化+短视频”整合传播研究[J].现代传播（中国传媒大学学报），2018（6）.

（作者：张国伟、乔新玉，原载于《新闻爱好者》2022年7期）

多媒介视域下黄河文化传播的历史形态与当代路径

数千年来流传于黄河流域的文学、艺术、神话等媒介是联结中华民族与黄河文明的精神纽带，黄河文化通过多种媒介得以广泛传播。回顾历史方可守望未来，对黄河文化传播历程和传播媒介的梳理有助于重构黄河文化的当代传播路径，为今后更好地保护弘扬传承黄河文化提供历史依据。

一、多媒介视域下黄河文化传播路径的历史形态

（一）身体媒介：黄河文化传播的群体路径

早期人类对自然界的观察主要通过视觉、听觉等生物功能来实现对外物的全方位感知，身体本身即是人类认知自然万物的直接媒介，但囿于身体的活动空间范围和生存时间限度，身体也成为阻碍人类更深刻、更全面认知自然的边界。以身体为媒介，先民对黄河文明的认知经历了较为复杂的过程。

黄河作为人与自然的边界而存在。怀着感恩与敬畏相交的复杂感情，先民通过劳动耕作完成了对黄河的身体感知，通过饮水思源完成了对黄河的感官认知，通过抗洪救涝完成了对黄河的情感体验，以身体为路径完成了对黄河从“物化”（河流）到“人格化”（母亲）再到“神化”（河神）的认知建构过程。在此基础上，先民对黄河的认知由个体经验上升为集体认知，黄河划定了不同族群的生存资源边界，从人与自然的边界上升为族群与族群的边界。黄河是中华民族赖以生存的自然资源，以贯穿东西的蜿蜒形态划分出黄河两岸的地理边界，河流也成为生活在黄河流域各民族的天然族群边界。经过炎黄二帝时期的民族融合，华夏民族最终形成了以黄河为轴心的聚居文明形态，“以黄为色、以河为界”构成了早期华夏民族的审美经验和空间认知。

（二）祭祀仪式媒介：黄河文化传播的神话路径

关于黄河的神话传说起源于早期“洪水神话”。《淮南子·览冥训》：“往古之时，水浩洋而不息……于是女娲杀黑龙以济冀州，积芦灰以止淫水。”《山海经·海内经》：“洪水滔天，鲧窃帝之息壤以堙洪水。”《尚书·尧典》《楚辞·天问》《史记·夏本纪》等典籍中都记载了大禹治水的神话传说。“洪水神话”反映了黄河流域先民抗争自然的灾难记忆，黄河则以“河伯”的河神形象出现在《竹书纪年》《穆天子传》《晏子春秋》等典籍记载中，出土文献清华简《保训》篇“假中于河”的记载也印证了传世文献对河伯的记载。

神话是一种超越语言层面的传播媒介，斯特伦认为：“真正的神话是对人类共同特点的记录，它和纯意识形态相反，为我们提供了一个超越语言、精神、文化、传统以及宗教的联络媒介。”[1] 以身体感官为媒介进行观察和体验是人类个体认知黄河的基本方式，集体劳作过程中创作的口头歌谣是黄河流域各族群对黄河的集体记忆，在对抗洪水、治理黄河过程中产生的民族史诗和神话传说将先民对黄河的敬畏和不屈不挠的抗争精神凝结为民族记忆。

在神话传说广泛传播的基础上，黄河在上古时期以河神的形象成为先民的主要祭祀对象，《韩非子·内储说上》：“河伯，大神也。”河神崇拜是长期盛行于黄河流域的典型自然神灵崇拜现象。殷商卜辞中已有对“河”神的祭祀记录，如：“求年于河，燎三小牢，沉三牛。”（《合集》10084）。《尚书·舜典》：“望于山川，遍于群神。”对黄河的祭祀受到历朝历代封建统治者的高度重视，金龙四大王、黄大王等河神也受到广泛的民间信仰和祭祀，并随着民间影响力的扩大而成为官祀河神。对黄河的祭祀客观上起到了鼓舞士气、统一民心、敬畏自然、祈福纳吉的心理作用，对黄河神灵的祭祀仪式也构成了人神交流的媒介，促进了黄河文化传播。

（三）文学媒介：黄河文化传播的语言路径

文学是记录生命经验和情感体验的重要手段，生活在黄河流域的先民以文学为媒介记录着黄河两岸的生活变迁和黄河对华夏民族的滋养，以诗歌、辞赋、小说等文学载体将黄河文化嵌入中华民族集体记忆，以诗性表达将黄河的视觉审美经验呈现于语言之端，以绵延的大河精神联结数千年的文脉赓续，使文学成为黄河文化传播的重要语言媒介。

诗歌是我国古代最原始、最悠久的文学表达方式。《诗经》描述黄河岸边的劳动场景："坎坎伐檀兮，置之河之干兮。"（《伐檀》）《诗经》十五国风皆是来自黄河两岸的民间歌谣。黄河两岸及黄河既是劳动场所也是雄伟浩瀚的自然风景，唐诗中有大量关于黄河风光的书写："九曲黄河万里沙，浪淘风簸自天涯。"（《浪淘沙》）"黄河西来决昆仑，咆哮万里触龙门。"（《公无渡河》）。据统计，《全唐诗》共收录描写黄河的诗篇 229 首，这些诗歌中既有对岁月流逝、历史更替的慨叹，也有对去国怀乡、国家安危的哲思，对黄河的诗性表达蕴含着昂扬进取的民族精神和刚健磅礴的审美经验，唐诗的黄河意象构成了独特的黄河文化传播审美路径。[2]

从《诗经》《楚辞》到唐诗宋词，从先秦两汉到宋元明清，历代文学中以黄河为题材的大量诗化书写构成了中华民族的绵延文脉。黄河诗歌以文学为媒介，搭建起"古今黄河文学和人文黄河的血脉联系"。[3]黄河是贯穿华夏大地、联结民族血脉的自然脉络，而黄河诗歌则是抒写黄河、联结民心的千古文脉，通过对黄河的文学书写和诗性表达使她最终成为中华民族"诗意栖居"的共同精神家园。美国人类学家克莱德·克拉柯亨指出："文化是包括各种外显或内隐的行为模式，它借符号之使用而被学到或传授，并构成人类群体的出色成就。"[4]黄河诗歌与黄河文学共同构成了中华民族的文化脉络和精神内核。

（四）视听媒介：黄河文化传播的艺术路径

在文学与神话之外，音乐、绘画、雕刻等艺术形式也是黄河文化传播的重要视听媒介。

绘画和雕刻是通过视觉传达直观展现黄河文化符号的艺术媒介。河神的早期艺术形象特征是半人半鱼，黄河流域发现了大量河神形象文物，如西安半坡遗址出土的人面鱼身彩陶、红山文化遗址发现的人面鱼身玉佩，都是黄河神灵的图腾象征符号。《韩非子·内储说上》中河伯以鱼的形象出现："有间，大鱼动，因曰：此河伯。”《艺文类聚 · 帝王部》：“臣观河伯，面长人首鱼身，出水曰：吾河精也。授臣河图。”印证了早在先秦时期河神形象已与鱼的形象密不可分。在汉代画像石刻中将河伯化为人形，河南南阳七一乡王庄出土的《河伯出行图》、江苏徐州市洪楼出土的《鱼车图》中都生动刻画了河伯的形象。除了对河神形象的刻画，南宋宫廷画家马远所作册页《水图》中有《黄河逆流图》，国家图书馆所藏《清代黄河河工图》采用中国古代河图的传统画法，详细描绘了黄河沿岸的自然风光和河防工程，兼具审美和史料价值。

音乐的艺术特征在于将自然界的节律和韵律加以模仿、提炼、升华，将直观可视的视觉符号转换为符合身体律动的听觉符号系统。黄河号子、陕北民歌、花儿民歌等都是黄河流域的特色音乐文化，此外还有道情、渔鼓、梆子、坠子等集音乐性与故事性为一体的曲艺表演形式。以黄河号子为例，它是生成于黄河流域、演唱于黄河流域、流传于黄河流域的独特音乐艺术形态，在黄河不同区域、不同应用场景、不同行船状态下有着不同的演绎。《宋史 · 河渠志》记载：“凡用丁夫数百或千人，杂唱齐挽，积置于卑薄之处，谓之埽岸。”黄河号子集听觉审美、歌唱抒情、鼓舞干劲、带动引领、协奏协同、劳动辅助等功能于一体，是黄河流域劳动人民的独特艺术创作与集体智慧结晶，彰显着黄河文化大气磅礴、斗志昂扬、雄浑有力、奋发向上的精神特质。

二、经验与启示：古代黄河文化传播媒介的活化再造

黄河文化是黄河故事的精髓与灵魂，黄河故事是黄河文化的载体与传承。讲好“黄河故事”不仅要深度挖掘“故事”本身的题材类型、精神价值、文化内涵，更要聚焦于“讲故事”的方式创新、渠道创新、媒介创新，搭建“黄河故事”传播的新媒介、新路径、新场景。古代黄河文化传播的历史形态涵盖了身体 / 族群、神话 / 祭祀仪式、文学 / 艺术、美术 / 音乐等多重媒介形态，为当代黄河文化传播路径的建构和创新提供了历史经验和有益启示。

黄河文化的早期传播主要依托于身体媒介和神话媒介，以视觉观察界定了黄河之“黄”，以祭祀仪式将“河”推尊为“四渎之宗”“河伯之神”，由此奠定了

“以黄为色、以河为尊”的黄河文化主色。随着黄河流域农耕文明的演进，劳动人民以歌谣、舞蹈、庙会为媒介传播民俗文化，能工巧匠以建筑、宫室、器物为媒介融入黄河风物，文人墨客以诗歌、音乐、绘画为媒介传承黄河文化，黄河文化的载体和内涵得到不断丰富，最终生成了“以黄为色、以河为尊，以土为根、以水为脉”的黄河文化。当代黄河文化传播要以古为鉴、以今为用，对黄河文化的历史传播形态进行活化再造，以传播路径和传播手段的创新再次唤醒黄河文化的灵魂与生命。

三、前景与展望：当代黄河文化传播的新媒介与新路径

（一）以身体审美为基础，拓展黄河服饰文化新媒介，打造黄河文化传播视觉审美新路径

服饰是身体的外部装饰和美感展示，以汉服为主体的黄河流域传统服饰是黄河文化的视觉审美呈现。随着国潮文化的流行，汉服已经成为当代青年的服饰新宠，穿汉服、品古风已成为新的时尚。以身体和服饰为媒介拓展黄河文化的审美载体，是当代传播黄河文化的视觉审美新路径。河南开封在2021年的清明文化节上举办了以“老家河南，黄河之礼”为主题的宋代华服秀，还设立了黄河秀场单元——“汴梁华裳”中国开封华服征集大赛。河南焦作在云台山景区已连续举办四届“汉服花朝节”，吸引了省内外汉服爱好者和汉服商业品牌积极参与。汉服等传统服饰日渐成为黄河文化新的审美符号和展示载体。

（二）以文学传统为基础，拓展当代黄河文学新媒介，打造黄河文化文学传播创新路径

古代文学作品中保存了大量黄河流域生活记录，奠定了黄河文化的文学书写传统。当代文学继承了古代文学对黄河流域民生的关注，涌现出《黄河东流去》《北方的河》《黄河传》《黄河谣》《黄河殇》等以黄河文化为题材的经典文学作品，美国汉学家比尔·波特所著《黄河之旅》也对黄河之美由衷赞叹。互联网传播带动网络小说的流行，《黄河鬼棺》《黄河异闻录》《黄河伏妖传》《黄河镇妖

司》等灵异探险小说也吸引了读者对黄河文化的探秘与追寻。当代黄河文学涵盖小说、纪实、诗词、辞赋、散文、游记等多种文学体裁，使黄河文化焕发出新的生命力和吸引力。

（三）以神话传说为基础，拓展戏剧影视动漫新媒介，打造黄河文化多媒体传播新路径

古代神话传说多以口头歌谣或故事文本的形式流传至今，对黄河流域神话传说的活化传播需要依托动漫、影视、戏剧、短视频等新型媒介进行二次创作和多元传播，针对不同年龄、不同层次的受众群体进行精准投放传播。古代神话传说塑造了大禹、夸父、伏羲、女娲等英雄形象，历代治理黄河过程中也流传着河伯、龙王、金龙四大王、黄大王等民间河神形象，参照美国动漫产业的“漫威英雄宇宙”、日本动漫作品《尼罗河的女儿》，依托黄河故事和神话传说打造“黄河宇宙 IP”，是提升黄河文化的有效路径。2019 年，洛阳市与腾讯联合举办全球文化创意设计大赛，聚焦黄河文化打造文旅 IP，策划《山河社稷图》动漫创意大赛，在网络平台人气高涨。《红河谷》（1996）、《黄河绝恋》（1999）等影视作品将民族历史融入黄河文化，也赋予了黄河文化红色革命精神和新的时代精神。

（四）以传统艺术为基础，拓展数字化艺术创新媒介，打造黄河文化传播艺术创新路径

近年来，河南卫视在活化创新传统艺术元素基础上推出的《七夕奇妙游》《端午奇妙游》《清明奇妙夜》《元宵奇妙夜》等“中国节日”系列节目火爆出圈，通过将传统文化融入数字媒介，为黄河文化传播带来了成功示范案例，并受到社会各界的高度评价：“通过传统的文化价值、个体价值和黏合群体的社会价值实现了节日文化记忆在当代的价值延伸，强化了文化记忆在道德引导和文化自觉方面的作用，为传统文化的创新发展提供了有益启示。”[5]《洛神水赋》将曹植的千古名篇《洛神赋》以水下舞蹈转化为全新视觉呈现；《龙门金刚》以龙门石窟为背景焕发出辟邪镇恶、刚健有力的时代气象，为黄河文化的创新传播提供了新的艺术形态和美学路径。

四、结语

对黄河文化传播媒介的历史回归与深入分析，有助于我们重构和创新当代黄河文化传播的新媒介与新路径。讲好黄河故事，弘扬黄河文化，需要跨越故事文本与传播框架的局限，不断拓展黄河文化的传播平台、传播形态与传播场景，充分运用科技创新手段，带动文化旅游产业发展，实现黄河文化的跨界传播与价值提升。

参考文献：

[1] 斯特伦 . 人与神 [M] . 上海：上海人民出版社，1991：74.

[2] 慎泽明 . 文学地理学视域下的黄河文化传播研究：以唐诗黄河意象为例 [J] . 新闻爱好者，2022（1）：45-47.

[3] 李朝军 . 颂美、诉灾与民族意蕴：略论历代黄河诗的特色流变及文学文化价值 [J] . 文学评论，2017（4）：90.

[4] 克拉柯亨 . 文化：概念和定义的批判性回顾 [M]. 武汉：武汉大学出版社，2006：23.

[5] 张兵娟，李涵 . 七夕奇妙游对文化记忆的浪漫想象与当代重构 [J] . 新闻爱好者，2022（5）：48.

（作者：禄书果、张海斌，原载于《新闻爱好者》2023 年 1 期）

黄河文化超级 IP 在全数字化语境下的重构与再塑

黄河是中华民族的摇篮，滋养了中华民族几千年以来的璀璨文化，黄河文化是中华文明的重要组成部分，是中华民族的宝贵精神财富。随着数字技术和网络技术的不断发展，人们对文化的表现形式和对艺术的体验形式逐渐有了更高的要求。[1] 在此背景下，充分利用数字技术直观、交互和高效的特点，实现黄河文化的多样化传播和高效化发展，对于打造黄河文化超级 IP 有着十分重要的作用。

一、利用全数字化技术打造黄河文化超级IP的重要意义

（一）坚定文化自信的客观要求

在新时代，文化软实力在国家综合实力中占据着越来越重要的地位，要真正实现中华民族的伟大复兴，不仅要不断提高经济和军事实力，还需要不断提高文化软实力。同时，随着全球化和互联网技术的不断发展，享乐主义、个人主义、奢靡主义等国外腐朽思想对人们的思想造成了巨大冲击。在此情况下，我们更加需要不断坚定文化自信。黄河文化有着五千多年的发展历史，蕴含着人们在改造自然过程中所形成的共同理念和价值追求，蕴含着中华民族在漫长历史进程中所形成的先进思想，利用全数字化技术打造黄河文化超级 IP，不断丰富黄河文化的传承和发展形式，有利于进一步增强文化认同和民族认同。

（二）文化产业发展的市场驱动

从文化产业自身来看，如果仍然走以前的完全靠政府投入的路子，很难真正实现做大做强的宏伟目标。只有不断优化资金要素组合，建立起政府投入和市

场投入这一“黄金搭档”，在市场的驱动下文化产业才能获得更好更快的发展。在新形势下要打造黄河文化超级 IP，需要不断提高黄河文化自身的“实用性”和“价值性”，即既具有很高的艺术价值，又具有可观的经济价值。而利用全数字化技术将传统的黄河文化形式“升级”为超级文化创意产业 IP，例如在黄河文化的基础上进行游戏开发、动漫制作等，可以契合人们的多样化精神需求，从而进一步提高黄河文化的市场价值，不断吸引更多的市场主体主动参与到黄河文化的传承和发展中来。

（三）塑造文化身份的内在诉求

文化是增强民族团结力、凝聚力和向心力的重要纽带。任何一个国家和民族，都有着清晰且独特的文化身份，这也是区别于其他国家和民族的重要标签。近年来，我国正处于转型发展时期，传统文化体系不断遭受外来文化的冲击和侵蚀，文化标签越来越淡化。同时，随着我国综合国力和对全球发展影响力的不断提升，在对外交往中更加需要树立独特且具有优势的文化身份，让“中华民族”这一身份在更大范围内得到世界认同。在此背景下，积极利用全数字技术，找准黄河文化的基因所在，借助高科技手段将黄河文化更丰富、更直观、更高效地展现在中华儿女和全球人民面前，既能增强中华儿女的文化认同感，又能让更多的人了解“中华”这一文化身份。[2]

二、利用全数字化技术重构与再塑黄河文化超级IP的构成要素

从一定意义上来说，重构与再塑黄河文化超级 IP 的本质是信息传播。在本文研究中，借鉴了美国传播学家贝罗提出的 SMCR 模型，将整个传播过程分解为信源、信息、信道和受众四个构成要素（如图 1 所示）。[3]

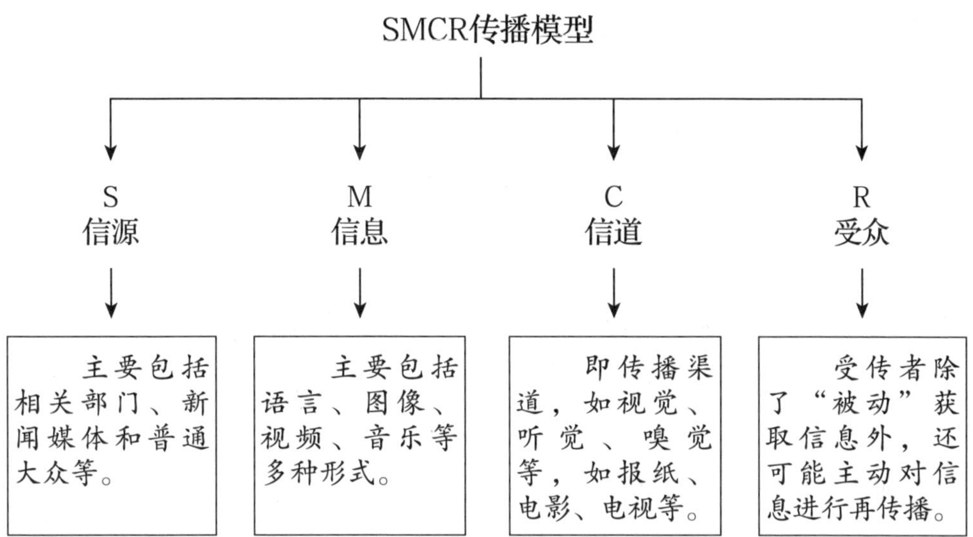

图1 SMCR传播模型

（一）信源

信源为信息的传播者，即传播行为的引发者、产生信息的实体。通常来说，信源主要包括政府相关部门、新闻媒体和普通大众等群体。从信源的传播方式来看，充分利用高科技优势，通过数字化手段进行信息采集、存储和传播，可以大幅提高信息传播的效率和效益；从信源的传播态度来看，信息传播者是否充分了解所传播信息、是否对传播信息有着较高的积极性，直接影响着信息传播的效率；从宏观层面来看，国家相关政策和社会环境、市场环境都直接影响着信息传播的最终成效。

（二）信息

信息即传播内容。一定程度上来说，黄河文化属于一种较为特殊的“非物质”形态。要打造黄河文化超级 IP 实现黄河文化的高质量发展，需要通过语言、图像、音乐、游戏、虚拟场景等方式对黄河文化进行“再编码”，更加多样化、更加生动化、更加具象化地呈现黄河文化的丰富内涵，让受众可以更加直观地感受到黄河文化的无穷魅力。

（三）信道

信道即传播渠道。传播渠道的分类较为广泛，既包括视觉、触觉、嗅觉等感官渠道，也包括报纸、广播、电影、唱片等媒介渠道。在过去，由于受时间、空间、技术等因素的限制，传播渠道较为狭窄。在全数字化背景下，将黄河文化进行数字化“编码”，可以克服各种限制，使得黄河文化在更大范围内得到更好更快的传播。

（四）受众

受众即信息接收者。受众除了获取信息外，还可能主动地对信息进行再传播。影响受传者是否获取信息和对信息进行再传播的因素有很多，例如这些信息是否“有趣”“有用”等。因此，在全数字化背景下打造黄河文化超级 IP，需要积极采取各种方式提高黄河文化产品的趣味性和有用性。

三、黄河文化超级IP在全数字化语境下的重构与再塑

本文基于 SMCR 模型，结合黄河文化自身特征，从信源、信息、信道和受众四个方面，提出了在全数字化语境下的黄河文化超级 IP 重构与再塑模型。

（一）以传播者为重点，增强信源传播力

如前文所述，传播者的态度和能力，直接影响着信息传播的效率和效益。因此在全数字化语境下要打造黄河文化超级 IP，需要注重传播者这一关键环节，不断提高信源传播力。第一，增强传播者的责任感和使命感。黄河文化是中华文明的根和魂，是增强中华儿女民族认同和国家认同的精神基石。不论是国家层面还是地方层面，都需要积极采取各种措施，提高人们对传承黄河文化重要意义的深入理解，提高人们主动传播黄河文化的责任感和使命感。第二，提高

传播者的专业素质和能力。人的因素在文化传承和传播中起着十分关键的作用，不断提高传播者的专业素质和能力是根本之策。[4]要充分利用本地高校资源以及社会机构的专业优势，针对黄河文化和数字传播的具体特点开设相关教育或培训课程，从而为进一步传承和弘扬黄河文化奠定坚实的人才基础。第三，打造多元化的传播者矩阵。要打造黄河文化超级 IP，单靠政府部门和公益机构是远远不够的，必须注重发挥市场主体的作用。各级地方政府可以通过提供土地、税收、基础设施等优惠政策的方式，积极吸引更多的市场主体主动参与其中。

（二）以技术为支撑，丰富黄河文化展现形式

随着计算机技术和数字技术的不断发展，获取信息的时间和空间边界逐渐模糊，人们可以随时随地获取想知道的信息。在新时代，可以充分利用现代计算机技术和数字技术进一步打造黄河文化超级 IP。第一，身临其境，“VR+ 文化”。2018 年 12 月，工信部发布了《关于加快推进虚拟现实产业发展的指导意见》，其中首次提出了“VR+ 黄河文化”这一概念，强调在文化和文物保护等领域推动虚拟现实体验产品的供应。在全数字化语境下打造黄河文化 IP，可以充分利用虚拟僵尸技术，以用户体验为核心，将有价值、有意义的黄河文化内容进行“再加工”，让用户如身临其境般深入感受黄河文化的无穷魅力。第二，虚实结合，“AR+ 黄河文化”。增强现实技术（AR）是指利用现代计算机技术，实现虚拟场景和现实场景的无缝衔接，使得用户在一个地点体验到更多的场景。要打造黄河文化超级 IP，同样可以将 AR 技术和黄河文化相结合，让人们“只跑一次腿”，就能体验到更多的黄河文化品类。[5]第三，结合娱乐，“动漫游戏 + 黄河文化”。可以结合有关黄河文化的故事情节，以平面二维、三维动画、动画特效等表现手法，让人们在视觉上得到一种独特的体验，从而进一步加深对黄河文化的认知和理解。

（三）以文化为核心，构建多元化传播矩阵

在全数字化语境下要打造黄河文化超级 IP，要改变以往的“被动式”“灌输式”“直接式”传播模式，充分利用节日、旅游、节目等，构建有关黄河文化的

多元化传播矩阵。第一，“黄河文化 + 节日”，挖掘黄河文化价值。具有中国特色的特殊文化节日有着十分重要的意义，可以增加人民群众对文化的认同感和自豪感，还可以扩大内需促进经济发展。因此，要打造黄河文化超级 IP，可以采取“黄河文化 + 节日”的方式。例如，山西省忻州市保德县举办的“黄河文化艺术节”，河南省郑州市举办的“黄河文化月”，以及山东省滨州市阳信县举办的“黄河三角洲民俗文化节”，等等。第二，“黄河文化 + 旅游”，深化黄河文化体验。我国旅游市场巨大，每年旅游人数众多。要打造黄河文化超级 IP，可以拓展“黄河文化 + 旅游”模式，推动黄河文化和旅游产业的融合，进一步拓展黄河文化产业链的外延，建立以黄河文化产品消费为核心的产业集聚群，从而推动黄河文化产业和其他产业的相互融合、相互促进和共同发展。第三，“黄河文化 + 节目”，引发黄河文化讨论。在我国，综艺节目受众面广、传播效果好、影响力大。要打造黄河文化超级 IP，可以采取黄河文化和综艺节目相结合的方式，利用综艺节目的独特优势进一步传播黄河文化。例如，山东广电规划的《黄河入海流》《生声不息：黄河的咏叹》，浙江卫视推出的《奔跑吧 · 黄河篇》，等等。

（四）以受众为导向，提高文化产品魅力

随着社会生产力的不断发展，人们更多地开始追求精神上的充实和享受。因此，在新时代要进一步传承和弘扬黄河文化，需要以受众为导向，改变以往的严肃、呆板、单调的传播风格，用更加生动、灵活、有趣的表达风格拉近黄河文化与大众的距离。

第一，议题设置社会化。社会化议题是指社会公众广泛和踊跃参与的议题，例如热搜、热议话题等。在新时代要打造黄河文化超级 IP，可以将黄河文化与热门话题、热门事件等社会化议题相结合，从而让黄河文化走进更多人的视野。例如，与粉丝众多的明星合作，借助明星巨大的粉丝效应，使得有关黄河文化的议题上热搜；开发具有黄河文化特色的创意产品，与京东、天猫等平台合作开展创意影像活动，在网购平台庞大的用户群体中传播黄河文化。

第二，话语风格平民化。近年来，越来越多的人更喜欢通过新媒体平台获

取信息。之所以会出现这种情况，其中很重要的原因是新媒体平台的表达风格更加平民化、通俗化，拉近了与受众的距离。因此在新时代要进一步传播和弘扬黄河文化，需要对传统的表达方式进行“升级转型”，以通俗易懂、生动形象的表达方式，拉近黄河文化与社会大众日常生活的距离。[6]

第三，叙事手法故事化。从现实情况来看，有不少人认为黄河文化很深奥、很严肃、很神秘，因此对了解黄河文化不感兴趣。与之相对的是，故事具有趣味性、通俗性和生活性等特点，很多人都喜欢看具有故事性的信息。因此，可以将黄河文化与故事相结合，将黄河文化的知识性、科学性与故事的生动性、趣味性相结合，在轻松愉悦的氛围中影响受众对黄河文化的认知。

四、结语

在新时代，继承和弘扬黄河文化，更是有着特殊的时代价值。在全数字化语境下要打造黄河文化超级IP，需要从文化自身、传播渠道、传播者、受众等方面，根据受众的具体需求，借助计算机技术和数字技术等现代信息技术，不断丰富展现形式，不断拓展传播形式，不断提高传播能力。

参考文献：

[1] 张博文，孟晓辉．新时代黄河文化元素数字化艺术传播创新路径研究[J]．郑州轻工业大学学报（社会科学版），2021（3）：67-72.

[2] 胡巾煌．数字化艺术传播的媒介特性[J]．新媒体研究，2019（5）：115.

[3] 唐国峻．数字传播在文化创意产品设计与推广中的作用研究[J]．设计艺术研究，2019（3）：93-97.

[4] 侯宗辉．甘肃黄河文化传承利用的现状、问题与对策[J]．甘肃政协，2021（1）：52.

[5] 薛苗苗．数字化艺术在黄河文化传承发展中的策略探析[J]．文化产业，2021（35）：34.

[6] 孔莉莉．数字化艺术文化遗产保护教学实践与研究：以全景 VR 视频技术为例 [J]. 美术教育研究，2018（16）：40－42.

（作者：何向向，原载于《新闻爱好者》2023 年 1 期）

第二篇

讲好黄河故事 2

黄河文化传播策略与效果

讲好历史上黄河治理故事应关注的几个问题

有史以来，黄河自黄土高原不断裹挟大量泥沙来到下游，造成下游河道经常出现淤塞、决口等现象，给黄河中下游地区人民带来深重灾难，也给黄河治理带来一系列考验。面对黄河水患的持续破坏，历朝历代不断和黄河洪水灾害做斗争，从堤坝工程、泥沙治理、水资源利用等方面系统总结经验，先后提出新的黄河治理理念，创造新的黄河治理技术与工具，孕育了值得传承和弘扬的优秀黄河治理文化。

在 2019 年 9 月 18 日召开的黄河流域生态保护和高质量发展座谈会上，习近平总书记专门提出“保护、传承、弘扬黄河文化”的要求。习近平总书记强调，“黄河文化是中华文明的重要组成部分，是中华民族的根和魂。要推进黄河文化遗产的系统保护，深入挖掘黄河文化蕴含的时代价值，讲好‘黄河故事’，延续历史文脉，坚定文化自信，为实现中华民族伟大复兴的中国梦凝聚精神力量”[1]。这就提醒我们，对黄河文化的重要历史价值与时代价值，要时刻保持清醒认识与探求心态。习近平总书记在会上强调，“黄河流域生态保护和高质量发展，同京津冀协同发展、长江经济带发展、粤港澳大湾区建设、长三角一体化发展一样，是重大国家战略”。基于这一重大国家战略的特殊地位，黄河文化的传承和弘扬必须受到社会各界的高度重视与广泛参与。作为黄河文化的重要组成部分，黄河治理活动为我们提供的历史镜鉴、黄河治理故事孕育的精神财富，其鲜活的时代价值与积极意义在今天仍然值得我们认真挖掘和大力弘扬。

一、黄河治理活动提供深刻历史镜鉴

在总结前人黄河治理经验教训的基础上，我国的黄河治理能力与水平获得不断提升。同时，在当下大力推进“黄河流域生态保护和高质量发展”的背景下，不同时代的治黄历史也非常值得我们深刻反思。

（一）注重合理开发土地资源

历史上，黄河泛滥成为各个时代重点关注的对象。纵观黄河发展史，只有东汉至隋唐时期，黄河呈现出相对稳定的格局。谭其骧先生曾经指出，之所以出现这种局面，其主要原因在于：在这段历史时期内，黄河中上游地区主要由少数民族政权占据，而少数民族政权以牧业为主导的生产生活方式客观上维持了黄土高原较好的水土保持形势，下游地区的水患因而得以日益减少。[2]后来，随着各地人口压力的不断增大，人地关系日趋紧张。黄河中上游地区人类日益频繁的开发活动在对生态环境造成破坏的同时，也进一步加剧了沿河地区的水土流失，加速了泥沙淤积，进而增加了黄河下游决溢的危险。在当下土地资源日渐紧缺的形势下，要善于从历史中汲取经验教训，以改善生态环境为着力点，一方面对黄河沿线生态环境加大直接修复和保护力度，另一方面要更加重视黄河沿线土地资源的合理开发，转变对黄河生态资源的过度依赖，通过营造良好的自然生态景观带，使更广大地区的人民群众从中受益。

（二）注重普及人水和谐理念

历史上，黄河为沿岸地区人类生存与农田灌溉提供了源源不断的水源。在人类治水活动中，顺应水的特性，往往能够取得成功。《孟子·离娄下》记载：“禹之行水也，行其所无事也。”在孟子看来，大禹治水没有盲目与洪水对抗，而是顺应水性，因势利导，使得洪水有路可走，因而取得了治水的成功。西汉年间，面对黄河频繁决溢的状况，贾让提出治理黄河的上、中、下三策。贾让三策开篇就说：“古者立国居民，疆理土地，必遗川泽之分，度水势所不及。”也就是说，土地开发要适应自然，有所节制。治河要留足可供泄洪的区域。这种主动与河流洪水规律相协调的观念，是值得肯定的。但历史上总有一些地方与个人因为一时利益的引诱而与水发生冲突，因而人水矛盾在历史上屡屡发生。直到今天，黄河水资源供需矛盾加剧、水质污染严重等问题，依然对黄河流域经济的可持续发展带来严重制约。究其原因，这与一些地区过度追求经济效益、缺乏必要监管等密不可分。因此，当今社会，人水和谐共生的理念应该更加普及和深入人心。只有牢固树立人水和谐理念，才能创新生产生活方式，推动广大人民与黄河和谐发展。

（三）注重增强水资源忧患意识

从 1999 年 8 月 12 日至今，黄河实现连续二十年不断流。有学者指出，“从历史的长河来看，黄河断流多次发生。古代断流，干流约数百年发生一次，支流约数十年发生一次。自 20 世纪 70 年代以来，黄河断流渐趋频繁，持续时间延长，范围扩大”[3]。有史以来的黄河断流，带来的首要问题便是民众生产、生活受损，而合理调配水资源便成为对历代统治者与治黄工作者的严峻考验。今天，有赖于不断发展的科技与机制创新，流域的饮水安全、粮食生产等普遍获得了充足的水源保障。但黄河流域特殊的社会经济地位使得水资源忧患意识仍然不能有丝毫放松。正如习近平总书记在黄河流域生态保护和高质量发展座谈会上所说，“黄河流域是我国重要的生态屏障和重要的经济地带，是打赢脱贫攻坚战的重要区域，在我国经济社会发展和生态安全方面具有十分重要的地位”。因此，要时时紧绷水安全这根弦，在提高黄河水资源利用效率、加大黄河水资源保护涵养力度上下功夫，着力推进黄河治理能力现代化。

二、黄河治理故事孕育宝贵精神财富

历代的黄河治理活动对保护黄河安澜、保障社会生产、维持社会稳定起到了积极的促进作用。同时，黄河治理活动中逐渐形成的强大精神力量，已成为值得人们珍惜的宝贵精神财富，这在今天仍然值得在全社会加以弘扬。

（一）心系治河的担当精神

历朝历代，黄河是否安流，不仅关系着统治者的权威，而且关系着众多百姓的安居乐业与国家的稳定。因此，历代统治者与治黄专家往往对黄河治理事业高度重视。夏朝的创立者大禹曾将全部精力集中在治水工作中，《史记》卷二《夏本纪第二》对此有较为翔实的记载："禹伤先人父鲧功之不成受诛，乃劳身焦思，居外十三年，过家门不敢入。薄衣食，致孝于鬼神。卑宫室，致费于沟淢。陆行乘车，水行乘船，泥行乘橇，山行乘檋。左准绳，右规矩，载四时，以开九州，通九道，陂九泽，度九山。"[4]在艰难的治水过程中，大禹逐渐成长为一位出色的治水专家，并因其治理黄河的伟大成就而得到人民的广泛拥戴。明代潘季驯一生多次治河，他始终心系治黄大计，离职前还对神宗皇帝说"去国之臣，心犹在河"，足见治河早已在其心中牢牢占据重要地位。无论是居外十三年"过家门不敢入"的大禹，还是离职之前"心犹在河"的潘季驯，他们身上体现出的担当精神，正是促使他们取得治河成功的重要精神支撑。

（二）重视和关注民生的爱民意识

历史上黄河的频繁决溢、改道，给流域各地百姓带来持久而深重的灾难。但不容忽视的是，在官方和民间的治水活动中，不乏对民生高度重视的典范。先秦典籍《尚书·大禹谟》篇记载了大禹对治水的总结："德惟善政，政在养民。水、火、金、木、土、谷惟修，正德、利用、厚生惟和，九功惟叙，九叙惟歌。"其中的"水、火、金、木、土、谷"与"正德、利用、厚生"合称"九功"，唯有"九功"处理得当，才能得到百姓的颂扬。在大禹看来，"九功"的中心实际在于"养民"。清代康熙皇帝六次南巡河工的过程中，同样非常重视询问和解决民生疾苦。[5]尽管其中有笼络汉族民心、巩固政权的意愿在内，但仅就其关心民生本身而言，这种做法仍然值得加以适度肯定。今天，黄河发展史特别是黄河治理历史的经验教训警示我们，在关注黄河治理技术与体制革新的同时，更要密切关注人民生产条件的改善与生活水平的提高。习近平总书记在黄河流域生态保护和高质量发展座谈会上强调："加强黄河治理保护，推动黄河流域高质量发展，积极支持黄河流域省区打赢脱贫攻坚战，解决好流域人民群众特别是少数民族群众关心的防洪安全、饮水安全、生态安全等问题，对维护社会稳定、促进民族团结具有重要意义。"这一重要论述，显然有着深厚的历史背景与深刻的经验教训做支撑。

（三）务真求实的科学态度

众所周知，黄河是一条特殊的河流，治理黄河必须从实际出发才能有效。在中国历史上，为保证黄河安澜与生产发展，治黄专家不惜长途跋涉，在全面了解黄河沿岸地形、水情等基础上，充分酝酿，最终才做出决策。元末贾鲁治河就堪称典范。邹逸麟先生指出，贾鲁能够用短短七个月的时间结束将近九年的黄河水患，主要在于“他亲自踏勘了黄河下游河道，掌握了第一手资料，并且总结了前人治河的经验教训，设计了下游河道的综合治理方针，有计划有步骤地进行施工”。[6]一些水利专家还敏锐地注意到黄河中游泥沙与下游频繁遭遇水灾的关系，这在古代社会是非常难得的认识。清代乾隆年间的御史胡定也是一位善于从实际情况出发的黄河治理专家，他在治河实践中注意到，黄河泥沙“多出自三门以上及山西条山一带的破涧中”，于是“请令地方官于涧口筑坝堰水，发沙滞涧中”，以“汰沙澄源”，也就是通过筑坝淤地的方式拦截上中游支流河段裹挟而下的大量泥沙，以此减少下游的泥沙淤积与洪涝灾害。[7]

（四）善于创造革新的创新精神

历代王朝在治理黄河过程中，不断总结前人经验教训，发展出较为先进的治水工具与水利工程技术。历史上，黄河下游堤防的修筑，加剧了泥沙在河道的淤积。北宋熙宁年间，为疏浚黄河及汴河中的泥沙，在王安石支持下，创制了铁龙爪与浚川耙。正如岑仲勉先生所说：“世界上任何机械，何尝不都是从最粗制而渐进为精美。明刘尧诲‘治黄河议’所说：‘使各该州县各造船只，各置铁扒（耙）并尖铁锄，每遇淤浅，即用人夫在船扒（耙）浚’，与及近世的浚河机船，更何尝不是由浚川耙演变出来。”[8]明代潘季驯主张“束水攻沙”，即在河两岸高筑堤防，以堤束水，既可起到防洪的作用，又可冲刷河槽中的泥沙，使河道不致淤塞。尽管后世对此褒贬不一，但仍不失为当时黄河治理理论与实践的重要创新。时至今日，这些黄河治理故事不仅为相关工作者提供了黄河治理技术的启发，而且成为我国人民不断追求创造革新精神的生动注脚。

三、讲好传统黄河治理故事的现实意义

治理黄河水患、保障黄河水源，是稳定民心、维持王朝统治的重要法宝。今天，以“忠诚、干净、担当，科学、求实、创新”的新时代水利精神为指引，讲好传统黄河治理故事，积极传播传统黄河治理文化，对于推动黄河流域高质量发展、助力实现中华民族伟大复兴都有着极强的现实意义。

（一）进一步提高国家文化软实力

提高国家文化软实力，是党和政府走向民族复兴之路的重要担当。习近平总书记曾经多次谈到提升国家文化软实力的实施路径与重大意义。2013 年 12 月，习近平总书记就曾指出，“要使中华民族最基本的文化基因与当代文化相适应、与现代社会相协调，以人们喜闻乐见、具有广泛参与性的方式推广开来，把跨越时空、跨越国度、富有永恒魅力、具有当代价值的文化精神弘扬起来，把继承传统优秀文化又弘扬时代精神、立足本国又面向世界的当代中国文化创新成果传播出去”[9]。我国文化精神与当代中国文化创新成果的弘扬和传播，离不开历史上及当代人民中间孕育的博大精深的中国故事，“一个精彩的中国故事就是国家文化软实力的象征，也是国家形象的外在表述”[10]。历史上，人们在黄河治理活动中表现出的强烈的责任感和担当意识、关注民生的爱民意识、求真务实的科学态度、善于创造革新的创新精神，厚重精彩的黄河治理故事，是“跨越时空、跨越国度、富有永恒魅力、具有当代价值的文化精神”，直至今天，仍然具有穿越历史时空的强大文化精神力量。将“黄河故事”中的这些传统文化阐释好、传播好、宣传好，不仅有助于黄河文化的继承、创新、发展，有助于为水利事业的发展提供重要的文化引领价值，而且对展示具有民族品格的良好形象、提高国家文化软实力具有重要推动作用。

（二）进一步发挥人民群众的凝聚力、向心力

历史上，由于生产力不发达及人们认识水平的限制，治河活动往往要投入大量人力、物力、财力。但人心的向背在影响治河效果方面往往是最为关键的因

素。随着科技的进步与人们认识水平的不断提高，我们对黄河的综合治理更有信心。但人民群众的认同与配合，特别是影响流域生态环境各个行业的认同与配合，对于加快推动新时代黄河流域经济社会可持续发展具有重要作用。向广大人民群众特别是流域相关行业讲好历史上黄河治理故事的经验教训，使其成为新时代凝聚人心共识、激发内生动力的精神源泉，对于坚持“共同抓好大保护，协同推进大治理”，促进黄河流域生态环境持续改善和经济社会高质量发展，具有非常重要的现实意义。

（三）进一步增强人民群众的获得感、幸福感

旧时代的治黄活动在一定程度上为沿黄地区人们的生存与发展提供了空间与舞台，关注和改善民生也在一定范围和程度上稳定了民心、争得了支持。但相对而言，广大百姓的获得感、满足感还是不完整的、低层次的。进入新时代，黄河沿线地区人民对美好生活的向往比过去任何时代都更为强烈。2016 年 2 月，习近平总书记在调研时指出：“保障和改善民生没有终点，只有连续不断的新起点，要采取针对性更强、覆盖面更广、作用更直接、效果更明显的举措，实实在在帮群众解难题、为群众增福祉、让群众享公平。”[11]因此，水利工作者及相关部门在治理黄河工作中要以永不懈怠的精神状态，保障黄河及流域各方面的安全，直面和解决流域水利事业发展中影响或制约群众生产生活的突出问题，使人民群众对获得感、幸福感有更加直观、更加深切的感受。而只有在弘扬传统治黄文化、让人民群众充分了解黄河流域先辈生存发展历史的基础上，才能对今天持续拥有的获得感、幸福感有更直观、更深切的体悟。

四、强化讲好历史上黄河治理故事的传播主体建设

讲好历史上黄河治理故事，离不开传播主体作用的发挥。因此，要在人员选择、素养培养、传播理念等方面做足工作，才能保障历史上黄河治理故事的有效传播。

（一）合理选择主体，壮大传播队伍

历史上黄河治理故事的传播，离不开历史学、地理学、文献学、考古学等学科的共同关注与协同研究。因此，讲好历史上黄河治理故事，首先需要相关领域专家学者广泛参与，通过多学科综合深入研究，构筑可靠的传播内容体系；在历史上黄河治理故事的传播中，传统媒体与新媒体工作者都责无旁贷。同时，志愿者群体及黄河流域广大人民群众等社会各界人士也不可或缺。努力打造一支既有专业人员又有更多人群广泛参与的历史上黄河治理故事传播队伍，对于提升传播效果、扩大影响范围无疑发挥着重要作用。

（二）厚植文化土壤，增强传播自信

我国历史上的黄河治理故事具有十分丰富的内涵。准确理解和全面把握我国治理黄河的历史与文化，要求水利科技史、水利思想史、生态环境史、历史地理学等专门领域研究者在针对治黄历史展开深入研究的基础上，结合当前我国黄河流域防洪能力、水源涵养、生态环境、工农业生产等客观形势，将有历史和现实价值的部分充分挖掘和阐释。媒体工作者与志愿者等传播主体要不断更新知识体系，掌握历史学、水利学、传播学、心理学等相关方面的基本知识，以更加主动与更加自信的心态将相关知识与理念准确、全面地传递给受众。广大人民群众要做好黄河治理故事的传承者、黄河文化的代言人，传承好治黄文化、治黄精神，维护好黄河流域地区及整个流域经济社会发展利益。

（三）转变话语体系，提升传播效果

推动“黄河流域生态保护和高质量发展”，涉及流域广大人民群众的切身利益。比如，“黄河流域及相关地区是我国农业经济开发的重点地区，小麦、棉花、油料、烟叶、牲畜等主要农牧产品在全国占有重要地位”[12]。黄河流域广大地区农业经济的特殊地位，对讲好传统黄河治理故事提出了更高要求。相关领域专家及其他传播主体不能仅仅停留在理论宣讲层面，要在精准把握黄河治理故事内涵的基础上将故事通俗化，以直观的形式、形象的语言，推动黄河治理故

事在广大农业生产者群体中广泛传播，进而转化为推动其日常生产生活的精神动力。只有切实转变话语体系，将群众的思维和语言融入黄河治理故事传播工作中，才能真正有效地提升传播效果。

讲好“黄河故事”，发挥黄河文化在新时代的精神力量，离不开对历史上黄河治理故事的传承和弘扬。“以故事为载体，可以实现文化传播、观念传播、价值传播等不同传播目标的达成。”[13]因此，专家、媒体工作者、广大志愿者及人民群众要充分发挥自身优势，将积极向上的黄河治理故事及时传递出去，努力推动治黄文化、观念、价值等的传播，使广大人民特别是黄河流域人民深刻认识治黄活动的历史镜鉴，使国内外各界深入了解黄河治理故事蕴含的宝贵精神财富，进而为推动黄河流域高质量发展、实现中华民族伟大复兴提供强大精神助力。

参考文献：

[1] 习近平在河南主持召开黄河流域生态保护和高质量发展座谈会时强调：共同抓好大保护协同推进大治理 让黄河成为造福人民的幸福河［N］. 人民日报，2019-09-20（01）.

[2] 谭其骧. 何以黄河在东汉以后会出现一个长期安流的局面：从历史上论证黄河中游的土地合理利用是消弭下游水害的决定性因素［A］. 谭其骧. 黄河史论丛［C］. 上海：复旦大学出版社，1986：87-99.

[3] 张汝翼，杨旭临. 黄河断流的历史回顾与简析［J］. 人民黄河，1998（10）：38-40.

[4] 司马迁. 史记［M］. 北京：中华书局，1982：51.

[5] 张强. 从清初黄河治理看康熙帝领导风格［J］. 满族研究，2011（4）：68-72+92.

[6] 邹逸麟. 元代河患和贾鲁治河［A］. 谭其骧，黄河史论丛［C］. 上海：复旦大学出版社，1986：156.

[7] 辛德勇. 日本学者松本洪对中国历史植被变迁的开拓性研究［A］. 罗卫

东，范今朝．庆贺陈桥驿先生九十华诞学术论文集［C］．杭州：浙江大学出版社，2014：71.

［8］岑仲勉．黄河变迁史［M］．北京：中华书局，2004：369.

［9］习近平．提高国家文化软实力［A］．习近平谈治国理政：第一卷［C］．北京：外文出版社，2018：161.

［10］姚旭，展姿．讲好中国故事塑造国家形象［J］．新闻爱好者，2017（2）：79−81.

［11］习近平．保障和改善民生没有终点，只有连续不断的新起点［A］．习近平谈治国理政：第二卷［C］．北京：外文出版社，2017：362.

［12］牛玉国．构建黄河生态经济带战略［N］．学习时报，2018−05−30（04）.

［13］郑保卫，王亚苹．试论习近平的宣传艺术与传播技巧［J］．新闻爱好者，2015（12）：10−14.

（作者：张建松，原载于《新闻爱好者》2020 年 2 期）

黄河文化对中华文明的影响及其在当今社会的传播

水是生命之源、文明之基。人类文明发展史与河流密切相关。地球上的大河流域无不是人类文明的发源地，四大文明古国均起源于大河之畔。每一条大江大河像母亲一样，不仅养育了她的儿女，同时也孕育了不同类型、不同内涵的灿烂文化。黄河是中华民族的母亲河，是中华文明的摇篮。

一、黄河文化对中华文明的影响

（一）黄河中下游地区地理环境是中华文明孕育和形成的基础

“地理环境在人类文化生成时期起着决定性的作用，这种作用是基础的，也是根本的。”[1]钱穆在《中国文化史导论》中指出，“人类文化的最先开始，他们的居地，均赖有河水灌溉，好使农业易于产生……人类文化始易萌芽。”[2]大河，往往就是一个民族的发源地、一种文明的摇篮。黄河滋养了中华大地，孕育了中华文明。

在远古时期，自然环境对人类生存发展有着至关重要的影响。黄河中下游地区，气候适宜，土质肥沃，有利于土地的开垦和农作物种植，发达的水系，为先民生活用水和发展灌溉农业提供了重要水源。濒河地区的生态系统稳定，给人们提供了丰富的食物来源；黄土的特性，利于先民们挖洞聚居；流域内气候温和，雨量充沛，适宜于原始人类生存。[3]在这里，10万年前开始有了我们祖先活动的足迹，8000年前先人们结网渔猎、刀耕火种，孕育了发达的农耕文明。华夏民族的祖先在黄河流域勇敢开拓，创造了中华文明灿烂的文化。李家沟文化、裴李岗文化、仰韶文化、龙山文化、二里头文化等遗址，表明了华夏祖先在这里率先走出愚昧，大步跨入文明的门槛。人文始祖黄帝在黄河中下游地区最早奠定了中华民族的根基；新石器时代后期，中华文明在黄河中下游地区诞生，最早的国家夏在这里建立，中国、中华雏形初成。夏商周时期，这里创造了光辉灿烂的青铜时代文明；随后，文明的大幕被徐徐拉开，历史的正剧在一幕幕上演。

（二）黄河的河运助力中华文明融合发展

河流的交通运输能力支撑着文明的生存和发展。一个大的文明区域内部必定需要大量的人流和物流，而一条大河所能提供的水运方式是最便捷和廉价的。直到今天，水运的优势依然难以替代。而在工业化以前的古代，内河运输往往是一个国家、一个地区唯一有效的大规模运输手段。[4]

黄河是流动的，其与支流和运河像一条条动脉血管，把地区连接起来，加快了地区之间的物质和文化交流，河流支脉相连的河网成了文明连接的纽带，促进文明之间的相互融合。古代，开凿运河沟通了黄河和其他河流，通过航运和漕运等助力了中华文明的融合与发展。封建王朝通过水道将所征粮食运至京师或其他指定地点，通过这种方式，中央政府控制了全国各地的赋税财政。黄河漕运历史悠久，第一次大规模地开发利用黄河航运功能是在战国时期。战国中期在黄河和淮河之间修建了鸿沟水运枢纽，隋朝在黄河中下游先后开凿了广通渠、通济渠和永济渠，沟通了黄河水系和淮河、长江、海河水系，形成了长达5000余里的水陆交通网，加强了当时经济、文化的交流，加快了融合的过程。中华文明的内涵更加丰富，兼收并蓄，包罗万象，并最终走向“一统”。

（三）黄河的治理筑牢中华文明“大一统”思想

黄河孕育了辉煌灿烂的中华文明，但是黄河也是凶猛的，它是一条多泥、善淤、善决、善徙的河流，给中华大地带来了不少灾难。在与黄河数千年的博弈中，铸就了中华儿女自强不息、蓬勃奋进的性格，唤醒了对民族和国家的感情、信念。黄河治理需要运用国家的力量，于是便催生出统一的国家和政权，由此形成了中国人“大一统”的文化心理。

龙山文化时期黄河中下游地区洪水泛滥，部落之间选择了联合起来共同抵御灾害，促使王权的产生，为整个中华文明的形成和发展奠定了牢固的根基。秦朝的统一使整个黄河中下游流域处于同一个中央集权的统治之下，政令的上通下达、人员的往来、重要物资的运输以及信息的传递等都要依托水运来完成，水运是廉价和高效的，对于巩固政权起到很重要的作用，所以秦朝以后的历朝历代都把黄河治理作为重要的政治工作，由此产生了很多治水名人。在治理黄河水害的过程中，国家统一组织实施，人力物力统筹调配，先天下之忧而忧、后天下之乐而乐的忧患意识逐渐形成，“大一统”的家国天下情怀根深蒂固。

（四）黄河的流域文化造就中华文明的特质

千百年来，黄河的流域文化造就了中华儿女豪放豁达、不屈不挠的顽强品质和勇于创新、自强不息的人文精神。

黄河是一条伟大的河流，她赐予了中华大地生命之源，赋予了中华文明丰富的精神内涵。一方水土养一方人，生活在黄河流域的中华儿女形成了统一的思想观念、人文历史和文化特征，建构了中华大地多元一体的文化认同。黄河流域自然环境适宜人类居住，地理环境决定了这里以农业为主的生产方式，最早迎来了农业文明的曙光。数千年的农耕文化，养成了中华民族追求务实的心态，实心做事，才能有所收获，“一分耕耘一分收获”；养成了中华儿女强烈的家族本位意识，形成了顺天应人、和谐共存的思想观念和性格特征，铸就了不屈不挠、自强不息、勤俭持家、坚韧不拔、爱家爱国的优秀品质，滋生了科学技术、学术思想、文学艺术、宗教文化等方面的人文精神，从而形成了辉煌灿烂的中华文明。

二、新时代黄河文化传播的思考与探索

黄河文化是中华文明的核心，是坚定文化自信的重要根基，新时代我们要加大传承、弘扬黄河文化，促进中国传统优秀文化的不断创新发展，彰显当代中国精神，唱响美好中国梦的华丽篇章。

（一）讲好黄河故事，延续历史文脉

九曲黄河，奔腾向前，她在哺育中华大地的同时，也带来了严重的水患，在与黄河水患的搏斗中，中华民族彰显出的不惧艰险、敢于斗争的顽强生命力，是激励中华民族阔步前行的重要动力。打造黄河文化品牌，传播黄河文化，要着力讲好中华民族与黄河搏斗不屈的优秀品质，要讲好新中国成立以来书写的治黄精彩篇章，促进黄河文化传承发展。让治理黄河的精神，成为鼓舞我们实现流域生态发展的磅礴力量。

讲好黄河故事要进一步领略黄河历史文化精神内涵，秉持传承创新、让黄河文化“活”起来的宗旨，创作推出一批具有广泛影响力的诗歌、散文、小说、戏曲、戏剧、舞剧、影视剧等文艺作品，拉近民众与黄河文化的距离，激发黄河文化的创新活力，全方位展示、传播黄河文化。发展黄河文化产业，通过创新，使黄河文化活起来，带动黄河流域经济和社会发展，实现黄河文化的创造性转变和创新性发展。

（二）推进黄河文化遗产系统保护和传承利用

1. 实施黄河文化遗产系统保护工程

黄河文化遗产是黄河文化传承、发展的载体，传播黄河文化，保护黄河文化遗产是基础。习近平总书记在黄河流域生态保护和高质量发展座谈会上的讲话强调，要推进黄河文化遗产的系统保护，守好老祖宗留给我们的宝贵遗产。我们应该深入领会总书记讲话精神，深刻认识加强黄河文化遗产保护利用的重大意义，开展黄河文化遗产普查工作，建立黄河文化遗产名录数据库，实行动态管理，加强黄河文化遗产的系统性、综合性保护，处理好传承利用之间的关系，对濒危遗产遗迹遗存实施抢救性保护，加大对古建筑、古村落、古渡口等物质文化遗产和民俗、传统技艺等非物质文化遗产的保护力度。让物态的文化遗产活起来，切实保护好、挖掘好、传承好、弘扬好黄河文化。

2. 打造黄河文化标识工程

黄河文化承载着中华民族五千多年的文明史，底蕴深厚。目前，黄河流域

还没有形成一系列独具特色的文化符号，推出彰显中国精神、中国气派的黄河文化符号，对进一步提炼黄河文化精神内涵，助推黄河文化的创造性转化、创新性发展，彰显中华民族精神，彰显中国气派，建设具有中国特色的社会主义国家具有很好的助推作用。

保护黄河文化遗产，要加快打造黄河国家博物馆、黄河文化国家公园，生动立体地展示黄河流域历史文化，讲述黄河千古风情，拉近民众与黄河文化的距离，让大家切实感受到黄河文化的博大精深。举办中国大河大江文化论坛，邀请有大河大江的国家参与，加强中华文明与世界其他古代文明交流互鉴，弘扬中华民族在人类文明发展中的特殊贡献，凝聚世界文化共识，使之成为中华文化走向世界的重要舞台。

3. 推动文化遗产的利用，加强文旅融合

文化是旅游的第一资源，旅游是文化的有效载体，文化与旅游有机相融，可促进传统文化进一步发扬光大。[5]黄河文化是黄河流域文化共同体，拥有丰富的历史文化、红色文化、民俗文化、非遗文化等。黄河流域各地应因地制宜，充分发挥本地资源优势，策划设计古国线、古都线、遗产线、风景线、研学线等旅游路线，加强文旅融合，打造“黄河文化国家旅游线路”。通过文旅进一步挖掘黄河文化的价值，拓展黄河文化的传播，展示中华文明、彰显中国精神。

（三）充分发挥新媒体在黄河文化传播中的作用

当今社会信息传播方式的改变和发展不断改变着人们的生活、工作和思维方式，对文化的传播也产生了深刻的影响。与传统媒体相比，新媒体具有渠道广泛、互动性强、形式多样、时效性强等特点。随着信息技术的发展，黄河文化的传播过程中需要借助新媒体的传播力量，“通过不断地探寻、了解受众的需求，了解他们喜欢的信息接收方式，加强媒体与受众的黏性，提高传播效果。”[6]充分利用微博、微信、网站、微视频等媒介，多样化地进行黄河文化的宣传，唤起大众对黄河文化的参与感、认同感与归属感，让人们了解黄河文化、感受黄河文化。

三、结语

黄河是中华民族的母亲河，在我国古代文明的发展进程中，黄河文化与周边的多元文化相互渗透、融合，最终，形成了中华大地连绵不断的灿烂文明。黄河文化是中华文明的核心和基石。当今，我们要加大弘扬黄河文化，传承黄河精神，坚定民族文化自信，提升文化软实力，实现中华民族的伟大复兴。

参考文献：

[1] 李民．中原文化大典·总论［M］．郑州：中州古籍出版社，2008：51.
[2] 钱穆．中国文化史导论［M］．北京：商务印书馆，1994.
[3] 马波．农业起源的历史地理学考察［M］// 王玉堂，等．农业的起源和发展．南京：南京大学出版社，1996：122－123.
[4] 葛剑雄．黄河与中华文明［M］．北京：中华书局，2020：13.
[5] 侯迎慧．从自媒体看黄河文化国际传播策略［J］．新闻爱好者，2020（12）：75－77.
[6] 刘明．融媒体视阈下黄河水文化传播策略研究［J］．新闻爱好者，2020（6）：59－61.

（作者：柴小羽、赵珍，原载于《新闻爱好者》2021 年 7 期）

新时代黄河文化大传播需要科学思维引导

文化大传播是相较于一般性文化传播的概念。与一般性文化传播相比，文化大传播更加注重系统上的全要素联动、时空上的全过程贯穿和格局上的全方位构建，其目的性更强、引领力更大、影响面更广。[1]习近平总书记在郑州主持召开黄河流域生态保护和高质量发展座谈会时指出：“保护黄河是事关中华民族伟大复兴和永续发展的千秋大计，是重大国家战略。黄河文化是中华文明的重要组成部分，是中华民族的根和魂。要推进黄河文化遗产的系统保护，深入挖掘黄河文化蕴含的时代价值，讲好‘黄河故事’，延续历史文脉，坚定文化自信，为实现中华民族伟大复兴的中国梦凝聚精神力量。”[2]习近平总书记的讲话，站在实现中华民族伟大复兴的中国梦的高度，从历史和现实两个维度、理论与实践两个逻辑揭示了黄河文化大传播的必要性和必然性，为新时代黄河文化大传播指明了前进方向，提供了根本遵循，同时也标志着我国黄河文化大传播战略定位和工作格局的正式确立。

中华文化源远流长，但在历史长河的冲刷下，有的文化光辉暗淡，有的消散殆尽。而黄河文化的传承与创新从未中断，日渐成熟并日益壮大，成为中华文化的核心组成和引领者。黄河文化在形成初期就兼具开放包容的优秀基因，在自身发展的同时，不断向周边地区甚至是海外传播，与其他区域和民族文化交流、互鉴和融合，形成了独具特色的“泛黄河文化”[3]。面对新的机遇和挑战，历史形成的黄河文化传播模式无论在格局站位、理念思路、机制体制还是方法措施上，与黄河文化大传播的战略定位和工作格局都存在不同程度的不协调、不适应等问题，并集中体现在以下几个突出矛盾之中。

一、新时代黄河文化大传播存在的突出矛盾

（一）区域个性化与流域一致化之间的矛盾

一方面，黄河流域区域文化在传播过程中形成了独具特色的文化传统、文化谱系和文化资源，并在交流中相互影响和相互渗透。[4]黄河文化大传播是黄河流域区域文化直接传播和交融传播的集合，区域文化的特殊性决定了黄河文化大传播形式的多样性和内容的丰富性。另一方面，黄河文化大传播作为一项全要素联动、全过程贯穿和全方位构建的整体性、全局性工作，需要传播理念的统一、文化资源的整合以及前进步调的一致。因此，区域之间的地理屏障、心理屏障、文化屏障以及机制屏障，必然会成为黄河流域文化大传播一致化进程的巨大障碍，区域文化传播的个性化需要与流域文化传播的一致化要求之间，必然会产生一系列矛盾和问题。

（二）战略高要求与水平低层次之间的矛盾

党的十八大以来，习近平总书记强调："增强文化自觉和文化自信，是坚定道路自信、理论自信、制度自信的题中应有之义。"[5]这是黄河文化大传播的现实基础，也是黄河文化大传播的历史必然。但黄河文化传播还没有形成清晰且运行科学的文化传播机制：一是形式还较为单一，文化传播仍是经济社会活动、军事外交实践过程的附属产物，没有形成优势明显的文化产业；二是共识还较为模糊，文化传播在凝聚民族精神中的重要引领作用没有得到充分认同；三是范围还较为固化，以黄河中下游流域为核心的"带状"文化传播区域边界明显；四是文化传播的创造性转化和创新性发展不足。低位运行的黄河文化传播水准，不足以支撑黄河文化大传播的战略地位和时代价值，必然引发一系列现实问题。

二、科学思维是解决黄河文化大传播突出矛盾的思想利器

科学思维是解决黄河文化大传播突出矛盾的逻辑基础。从概念上讲，科学思维是探索与发现事物内部本质联系和规律性的高级意识活动，是认识过程的

抽象化或具象化阶段，是对事物非本质属性的摒弃和对其共同本质特征的反映。分析上述突出矛盾出现的原因，无论在认识层面、实践层面、抽象层面还是具象层面，均存在对事物本质特征认识不清和一般规律把握不准的问题。要从根本上解决上述矛盾，必须理清发展思路，廓清关系迷雾，明晰前进方向。因此，科学思维是解决黄河文化大传播突出矛盾的逻辑基础。

科学思维是解决黄河文化大传播突出矛盾的行动指南。从实践上看，保护黄河是事关中华民族伟大复兴和永续发展的千秋大计，黄河文化大传播是保护黄河的内在要求和必然使命。黄河文化大传播作为具有鲜明意识形态特征和思维导向的社会实践活动，需要用全面、发展的观点把黄河文化大传播放到黄河及黄河流域文明产生、发展的全过程中去思考研究、科学谋划，寻找黄河文化大传播的基本特征和发展规律，认清黄河文化大传播的时代脉搏和前进趋势，从本质上把握黄河文化大传播的理论逻辑、历史逻辑和实践逻辑，充分展现黄河作为母亲河这一中华民族精神纽带的强大凝聚力。

三、运用科学思维指引黄河文化大传播的实现途径

（一）运用战略思维提升黄河文化大传播的格局站位

黄河流域生态保护和高质量发展，同京津冀协同发展、长江经济带发展、粤港澳大湾区建设、长三角一体化发展一样，都是重大国家战略。[6]做好黄河文化的传播，首先是一个战略问题。这就要求我们在黄河文化大传播的过程中，树立大局意识，从做好黄河文化大传播与促进黄河流域生态保护和高质量发展的价值体系中认识大局，从增强“四个意识”、坚定“四个自信”、做到“两个维护”和提升黄河文化大传播的政治站位的高度，处理好地方和流域、整体与局部、个人与集体的利益关系。在黄河文化大传播的过程中，要积极顺应国家重大战略调整，牢牢把握工作主动权，因事而化、因时而进、因势而新；要保持战略定力，善于以长远眼光分析研判形势，遵循事物发展规律，讲好“黄河故事”，延续历史文脉，坚定文化自信。

（二）运用系统思维凝聚黄河文化大传播的能量合力

黄河文化大传播系统包括黄河文化的挖掘整理，传播弘扬链条的构建、手段的运用以及效果的反馈，这些构成了黄河文化大传播的闭环体系。在该体系中，黄河文化的挖掘整理，是黄河文化大传播的资源供给，在以“内容为王”的传播铁律下，决定着黄河文化大传播的可持续进程；链条的构建是黄河文化大传播的运行道路，决定着黄河文化大传播的实际效能和受众认同程度；效果的反馈是黄河文化大传播的“自我调适装置”，对于运行过程中的经验教训总结、问题隐患发现、方法策略调整具有重要的导向作用。系统中的每一个环节相互依存、相互作用，互为因果，都是黄河文化大传播运行机制的基础条件和核心要素。[7]只有统筹兼顾每个传播要素、协同耦合每个传播环节，才能实现整个系统平稳运行和效益显化等合力聚集效应。如果在传播过程中畸轻畸重、单兵突进、顾此失彼，就会带来机制不顺、运行不畅、内耗严重等一系列系统性问题，就可能会对黄河文化大传播的工作效率和实际成效带来不可测的损失。因此，要强化黄河文化大传播的顶层设计，统筹沿黄九省（区）文化传播资源开发利用，构建统一的文化传播信息平台，推进文化传播资源的“自挖掘”能力和共享体系建设，打造统一的“中华母亲河”文化传播品牌，形成黄河文化大传播统筹规划、协调配合、凝聚合力、良性互动的“黄河流域文化共同体”[8]。

（三）运用创新思维挖掘黄河文化大传播的内生动力

党的十八大以来，在习近平总书记的重要讲话中，“创新”一词出现超过千次，涵盖了治国理政的方方面面。他曾强调：“创新是一个民族进步的灵魂，是一个国家兴旺发达的不竭动力，也是中华民族最深沉的民族禀赋。在激烈的国际竞争中，惟创新者进，惟创新者强，惟创新者胜。”[9]

创新黄河文化大传播是传统文化与时代文化相融通、与现实社会相协调、与受众需求相一致的“破与立”的进化和迭代过程，需要勇气，更需要智慧。黄河文化大传播的创新，应包括理念逻辑、实践操作两个创新层面。在理念逻辑层面，立足黄河文化本源，不否定、不歪曲、不改变黄河文化的客观存在，坚决反对历史虚无主义，这是黄河文化大传播创新的重要前提。无论传播技术如何改变、传播平台如何迭代，受众永远是创新黄河文化传播的核心。从受众的多维需求出发，让他们直接参与到文化供给和传播弘扬的过程中来，构建以“受众为核心”的大传播生态，真正做到“以人民为中心”，这是黄河文化大传播的创新基本方针。[10]在实践操作层面，进一步挖掘和提炼黄河文化的价值和精神内涵，提高文化产品展示水平，讲好新时代的黄河故事。需要注意的是，在5G、人工智能、大数据云平台等新一代互联网技术的推动下，黄河文化传播的格局正在发生深刻的变化。面对技术进步带来的机遇和挑战，更需要运用创新思维挖掘内生动力和寻求科学的表达方式，在可视化传播、沉浸式传播、逻辑算法优化传播、万物互联场景传播上持续发力，催生黄河文化与创新传播模式的“化学反应”，推动黄河文化大传播向纵深发展。

（四）运用法治思维规范黄河文化大传播的行动方式

首先，法治文化在广义上包含物质、精神、行为、制度等不同层面，法治思维属于精神层面和制度层面融合的文化元素，故而法治思维也在文化范畴之内。黄河文化在发轫兴起、传播弘扬的过程中，形成了独具特色、体系完备的法治文化，如宗法制的形成、用人机制与科举制的成熟、法律制度与伦理秩序体系的发展、农耕人地税费制度的完善等[11]，这些法治文化极大地推动和深刻影响了中国历史、东亚历史乃至整个人类文明的进程。其次，保护好黄河文化是传播弘扬好黄河文化的重要前提。由于历史和现实的原因，黄河流域一些重要的物质文化遗产和非物质文化遗产亟须得到系统保护，因此要善于运用法治思维统筹黄河文化遗产的整体性、抢救性和预防性保护的法治建设，坚持全面推进黄河文化遗产的科学立法、严格执法、公正司法和全民守法，构建黄河文化传播资源不损失、不破坏、不遗弃的法治屏障，让这些文化遗产能够世世代代传承下去。再次，在黄河文化传播弘扬的过程中，从业者要谨记遵纪守法是最基本的要求，做到心中有法、心中有民、心中有戒，不断增强法制观念，不触碰违法违纪的红线；改变权大于法、情大于法的思维以及简单的命令和管制思维，真正将黄河文化传播好、弘扬好、利用好、发展好，不让这条凝聚人心的金纽带、展示文化自信的金名片蒙羞蒙尘，使黄河文化在新时代的号角声中更加熠熠生辉。

参考文献：

[1] 龚可."大传播"：地域文化传播视野中新旧媒体互动发展新生态[J].传播与版权，2018(12)：125-128.

[2] 习近平.在黄河流域生态保护和高质量发展座谈会上的讲话[J].求是，2019(20).

[3] 苗长虹，艾少伟，喻忠磊.黄河文化的历史意义与时代价值[N].河南日报，2019-11-01(009).

[4] 河南省社会科学院课题组.做好黄河文化保护传承弘扬这篇大文章[EB/OL].https：//www.henan.gov.cn/2019/10-28/990875.html.

[5] 习近平.坚定文化自信，建设社会主义文化强国[N].人民日报，2019-06-15.

[6] 习近平.在黄河流域生态保护和高质量发展座谈会上的讲话[J].求是，2019(20).

[7] 祁萌.孟瑞鹏英雄事迹传播、精神弘扬与认同机制研究[J].新闻爱好者，2019(3)：88-90.

[8] 贾若祥.让黄河文化在新时代下熠熠生辉，挺起文化自信的脊梁[EB/OL].https：//m.sohu.com/a/305863475_692693.

[9]《习近平用典》创新篇[EB/OL].http：//theory.people.com.cn/n/2015/0316/c394175-26697237.html.

[10] 丁伟.人民日报社新媒体中心主任丁伟：5G时代新媒体传播的六大趋势[EB/OL].https：//mp.weixin.qq.com/s/p7JBBFpf2kwXhwA6dSa0Dw.

[11] 河南省社会科学院课题组.做好黄河文化保护传承弘扬这篇大文章[EB/OL].https：//www.henan.gov.cn/2019/10-28/990875.html.

（作者：祁萌，原载于《新闻爱好者》2020年11期）

新媒介视阈下黄河民间故事传播的“再口语化”

黄河民间故事是生活在黄河流域的民众在长期的生产和生活过程中创作并传承的与黄河有关的口头文学作品，它是黄河流域民众社会生活与理想愿望的艺术反映。以往学者对黄河民间故事的研究，主要集中在其主题、文学价值、传承现状及后续保护等方面，对新媒介环境下黄河民间故事传播的再口语化现象缺乏关注。有鉴于此，本文拟对新媒介语境下再度回归的黄河民间故事口语传播现象进行深入探讨，以期能为讲好黄河民间故事、弘扬黄河文化精神提供借鉴。

一、从口耳相传到“再口语化”：黄河民间故事传播形式的嬗变

从媒介技术影响的角度看，黄河民间故事的传播经历了口语、书面、影像和新媒体四个阶段。口语传播是黄河民间故事传播的原生态，是远古时期就存在的传播形式。黄河民间故事通常是人民群众在日常生产生活中创作而成，通过口耳相传的形式来传播，以达到传递某些道理，或解释、或歌颂、或教化的作用。口语传播的这种方式带有很强的即时性，也没有文字记录，且多由劳动人民中的个体将自己记忆中的故事向他者传达，因此，传统口语传播时代既没有留下可供参考的物质性记录资料，又存在不同传者间传播的差异性和个人色彩，传播的受众和范围有限。

文字的出现和印刷术的发明使得黄河民间故事的传播进入书面传播时代。黄河民间故事的文字记载最早可以追溯到先秦时期的《尚书》《山海经》等典籍中。纸张与印刷技术使得黄河民间故事有了依托的物质载体，并通过这些载体代代传承下来，保存时间更为久远。影视技术的出现给黄河民间故事的传播带

来了活力，使黄河民间故事的传播进入影像时代。摄影、摄像等影像技术的加持使得黄河民间故事呈现出“视觉化”“图像化”特征，传播更加生动、鲜活。书面与影像传播不仅可以向更广泛的受众讲述，还将黄河民间故事高度凝练，甚至符号化，使其逐步形成了较稳定的符号组群，并通过连环画、小说和电影等多种新形式进行艺术加工和再阐释，这给互联网时代的“再口语化”提供了更大互通空间的可能性。

互联网时代的到来与新媒介的不断涌现，使黄河民间故事的传播又衍生出新的传播形态。这些新的传播形态再现了黄河民间故事的场景，重构了黄河民间故事的内涵，实现了黄河民间故事传播的“再口语化”。

从远古时代的口耳相传到互联网时代的“再口语化”，不是简单的口语传播的回归，是技术革新、社会发展、民众需求多元等生态环境变化下的传播新样态。民间故事的口头讲述打造出的是地理文化交融的复合空间，口耳相传时代黄河民间故事传播的受众和范围有限，通常呈现出一定的与地缘相关的特点。互联网时代，黄河民间故事被接受的共通文化空间进一步扩大，传播的主体也经历了由普通民众到专业人士，再到向新媒体用户的转变。而新媒体用户因个体差异和文学想象的不同，对黄河民间故事讲述的自由度较大，个体的影响因素凸显。学者施爱东认为，讲述民间故事不仅是在向外传播故事，也是在建构自我的过程，他将这种由于个体差异而导致讲述民间故事的差异称为“变异的随意”[1]。从某种程度上说，新媒体时代的口语传播是对黄河民间故事的再创作。

二、电子对话与内容嬗变：黄河民间故事“再口语化”的表征

（一）“电子对话”：新媒介下的对话互动

互联网打造了一个虚拟的网络社会空间，在这之中，话语权力的逐步下移，精英文化和霸权文化的地位逐渐被消弭，大众阶层成为主要的发声群体。而且，由于用户网络的社会化程度提高，用户选择信息的主动性开始受到自身社交网络的制约，用户的观点不再是单纯个体独自做出反应，而是和他人沟通中产生的观

点。这就使得新媒介环境下黄河民间故事的传播呈现出新的时代特征：一是传播主要在用户、社群之间的互动中呈现；二是新媒介社交平台上的口语传播“变异的随意”更加碎片化，也更为频繁。这是因为传受双方都不再受时空的限制，且双方可以按照自己的喜好进行创作和接收信息，发生对话的随意性也随之变大。再者，新媒介平台上传者在制作自己的内容时，需要面对较传统口语传播更庞大的“观众”群体，之前的人内传播多是传者将自己知道的故事讲述给不知道或不够清楚的受者，如今则是只要二人或多人之间存在一定共通意义空间的，即可开展大众人际传播，每个个体在交流过程中都在将故事进行“扭曲与变异”。

新媒介时代信息的接收者和发送者可以做到在互联网上进行“面对面”交流，进行有针对性、符合传受双方使用或语言习惯的对话互动。美国学者桑德拉·鲍尔-洛基奇和凯思林·里尔登认为，以新媒介技术为手段的传播可以被视为是“电子对话”（telelog）[2]，这时的“对话”，相比传统意义的人际传播，更多的是相遇关系，对话双方沿同一网络路径，在途中相遇即可开展对话。这种对话通常发生在两个个体之间，有着更强的随意性。但发生对话的双方要有一定的共同的意义空间，才能开展对话。交往行为是否发生在新媒介并不是判断是不是“电子对话”的标准，对话是否有针对性和互动性才是关键特征所在。由于在互联网空间交往的匿名性和虚拟性，现实的社会阶级、阶层和身份对对话的影响会被削弱，“电子对话”更加开放和平等。

在新媒介平台上发生的黄河民间故事的“电子对话”，即是在数字化背景下利用新媒体技术传播黄河民间故事的新形式。与传统意义上的口语传播不同，以电子屏幕为主要载体的“再口语化”主要是在互联网上构建出虚拟社群，使口语传播的协商性再度得到关注。麦克卢汉认为，媒介的发展会经过提升、过时、再现和逆转四个阶段，每次的发展变化都是为了补充上一媒介形式的不足，但这种提升是建立在之前的媒介形式基础上的。就黄河民间故事传播而言，同样也存在类似的嬗变过程，也就是说，黄河民间故事的“再口语化”与传统的口语传播有着极大的相似性，并仍受到大众传播和数字印刷技术的影响，但又不再遵循之前的信息提供和单向说服方式，开始注重社交关系的经营。

（二）内容嬗变：传统与现代结合

新媒介时代，用户收到的信息在一定程度上出现了同质化现象。所传信息要想在这些同质化信息中脱颖而出，让受众眼前一亮，还是要抓住内容自身的传播优势和亮点。黄河民间故事流传时间较长，在长期的流布和传播中演化发展出众多的艺术形式，且内容上也并非一成不变。大禹治水的故事就在流传过程中衍生出诸多版本，其中某版本的大禹治水中，将大禹请缨治水的动机写为替自己渎职的父亲赎罪，彰显的是“父为子纲”的传统思想。但后期的传播则凸显大禹伟岸的英雄形象，慢慢淡化了大禹的父亲鲧。在智能口语传播时代，面对不同的受众，传播内容也会做出相应调整：面对青少年时，侧重于描述大禹的勇敢和不畏艰险；面对成年人时，更加偏向于大禹的敬业精神和其宏伟谋略。

三、技术赋能与公共领域：黄河民间故事传播“再口语化”的路径提升

（一）完善黄河民间故事的数据化呈现

黄河民间故事数量庞大，分类标准复杂，单靠人工进行整理归纳有较大难度，可以运用大数据技术将收集整理的黄河民间故事进行知识图谱的梳理；也可以使用文化绘图技术，将黄河民间故事发生的具体地点位置绘制成图，同时也将当地的一些山水风光、民俗景观等综合体现在同一张图上。

黄河民间故事历史悠久，在传承过程中不断地被消费。但由于信息的特殊属性，黄河民间故事实际上是在进行一种超文本的再创造。使用的传播媒介形式越多，黄河民间故事被创造的形式也就越多样化。麦克卢汉在研究媒介形式变迁时，将人类社会划分为三个阶段，其中“重新部落化”对应的就是电子媒介下感官功能的回归。在他看来，媒介技术的每次发展，都会对人的感官进行重塑。人际交互的口语传播，通过数字技术的模拟重建，在互联网空间得以重现。将黄河民间故事借助数字媒介技术得以保存，同时也是将其背后的黄河精神和文化生态尽可能地进行数字化保存。

（二）搭建黄河民间故事的“公共论坛”

在《网络共和国》中，桑斯坦认为，互联网技术的发展将言论市场划分为多个被细分的利基市场，在这些利基中，用户和竞争者的信息接触可能性大大降低，这减小了与其他信息不期而遇的概率，就造成了“公共论坛”的减少。这对网络协商有一定的影响，也揭示了互联网上的交往并不是全新的交往形式，而是现实社会交往的延伸。

技术的发展使得传统的在传播过程中的传播者和接收者的二分法不再科学，甚至失灵，新媒体用户具有了双重身份——成为数字文化的“产销”者。此时的用户对内容的要求更高，用户开始逐步掌握自己想要获取的信息种类和渠道。黄河民间故事由于其地缘性，现实中的人际传播围绕黄河搭建了多个“演讲角”。关于黄河的数字博物馆也可以被看作是现实的文化空间在互联网上的延伸与发展：全息投影技术下的讲解员和屏幕前的观众展开的互动，是口语传播新的表达方式，是对黄河民间故事传播方式的再度回归；有关地名或标志性建筑的民间故事在当地的社交平台上也有一定的讨论热度，同样也为黄河民间故事搭建出一个“演讲角”。“公共论坛”不仅是现实文化空间在网络上的延伸，更是以劳动人民对黄河精神的热爱为核心构建的。

综上所述，关于黄河民间故事“公共论坛”的建构，关键在于从多如牛毛的民间故事文本中提炼出最具有代表性的能够引起受众共鸣的符号表征，再围绕其开展互动和讨论，不断填充和丰富内容，以期形成关于黄河的公共文化领域。同时在以社交关系为基础的互动模式的新媒体平台上，不仅要调动个体用户参与“公共论坛”互动的热情，也要注重社群间互动关系的营造。

（三）重现黄河民间故事的口语传播

黄河民间故事传播的“再口语化”是感官世界的再次回归。黄河民间故事在互联网上的口语呈现，主要是通过技术手段，模拟出口头交互的场景，对受众的感官进行刺激，强化互动中的情感体验。此外，从口语传播的起源吟唱和劳动号子来看，其本身就具有一定的社群识别属性，而黄河民间故事的“再口语化”是建立在以社交网络为基础的互联网上，是社群协商的网络重现。黄河民间故事内容在传播过程中，经过不断地编码和解码，产生了一个甚至多个文化符号。这些符号在互联网传播的过程中逐渐具备社交属性，提供了对同一文化符号有着相同或相似认知的用户互相识别，形成社群的可能性。

民间故事的传承重要的还在于原生态的传播，最大限度保证民间故事的口语和情感互动还原。因此，在使用多种媒介形式进行传播的过程中，听觉的呈现显得尤为重要。黄河民间故事的“再口语化”关键在于通过模拟的声音和影像，重现了传统意义上口语传播过程中的感官和情感体验。在书面记载和影像时代，民间故事的记录大多是文字和音频、视频等形式，受众在阅读观看的过程中，产生代入感存在一定的难度。虚拟现实（VR）技术的快速发展给重塑黄河民间故事的感官空间提供了契机。这种技术有效升级了故事讲述和体验的方式，为使用者创造了新的感官享受，使目标体验内容变得更加多维、生动和饱满。[3]

数字媒体技术对黄河民间故事的整体呈现，目的就是要将现实的文化场域延伸至互联网上，打造出多角度、全方位的黄河民间故事文化空间。且在电子屏幕上重现的不应该仅仅是还原故事的内容和情节，更重要的是将黄河文化的精神内核在新媒介环境下进行更广泛的流传。

四、结语

“再口语化”的出现实际上是大众话语权力的回归，由大众占据主阵地的新媒介，其关键是关系网络的搭建。这就要求在对黄河民间故事进行传播的过程中，不仅要合理灵活运用互联网的社交属性，也要厘清故事背后的文化背景，更要建立起一套有脉络、有体系的黄河文化传播网络。新媒介环境下的“再口语化”是黄河文化传播网络不同板块之间相互连接、价值互助和协作生产的重要方式。系统梳理黄河民间故事，合理制定媒介传播策略，构建起黄河文化传播网络，是黄河民间故事传播的未来发展趋势。

参考文献：

[1] 施爱东．孟姜女故事的稳定性与自由度[J]．民俗研究，2009(04)：5–28.

[2] 陈先红．论新媒介即关系[J]．现代传播(中国传媒大学学报)，2006(03)：54–56.

[3] 朱涵钰．信息技术助推黄河水文化的数字化传播[J]．新闻爱好者，2019(12)：27–29.

(作者：苏士梅、赵梓杉，原载于《新闻爱好者》2021年11期)

融媒体背景下黄河文化传播的策略研究

2019年9月，习近平总书记在河南调研时指出："黄河文化是中华文明的重要组成部分，是中华民族的根和魂。保护、传承、弘扬黄河文化，是推动黄河流域生态保护和高质量发展的五大目标任务之一。"[1]加快黄河文化传播，是保护、传承、弘扬黄河文化的应有之义，有利于坚定文化自信，为实现中华民族伟大复兴凝聚精神力量，有利于培育社会主义核心价值观，有利于向世界展示中华文化的魅力。融媒体时代，推进黄河文化保护、传承、弘扬，必须紧紧围绕习近平总书记重要讲话精神进行谋篇布局，阐释好黄河文化的时代价值、内涵魅力、文化故事。

一、融媒体背景下黄河文化传播的重大意义

（一）有利于坚定文化自信

黄河文化是历史上黄河流域文化遗存、生活方式、价值取向、社会制度、风俗习惯、审美情怀等的总称，涵盖丰富的价值伦理、哲学思想和文化态度，如兴利除害、治河安邦的水利文化，崇文尚礼、交融互鉴的元典文化，灿若星辰、智勤忠勇的名人文化，应时而动、和谐守正的农耕文化，人文始祖、同根同源的根亲文化等。深沉厚重的黄河文化是中华民族的根和魂，是坚定文化自信的重要基石，是融媒体时代中华民族文化传播力量的重要考量。融媒体时代，全方位加强黄河遗存文化、制度文化、精神文化等的传播，有利于向全世界充分展示黄河文化的灿烂辉煌、提升中华民族文化形象、增强文化自信，为中华民族伟大复兴的中国梦凝聚磅礴伟力。

（二）有利于培育社会主义核心价值观

一方面，作为中华文明摇篮的黄河文化是中华文明的母体，为社会主义核心价值观的形成奠定了最初的思想文化基础。另一方面，社会主义核心价值观与黄河文明一脉相承，体现着黄河文化的基本精神与本质内涵。在传播媒介多元化发展的融媒体时代，黄河文化的传播途径、媒介、受众都发生了较大改变。主动应对这种变化带来的挑战，促进黄河文化在传统媒体和网络新媒体之间的融合传播，有利于深入挖掘黄河文化所蕴含的民族情结和时代价值，有利于形成黄河流域文化资源的系统发掘及保护，有利于形成黄河文化保护、传承和弘扬互促互动机制。融媒体背景下黄河文化的传播更是为我们深化爱国主义教育、固本强基与稳根铸魂奠定了基础，为社会主义核心价值观的形成和弘扬提供了最坚实的支撑。

（三）有利于增强构建人类命运共同体的共识

黄河文化所体现的海纳百川、融合接纳、和而不同、共生共荣、天下大同的文化观彰显了中华民族交流、融合、多元、求大同的精神本质，这种民族文化认同是对某些西方国家“文明冲突论”“文明优劣论”的最好驳斥，也为我们倡导“人类命运共同体”意识提供了深厚基础。[2] 围绕黄河流域作为中华民族及华夏文明重要发祥地、古丝绸之路起点、中国文字发源地的重要地位，对标国际文化和旅游中心，进行融媒体背景下黄河文化的传播，有利于向世界展示中华文化、黄河文化的魅力，有利于推动黄河文化旅游形成全面开放新格局，有利于讲好中华文明故事，深化文明交流互鉴，落实“一带一路”倡议，增强构建人类命运共同体的共识。

二、融媒体背景下黄河文化传播存在的问题

（一）传播方式有待丰富

融媒体背景下，文化的传播方式有很多种，包括纸媒传播、电视传播、网络传播、教学传播等。传播方式是否多样化、丰富化、直面受众需求，直接决

定了文化传播的可靠性和有效性。[3]黄河文化是中华文明的母体和摇篮，是中华民族的宝贵财富，更是民族复兴的重要基石。让黄河文化在新时代发扬光大，有效探索适应融媒体时代的文化传播方式是关键和第一位的。当前，在推进黄河文化的传播过程中，由于传播主体没有考虑融媒体时代这一背景等原因，导致黄河文化的传播方式不够丰富，没有达到在全国甚至全球发扬光大的效果。因此，融媒体背景下，迫切需要将流行元素、时尚元素等融入黄河文化传播中，让黄河文化传播方式更具创造力和新颖性，更能满足受众的诉求。

（二）传播内容有待整合

黄河文化是世界上最古老的文明之一，是五千多年上下积淀而成，且黄河文化产生覆盖范围较广，从西到东横跨青藏高原、内蒙古高原、黄土高原和黄淮海平原。因此，黄河文化在各个区域所产生的文化产物也是不完全一致的，可以说是各具特色、各有千秋，且与当地的历史风情、经济社会发展紧密相关。但是，有的区域黄河文化历史遗存较多、推广范围较广、宣传力度较大；有的区域开发力度小、宣传不够，这就容易造成黄河文化传播的马太效应。当前在黄河文化传播过程中碎片化现象还比较突出，系统性、整体性不够，这就会造成受众对黄河文化认识的误解和断层，不能系统把握和深刻理解黄河文化的源远流长和博大精深。保证黄河文化的有效传播，就需要按照类型、主题、方式等标准把分散到九省区的全部文化资源进行整合与融合，形成大一统的黄河文化形态后，进一步传播推广。因此，对黄河流域文化资源进行系统性、连贯性的有效整合与融合，再根据不同传播主题和对象的需要，开展针对性、创新性的传播工作，是融媒体背景下黄河文化传播的现实选择。

（三）传播主体有待协同创新

本质上来讲，传播离不开传播主体和传播受众，具有显著的社会性与互动性。文化传播同其他传播活动一样，离不开行为主体的参与。融媒体背景下，要把黄河文化传播好，传播主体甚至起着主导性作用。传播主体的选择决定了传播内容是否有效、与传播对象是否有机链接等。因此，融媒体背景下对黄河文化传播主体提出了更高要求，其格局与思维间接决定了黄河文化的传播效果。但当前，黄河文化传播主体还存在三个方面的明显不足。一是传播主体对黄河流域文化遗产缺乏整体性、统领性、系统性规划，对黄河流域非物质文化遗产缺乏统筹开发和保护。二是传播主体未意识到现有的相关博物馆建设规模与展示水平已经无法满足受众日益增长的文化需求，围绕黄河文化开展的文艺创作、文化产品开发、文旅产业发展等太少，缺乏创新性。三是传播主体对于黄河文化的认识，还停留在本区域文化的层面，对宏大黄河文化的深刻内涵缺乏挖掘与凝练，对其所蕴含的宇宙观、民族观等概括不足，缺乏相应载体和平台。融媒体背景下，传播主体之间的协同与合作是趋势也是必然选择。这就要求黄河文化的传播主体，如各级政府、各学校、各区域社会组织等要建立沟通协调机制，发挥各自的优势，形成黄河文化传播的合力。总体来看，传播主体亟须立足现状、直面问题，形成协同创新能力，统筹提出保护、传承、弘扬黄河文化的系统解决方案，这是融媒体背景下推动黄河文化面向世界弘扬传播的必然要求。

三、融媒体背景下推动黄河文化传播的策略

（一）加强黄河文化传播主体的协同创新

正如前文所提到的，传播主体在黄河文化传播过程中起着关键作用。因此，根据融媒体背景下黄河文化传播存在的问题，建议整合政府部门、学校、社会组织等传播主体的力量，创新理念、深化改革、协调配合，提高黄河文化传播的整体性和协同性。

政府层面，应担负起融媒体背景下黄河文化传播的顶层设计者责任。首先要在思想上强化对传播工作的高度重视，及时了解黄河文化传播过程中面临的困境，从全局把握传播工作的推进状况。其次，建议黄河流域各级文化和旅游（文物）主管部门牵头，依托各省区各类高校、各型智库，遴选专家队伍对黄河非遗、黄河生态、治黄科技、黄河历史地理等进行深入研究挖掘，形成一批具有原创性的成果，为融媒体背景下黄河文化传播提供理论支撑。再次，建议定期举办黄河流域文化节、民歌节、黄河文化音乐周、黄河文化美食节、黄河文化摄

影展、黄河文创展，创新传播载体，拓宽传播渠道，大力彰显黄河文化魅力。

教育层面，一方面，从九年义务教育阶段到高等教育阶段，要将黄河文化融入教材、融入课堂，让学生耳濡目染，对黄河文化有系统认识，树立文化自信。另一方面，各高校要积极培养多语言的黄河文化讲解员、传播员，推进博物馆、景区展示大众化、生动化、形象化，积极向外传播“黄河好声音”。

社会层面，充分发挥各类社会组织在黄河文化传播中应有的助推作用，加强与政府、教育部门的协调配合。重点突出社会组织在文化传播中的灵活性和创新性，使黄河文化在融媒体时代的传播重新焕发生机和活力，增强黄河文化全球认同感和归属感。

（二）加快黄河文化传播内容的系统整合

深入挖掘与整合黄河文化，是融媒体背景下黄河文化传播的基础和前提。第一，在尊重黄河流域各地区经济社会发展、自然禀赋、生态文明等方面差异的基础上，分类指导、因地制宜，将遗址遗迹、文化文物、古镇古村、革命纪念地等进行整体性整理，编制黄河文化资源名录、黄河文化资源地图等，为系统传播黄河文化内涵和时代价值做好前期准备。第二，明确黄河文化发展序列，可以按照中华文明史发展序列对其进行梳理整合。第三，打造黄河流域非遗数字化开放共享平台。对黄河流域非物质文化遗产进行数字化、可视化转化，可以增强黄河文化的厚重度和观赏性，更利于传播。建议搭建连通黄河全流域的非物质文化遗产资源、服务、开发、消费的一体化平台，引入社会资本，进行资本化和产业化转化，培育一批非遗数字产品，增强黄河文化传播的整体吸引力和影响力。

（三）推动黄河文化传播方式的多样化

第一，打造黄河文化传播的全媒体矩阵。综合用好用活广播电视、报纸、刊物、各大网站等主流媒体，以及 VR、直播、短视频等新媒体，精准传播让观众沉浸式体验的黄河文化。推动网络文学、纪录片、影视戏剧、动漫动画、综艺节目、有声阅读、手机游戏等黄河文化传播作品的创作，扩大黄河文化的传播力。第二，创新各类传播方式。鼓励黄河文化各类博物馆、非遗场所探索提供互动式、菜单式服务，创新面对面体验式传播方式。积极采用地方戏、话剧、歌剧、音乐剧、舞蹈剧等形式，不断丰富黄河艺苑。依托黄河号子、信天游、花儿、西坪民歌等黄河流域民歌资源，丰富民歌传播。针对科普市场推出“黄河文物故事”“黄河鸟类故事”“黄河古都故事”等科普读物，增强黄河文化传播的趣味性和延伸性。第三，扩大黄河文化传播的国际影响力。制作一批具有鲜明黄河文化特色和旅游吸引力的国际宣传片，在国际上塑造具有高识别度的黄河文化形象。可综合利用 Tiktok、Facebook、Twitter 等国际媒体平台讲述黄河文化故事，传播黄河文化标识，并设置、营造互动性的黄河文化国际热点话题。

（四）建立黄河文化保障体系

融媒体背景下推动黄河文化传播是一项长期的、系统的创新工作，必须强化组织、体制、政策、人才和资金保障，探索和构建黄河文化传播保障体系，助力文化强国建设。[4] 具体来说，第一，要强化对黄河文化传播的组织领导。顶层设计上，成立黄河文化传播领导小组，负责黄河文化传播的重大决策，包括确定传播主体、传播载体、传播平台、传播方向等重大事项，制订融媒体背景下的黄河文化传播规划，以规划引领传播工作的开展。第二，加大政策支持力度。要建立财政专项资金支持黄河文化传播；建立土地购房支持政策，对黄河文化科技转化项目优先安排用地；建立税收支持政策，参照高新技术企业的税收优惠政策对黄河文化传播企业实行税收优惠；建立贷款补贴政策，对黄河文化传播企业、相关科技企业急需的流动资金、技术改造和科技开发等短期贷款，可给予一定的贷款补贴，促进黄河文化传播、文化资源产业化转化。第三，强化人才支撑。明确黄河文化传播人才需求状况，制订人才需求计划，完善相关人才引进培养政策，加大政策执行力度。建立黄河文化传播人才信息库，将国内外知名文化科技创新创意、孵化创业、经营策划等人才纳入人才信息库。第四，拓展融资渠道。建立政府资金支持黄河文化传播的持续增长制度，确定每年各级政府扶持黄河文化传播的资金增长幅度不低于财政收入增长的幅度；建立政府资金集中支持制度，打包国家、省有关文化旅游产业的项目支持资金，一定时期内集中支持某一个黄河文化传播项目，使其快速占领文化市场；综合运用风险补贴和融资担保等方式，鼓励商业银行加大对黄河文化传播与文化资源转化项目的融资。

四、结语

黄河文化是中华文明的重要组成部分，是中华民族的根和魂。加快黄河文化的传播是保护、传承、弘扬黄河文化，推动黄河流域生态保护和高质量发展的内在要求和必然选择。融媒体的方兴未艾，为加快黄河文化传播提供了前所未有的机遇与挑战。我们必须利用好这一契机，把握好黄河文化融媒体传播的特点和趋势，创新传播理念，整合传播内容，丰富传播方式，以达到扛稳保护传承弘扬黄河文化的历史责任，继而为推动黄河文化在新时代发扬光大做出应有的贡献。

参考文献：

[1] 习近平在河南主持召开黄河流域生态保护和高质量发展座谈会时强调：共同抓好大保护协同推进大治理 让黄河成为造福人民的幸福河 [N]. 人民日报，2019-09-20（01）.

[2] 江凌. 推动黄河文化在新时代发扬光大 [N]. 学习时报，2020-01-03（01）.

[3] 张易昔. 融媒体背景下主流媒体政治传播的特征及发展趋势 [J]. 新闻爱好者，2021（4）：43-44.

[4] 杨凡. 文旅融合环境下河南黄河文化传播策略研究 [J]. 新闻爱好者，2021（4）：70-72.

（作者：王伟，原载于《新闻爱好者》2021 年 11 期）

信息技术助推黄河水文化的数字化传播

黄河源自青藏高原巴颜喀拉山北麓，被誉为中华母亲河，因其流域面积广，生活在黄河流域沿线的民族众多，几千年来孕育形成了一条以黄河为纽带的多元文化带。人们通过诗歌、散文、小说、音乐、戏剧、舞蹈、电影、神话、谚语、民俗、民族体育等多样的形式，在这条文化带上创造了无数的灿烂文化，形成了黄河水文化多元一体的文化格局。[1]

过去几千年来，黄河水文化主要依赖人与人之间的口头传颂以及在木头、石头、金银器皿等实物上记载文字和图片进行传播。但是，这些传播方式都需要借助真实存在的交流场所或物件器皿作为传播介质。在信息技术高速发展的今天，随着移动互联网、大数据、人工智能、虚拟现实和区块链技术的发展和应用，大众可以通过电子书、动画、音乐、视频、虚拟游戏、社交媒体等方式了解世界。因此，信息技术可以实现黄河水文化传播的数字化，促使黄河水文化以更加细致、多元、生动的形式呈现，达到对黄河水文化的传播、推广、资源开放、教育培训等目的，增强黄河水文化的软实力。

一、移动互联网技术为黄河水文化传播提供新平台

繁荣黄河水文化传承发展的关键问题是让更多的大众关注黄河水文化的成就以及来之不易的成功过程中的点点滴滴。尤其是让在黄河流域范围之外生活劳作的人们，让更多的当代青年人，愿意从内心了解黄河水文化，并有足够的渠道和资源感受黄河水文化的魅力。借助移动互联网技术的便捷性、时效性和成本节约性，想要了解黄河水文化的大众，只需一台移动终端设备——手机、平板电脑或电话手表，就可以接入互联网传播空间，访问以黄河水文化为主题内容的

网页或者应用。以微信为例，黄河水文化可以利用微信服务号、订阅号、小程序等形式定时推送与黄河水文化有关的内容，展示黄河水文化创意或民俗手工艺产品，更好地激发用户对黄河水文化传播的意识。不仅如此，对于那些从事黄河水文化的创造者、研究者、粉丝个人或者组织，也可以利用移动互联网平台，分享和宣传黄河水文化成果，交流黄河水文化精髓。移动互联网技术使得黄河水文化传播扩散触及的人群范围无限地向外扩展，实现了文化与目标受众之间的无缝对接。

对于政府职能部门来说，移动互联网技术可以辅助政府从经济发展、民生改善、社会管理等角度，利用互联网平台网站或者即时通信工具，开展黄河水文化的线上文化展览、分享会、拍卖会等。尤其是要针对那些濒危的黄河水文化遗产项目，制订专项计划，引导公众关注，强调黄河水文化传承和文化自信。如此一来，不但节约了文化宣传的财政经费支出，更是提升了文化传播的效果。

在互联网空间，网络访问者的年龄、性别、职业、受教育程度等特征是隐藏的。尤其是在移动互联网环境中，传播中的传受双方身份不再显著，文化传受双方在文化传播的过程中，其身份互换持续交替进行，在文化交流中，其交流的频次和深度呈现出迭代增长的趋势。黄河水文化的传播应该充分利用移动互联网平台，发挥平台的便利性和直观性优势，使黄河水文化的保护传承更具世界影响力和辐射力。

二、大数据技术提高黄河水文化传播的可视性

大数据也被称为“巨量数据”或“海量数据”，其特点是数据体量巨大、数据格式多样、数据时效明显、处理结果准确和数据价值丰厚。[2] 事实上，数据体量大仅仅是大数据价值体现的表象，其根本的价值在于它可以从空间和时间维度，实现多层次交叉分析并验证事实真相。利用大数据技术的分析验证和精确预测，有效规避风险，做出最明智的决策。

反观当下黄河水文化传播的现状，其主要手段还是借助传统媒体，将期刊、图书和博物馆作为黄河水文化传播、交流和研究的主要阵地。以“黄河水文化”

为关键词在各大主流搜索引擎中搜索结果显示，目前已建成的、以宣传黄河水文化为主题的网站寥寥无几，其中多是以黄河水文化发展为主营业务的企业网站。以“黄河水文化”为主题的数据库或者线上博物馆更是罕见。由此可见，当下有关黄河水文化的文本、图片、视频等数据资源量非常缺乏，亟待补充和完善。因此，建立黄河水文化数字资源大数据库刻不容缓。黄河水文化数字资源大数据库的设计应该充分考虑其层次架构，首层设文化综合数据库，其下再设置分支数据库，例如文字信息数据库、图片信息数据库、音频信息数据库、视频信息数据库、民俗工艺数据库等。

建立大数据库首先应收集已有的黄河水文化传统资源，将其转化为数字形式，录入数据库。同时，整合现有的黄河水文化数字资源，实现黄河水文化资源的全部数据化、电子化。其次，将所有的数字资源导入黄河水文化数字资源大数据库中，并进行数据清理工作。再次，展开数据挖掘与分析，从大数据中得到新发现。最后，用柱形图、饼图和折线图等图表将有价值的信息向大众进行可视化展示。除此之外，还应注意大数据库的标准和数据匹配度，预留与中原文化、流域文化、民俗文化等数据库之间的接口，以备未来数据量不断增加，方便与其他数据资源之间相互补充。更加有利于黄河水文化资源的共享和连通，为大数据技术应用提供基础。

大数据技术还可以提高传播的可视化，利用各种可视化数据图、表、软件等形式，使大众受到传播内容的直接冲击。在充分了解受众需要的基础上，优化传播内容和方式，构建立体化和多维度的民族文化传播体系。借助大数据技术，以更直观可见的方式了解黄河水文化成果的状态、传播和资源配置动态，发现黄河水文化传播的地域差异、受众差异和影响力差异，以及目标受众群体的特点、偏好、兴趣和心理需求等。通过利用大数据的精准分析，定位出文化传播过程中受用户欢迎的黄河水文化题材，有针对性地分步分批对不同的黄河水文化内容制定具有广度差异和深度差异的传播，以便提高黄河水文化传播的针对性和时效性。

三、虚拟现实技术增强黄河水文化传播的趣味性

虚拟现实技术借助计算机图形学、多媒体、传感器、人机交互等多重技术手段，高效实现信息传播，在应用中具有明显的沉浸性特性。[3]虚拟技术主要是利用传感器模拟人体的感官功能，当使用者佩戴虚拟现实眼镜设备后，会实现一种置身于真实环境中的感受。这种技术有效升级了故事讲述和体验的方式，为使用者创造了新的感官享受，使目标体验内容变得更加多维、生动和饱满。

黄河水文化覆盖流域广阔，从黄河的上游到下游，跨越了九个省区，流域面积超过 75 万平方公里。整个流域沿线的文化影响地区面临着地域跨度大、文化环境迥异、参与主体多元化等问题。基于大数据技术对黄河流域内的水文化资源的采集录入，可以利用 3D 全息影像技术进一步将黄河水文化资源的结构、形态、故事等进行细致整合并恢复原貌，再通过虚拟现实技术的虚拟融合展示，打破时空壁垒，让更多的黄河水文化爱好者和研究者可以更近距离地接触到黄河水文化，感受黄河儿女的智慧和力量。

同时，虚拟技术还可以应用于黄河水文化相关的博物馆展览中。通过打造虚拟博物馆展厅，让参观者通过馆内的虚拟现实设备，初步领略博物馆的海量展品，有助于引导游客根据个人的兴趣和爱好，有针对性地选择参观，同时也解决了由于节假日游客陡增造成的参观体验感下降等问题。不仅如此，随着头戴式虚拟设备的研发升级，虚拟博物馆的访问模式还可以在线实现。未来，对黄河水文化感兴趣的大众，只需要一个头戴虚拟现实眼镜就可以足不出户地参观博物馆中的各项黄河水文化展品。这种方式不但打通了博物馆与参观者之间的互动渠道，更满足了参观者突破空间和时间的限制前往博物馆的愿望，及时有效地实现了黄河水文化的普及和传承的目标。实际上，虚拟技术还能应用在黄河水文化文物保护和修复、古建筑内部结构展示、手工艺制作和体验等方面。虚拟现实技术为黄河水文化赋予了现代气息，尤其是对新一代的青年人来说，这无疑是一种时尚新鲜的体验。

四、人工智能技术推进黄河水文化传播的高效性

人工智能技术可以帮助文化创作者更精准地将文化内容与受众群体进行有效匹配，预测并判断出特定场景下受众个体的内在需求。解决黄河水文化有效传播的问题，本质上就是要关注文化内容是否能够有效地被大众接纳并分享。实现这一目标的前提就是要对受众群体具备全面的了解和理解。人工智能技术可以跟踪与受众群体文化互动的足迹，统计大众在黄河水文化资源内容方面的阅读习惯、学习方式、行为逻辑等行为特征数据。综合大众的年龄特征、兴趣偏好和知识能力水平等指标，使用特定的算法对数据进行分析处理，基于精准化智能推荐系统，实现受众对象和文化内容之间的双向连接，贴合大众文化学习和体验的需求。

不仅如此，人工智能技术还可以结合全球定位技术和移动通信技术，为处于特定地理位置的大众精准推送所在区域的黄河水文化信息。同时，在大数据技术对黄河水文化资源整理和分类的基础上，人工智能技术可以打破数据类型的分类，将黄河水文化按照文化内容的类别细分为各个子集（例如，黄河水文化经典故事、文化人物、歌曲、戏曲、民俗手工艺等），以数据的形式加以展示。当大众想要了解黄河水文化某一类别的内容时，只须选择对应的文化内容即可。

更具创新性的是，人工智能技术尤其是机器学习还可以支持黄河水文化工作者和研究者创建新的文化内容。人工智能技术可以通过对声音、文字、图片等元素的识别，实现对音乐合成、文字筛选或者视频再加工和再创作。相关数据证明，完成一段为时两分钟的视频文件的收集、剪辑到渲染，人类需要花费四个小时，人工智能仅需要约三十秒。人工智能视频制作的速度是人类的四十倍，而成本仅为人类成本的千分之三。从这一数据中可以看出，人工智能极大地提高了文化内容产生的效率并且显著节约了人力投入成本。

五、区块链技术保护黄河水文化传播的安全性

区块链技术从提出至今刚满十年，目前还处于技术的新生探索阶段。从本

质上讲，该技术是通过加密安全的分布式分类账本，利用分布式数据存储、点对点传输、共识机制、加密算法等技术，提供了一种去中心化的信息交换方式。[4]

区块链技术的分布式特性允许任何交易被所有参与方注册、验证且透明可见。这种特性使其在文化行业中最常涉及的知识产权方面显得极为有用。同时，这种新创建数据库的透明度可以让艺术家在版权付费过程中受益。版权付费是指向版权所有者支付复制或者分发其版权材料的款项。通过区块链记录版权所有权和所有权变更，可以实现所有权的绝对清晰。版权所有者辨识不清首先会导致版权费用收费不足，还可能导致版权纠纷等一系列问题。通过使用区块链技术，将固定版权费嵌入智能合约中，可以立即实现自动支付版权费，解决文化行业常年积累的难题。

除此之外，区块链技术的应用还可以简化整个文化行业的行业结构，排除不必要的中间人和第三方。有了这种技术，黄河水文化中涉及的知识产权问题会变得越来越简单有序，文化艺术创作者对出版商、文化公司和其他第三方的依赖性会降低。区块链技术、智能合约和加密货币技术的结合还能使文化艺术创作者直接将其作品分发给文化消费者。

六、结语

在移动互联网、大数据、虚拟现实、人工智能和区块链领域，技术的飞速发展决定了黄河水文化迭代传播的革新。黄河水文化的广泛传播和多元发展离不开这些数字化手段，大众更需要借助新一代的信息化手段近距离、全方位、更安全地接触和学习黄河水文化，整个社会的精神文明建设也都要求运用现代化的技术手段为传统的黄河水文化赋能，让更多的人了解黄河水文化，熟悉黄河水文化，热爱黄河水文化。

参考文献：

[1] 陶书霞.黄河流域非物质文化遗产的传承・一条母亲河・多元文化带

[J]. 中国三峡建设，2008（6）：34-43.
[2] 王玉. 虚拟现实技术在非遗文化传承与传播中的应用研究[J]. 智库时代，2019（12）：250-251.
[3] 陈长伟. 人工智能+内容开启广电智媒体时代[J]. 有线电视技术，2017（11）：26-29.
[4] 龚雪. 区块链数字版权保护技术应用前景分析[J]. 传播与版权，2018（7）：182-184.

（作者：朱涵钰，原载于《新闻爱好者》2019年12期）

自媒体提升黄河文化传播效果的路径

黄河文化是黄河流域的人民群众在千百年的实践过程中积累下来的精神与物质财富，充分发挥自媒体的优势对于提升黄河文化的传播效果具有明显作用。

首先，自媒体的丰富性打破了黄河文化传播的象牙塔，实现了多途径全方位的传播，在信息共享的传递过程中潜移默化吸引潜在受众关注、留意黄河文化，加深对黄河文化的认知，提升黄河文化自身的影响力与辨识度。

其次，自媒体本身独有的交互性可以加深受众对于黄河文化的理解与认知。信息发布者通过自媒体平台对黄河文化相关信息进行发布，受众在接收过程中可以通过评论、留言等实现互动，通过交互性吸引受众注意，从而加深对于黄河文化的印象。

最后，自媒体实现了黄河文化传播的去中心化。在传统媒体时代，广播、报纸等传统媒体主导舆论话语权，受众缺少自主选择的途径与方式。随着自媒体时代的到来，受众可以通过自媒体平台主动检索自己感兴趣的黄河文化内容，可以随时随地主动获取黄河文化的相关信息。

一、自媒体平台黄河文化传播现状

黄河文化的传播方式随着时代的更替不断推陈出新。历史上的黄河文化传播以人际传播为主。在漫长的传播历史中，口头传承、技艺传承和民俗传承是黄河文化的主要传播方式，也有以听觉符号和非语言为主要载体的传播。[1] 近几年，媒体融合的步伐加快，黄河文化传播的方式不断更新，自媒体成为黄河文化传播的重要方式。

当下，自媒体的发展在一定程度上增强了黄河文化的传播效果，但在传播过程中也存在一定的问题亟须解决。

首先，传播内容同质化较多，对于黄河文化的深度挖掘与二次创新不够。当下正是“内容为王”的时代，内容始终是作品传播力的核心价值所在。自媒体时代，信息发布的便利性容易让内容的创作者只重流量、不重质量。关于黄河文化的一个元素爆火之后，众多内容创作者往往跟风模仿，缺少对高质量内容的探索与思考，从而陷入创作的瓶颈之中，失去了自身的特点，最终在自媒体发展的浪潮之中销声匿迹。

其次，媒介利用率不足，没有实现立体传播。自媒体时代，内容的发布者可以选择多个平台对作品进行创作发布。但是，当下许多自媒体从业者缺少媒体融合的意识与主动性，对于黄河文化的传播只囿于一种平台进行发布、传播，没有形成打造 IP 的意识，传播受众范围狭小，覆盖群体有限，难以孵化新模式与新业态，传播最终陷入故步自封的状态。

最后，自媒体整合利用资源力度不够，无法较好展现地域特色。在黄河文化传播过程中，不少自媒体创作者缺乏整合媒介资源的意识，对于资源的利用率较低。诚然，这与自媒体的“先天不足”有关，但如果能充分将资源整合，势必能更好地传播黄河文化，将黄河文化的传播推上新的高度。此外，自媒体从业者对于不同地区黄河文化的不同特色缺乏挖掘的意识，过于泛泛而谈，缺少展现地方特色的内容。官方媒体河南广播电视台先后推出了《壮美中原，老家河南》《豫见中国，老家河南》等系列公益宣传片，呈现了豫剧、少林功夫、开封古城墙等典型的黄河文化符号，不仅整合了资源形成了传播合力，还展现了不同地区的地域特色，值得自媒体创作者学习借鉴。

二、自媒体增强黄河文化传播效力的举措

如何增强自媒体在黄河文化传播过程中的效果与效力，笔者尝试从内容创新、传播途径、资源整合三个方面进行探讨。

（一）坚持内容为王，创新表达方式

黄河文化博大精深，深挖内容，推陈出新，是增强内容传播力的第一要义。可以这么说，谁能在传播黄河文化的过程中抓住高质量的内容，谁就掌握了黄河文化传播的主动权。自媒体从业者应该不断探索黄河文化传播的新角度，在内容创新上做文章，尝试从文物、历史等专业性较强的内容入手，提升作品的文化内涵。此外，自媒体从业者还应当在表达方式上下功夫，在传统的文字、图片等表达方式基础上，坚持“方式为要”，创新更迭作品的表达方式，使内容更加接地气，以此增加传播的魅力与效力，拉近与普通受众的距离，让受众爱看的同时增强与受众的黏度。“方式为要”旨在综合运用诸如数据图解、音频、视频、动画、H5 等多种形式，进行更加生动形象的宣传报道。[2]

（二）建立媒体矩阵，增强传播广度

自媒体时代，传播途径多样，传播阵地立体，自媒体从业者在对黄河文化进行传播的过程中不能囿于单一的途径，应通过整合媒介资源对作品进行多平台、多层次传播，增强作品的影响力与传播力。抖音、微信视频号等短视频平台是增强节目传播效果的重要阵地，自媒体创作者若能拓宽作品的发布渠道，充分利用各类自媒体平台，做到多平台联动，可以有效推动黄河文化传播向纵深发展，加深受众对于黄河文化的认知。同时，自媒体从业者还可以充分发挥平台的互动性，通过平台设置投票、抽奖、评论等环节，提高与受众的互动性，提升受众在观看作品时的乐趣，无形之中会获得受众青睐。

例如，自媒体账号“PINK 飞叔”以一分钟左右的短视频形式呈现郑州的文物古迹、风土人情，其在抖音、小红书等平台同时开设账号，在多个平台分梯度、分层次对黄河文化进行传播。同时“PINK 飞叔”入驻河南本地新闻平台顶端新闻，在顶端新闻开设账号，吸引本地受众关注，增强其在河南本土的影响力。其作品被《河南法制报》《河南日报（农村版）》等多个官方媒体账号转发，实现了与官方媒体的良性互动，打造了“PINK 飞叔”的 IP 效力。

（三）整合利用资源，展现地域特色

相较于官方媒体、政府机构，自媒体从业者在获取资源方面处于劣势，这就要求从业者充分发挥主动性，挖掘获取资源的渠道。自媒体从业者应当与传统媒体建立联系，形成良性互动，不定期通过合作推出作品，实现与传统媒体的资源共享，扩大自己的影响力。此外，自媒体从业者可以多尝试与博物馆、剧院等文化机构建立联系，当有重大考古挖掘或演出等信息时可以得到第一手资料，掌握内容创作的主动权。

黄河流经九省区，不同地区文化不尽相同，黄河上、中、下游都形成了特色鲜明的地域类型，不同地区的方言、民谣、美食、故事传说等都极具地方特色。深挖黄河文化的地域特色，深耕黄河流域某一地的文化，打造具有地域特色的传播内容，也是自媒体从业者在传播黄河文化过程中提升传播效果的一种有效途径。例如，自媒体“考古小队长”，其在微博平台就与河南文物考古研究院、陕西历史博物馆等官方微博账号合作推出作品，实现与官方文化机构的资源共享，以此提升自己的知名度。自媒体“大咖说讲师团”在抖音平台连续推出七集系列短视频《信展说洛阳》，内容聚焦洛阳，整合洛阳的黄河文化资源，展现了洛阳独特的地域文化特色，内容涉及洛阳博物馆的文物、洛阳的历史遗迹、洛阳的历史文化名人等多个方面，通过不同角度生动呈现洛阳地区独特的风土人情、城市构造，最终凸显洛阳的地域特色。

三、结语

现如今，自媒体依然处在高速发展阶段，黄河文化的传播途径、传播方式处在迭代变化之中，如何传播好黄河文化，对广大自媒体从业者来说既是挑战也充满机遇。黄河文化作为中华传统文化的重要组成部分，自媒体从业者应该充分利用自身优势，与时俱进，不断提升传播效力，扎实讲好新时代的黄河故事，有力推动黄河文化的传承与保护。

参考文献：

［1］刘向阳.基于传承与创新的黄河文化传播体系构建策略［J］.新闻爱好者，2022（7）：65-67.

［2］程早霞，李芳园.融媒体矩阵如何发挥传播优势［J］.人民论坛，2020（3上）：120-121.

（作者：孙蓓、李建厚，原载于《新闻爱好者》2022年11期）

黄河水文化传播受众精准化研究

传承弘扬中华优秀传统文化，黄河水文化具有不可替代的地位和作用。从2019年9月18日习近平总书记在郑州主持召开黄河流域生态保护和高质量发展座谈会并发表重要讲话以来，黄河水文化迎来了传承与创新的大好时机，同时也是黄河水文化融入世界文明与世界其他河流文化交流互鉴的最好历史机遇。在此机遇下，受众精准化是黄河水文化传承与创新的基础和前提。

一、提升黄河水文化受众精准化的意义

从党的十七大报告首次明确提出“黄河水文化大众化”这一历史命题以来，我国学术界和理论界均对黄河水文化大众化传播的相关内容进行了不懈探索，研究较多聚焦于不同传播背景下对黄河水文化大众化进程中的传播方式的研究，而较少涉及黄河水文化精准化传播的研究。因此，针对如何用精准化传播的方式来推动黄河水文化大众化的探讨，不仅有助于开阔黄河水文化大众化传播的研究视野，还有益于该研究领域的创新和发展。

研究黄河水文化精准化传播不仅符合文化传播大众化的内在要求，还顺应了当今时代发展和实践应用的需要。现代信息技术的发展促使新的传播形态出现，传播受众也随之产生了新需求，呈现出新的分离与聚合。这一现状为黄河水文化大众化传播带来了新的问题与挑战，而精准化传播正是破解该困境的有效路径；有助于明晰黄河水文化大众化的传播方向，更好地推动当代黄河水文化大众化的顺利实现。

精准化传播研究可以更好地厘清当下黄河水文化传播所面临的问题和障碍，从而快速转变传播方式与理念，将以“传播主体为中心”的大众化传播引向以

"传播受众为中心"的精准化传播，增强传播的针对性与实效性，继而实现黄河水文化在更大范围内的传播。

二、提升黄河水文化传播受众精准化的路径

"精准传播"的概念来自广告学的"精准营销"，它是指广告商通过借助现代信息技术手段将其产品信息精准且有效地传递给不同的客户，以达到宣传商品并影响客户购买意向的目的。黄河水文化精准化传播是指在大众传播的前提下，对受众进行精准定位，借助现代信息化技术对传播内容、传播渠道和传播时机等进行恰当选择和有效组合，有针对性地为受众提供其需要了解或掌握的理论内容以及"一对一"的个性化服务，致力于增强黄河水文化大众化传播的信度和效度。

（一）黄河水文化传播受众数据的精准获取

在大数据时代精准传播的背景下，受众数据对黄河水文化传播的重要性不容小觑。受众数据背后所蕴含的传播价值与意义，需要黄河水文化传播主体不断挖掘并对其进行深入解读。只有充分获取受众数据并利用其解决难题，才能真正发挥受众数据背后隐藏的价值。而受众数据从哪里来？什么样的受众数据是有效的？如何利用受众数据？则是大数据时代黄河水文化精准化传播亟须解决的问题。

1. 黄河水文化精准化传播受众数据的来源

大数据时代是精准传播兴起与爆发并存的年代，数据在此时代背景下成为精准传播的"心脏"。因此，黄河水文化精准化传播的第一步便是对数据进行收集。我们认为，黄河水文化精准化传播受众数据的获取方式主要依赖于以下三种。

第一种，通过新闻类网站和相关APP获取受众数据。相关研究表明，新闻类网站和移动端上的新闻受众规模庞大，人员阶层分布广泛，该群体中的大部分受众对传播的接纳度以及忠诚度都较高，且受众具有较强的意见诉求心理和参与

心理。黄河水文化传播主体应充分利用新闻类网站和 APP 上受众的注册信息，通过浏览痕迹对受众数据进行收集，从而获取受众身份、年龄、喜好、需求等方面的数据信息，为黄河水文化精准传播奠定坚实基础。

第二种，通过第三方数据获取受众信息。随着互联网大数据的快速发展，数据资源变得唾手可得。其中，数据资源可转化为数据资产这一特点使其越来越受到人们的重视，进而催生出了许多拥有海量互联网用户数据的分析机构和公司，如腾讯、阿里巴巴、百度以及中国三大通信运营商等。虽然这些机构或公司属于商业领域，但其通过收集、分类和分析所掌握的海量用户数据同样可以为黄河水文化开展精准化传播提供依据。

第三种，可以通过第三方数据平台的搜索引擎技术、大数据挖掘、分析技术和数据分析应用技术对受众数据实行 24 小时不间断地汇聚、全国覆盖、全网推算等，并与外部数据多元融合进行可视化呈现。

2. 黄河水文化精准化传播受众数据的挖掘与分析

在黄河水文化精准化传播受众数据获取的过程中，我们需要明白所获得的数据并不等于全部有效的信息，它是有待进一步加工的“原材料”。对“原材料”的利用程度在黄河水文化精准化传播过程中至关重要，它决定着最大限度能从中获取多少有效信息，更决定了这些有效信息能给黄河水文化精准化传播带来多大的推动作用。因此，在“原材料”转换成有效信息的过程中需要对数据进行深入挖掘。黄河水文化精准化传播受众的数据挖掘是指从获取的海量受众数据中运用相关方法，如人工智能、机器学习、统计学等，发掘出未知且有价值的信息和知识的过程。

通过对受众数据的挖掘可以达到对受众个体或群体进行分类、对受众背景进行分析以及市场细分等目的，也可以通过数据挖掘从海量的受众数据中发现有趣的相关关系，这种关系隐藏在数据间且事先未知，但其被挖掘后则极具价值。因此，当代黄河水文化精准化传播需要摒弃以往只对获取到的信息进行简单利用的做法，应积极发挥互联网技术的作用，从海量受众数据中挖掘出更具价值的信息。这就意味着，黄河水文化精准化传播不仅需要直观的显性信息，还需要深入探索其背后的隐性内容，并将二者融合为一种信息，为开展精准化传播提供支持。黄河水文化精准化传播受众数据的分析是将数据细分的一个过程，一方面，是在获取受众性别、年龄、受教育程度和兴趣爱好等基本属性和社会属性的基础上，通过数据挖掘和分析进行受众需求趋势的预测，进而全方面定位受众需求，从而实现黄河水文化传播内容精准化；另一方面，在对获取到的受众数据进行可视化分析的基础上，得出受众实时地理位置图和活跃时间表，从而推动黄河水文化传播时机精准化的实现。最后，通过对全部受众数据的整合分析，找出传播目标受众的不同特性以及相关共性，以此为依据对受众进行精准界定和划分，从而明确传播对象，最终达到因人、因材、因时、因地的最大化和最优化传播效果。

（二）黄河水文化传播受众属性精准标签

在当前大数据的时代背景下，海量化和多元化的数据背后蕴含着丰富的价值，数据价值的提升也改变了传统黄河水文化的传播环境、传播关系与传播模式。通过对获取到的众多受众数据进行深入挖掘和分析并得到受众的各个维度后，如何对目标受众进行细致、准确且合乎规范的界定和全方位描述，是对黄河水文化精准化传播的极大挑战。我们认为，利用构建的受众属性精准标签来支撑黄河水文化精准化传播，将是应对上述挑战的有效方法。什么是黄河水文化精准化传播受众标签？如何打标签？打哪些标签？又该如何管理和应用这些标签？上述内容都是黄河水文化在进行精准化传播之前务必要考虑并解决的问题。

1. 黄河水文化精准化传播受众标签的定义与分类

在当今时代，传播领域受众的精确界定与精准细分是精准传播的关键与核心。通过海量受众数据建构出符合自身传播需要的受众画像，充分利用数据标签化、信息化和可视化属性，是黄河水文化传播实现个体差异、满足个性需求以及开展精准传播强有力的前提和基础。其中，给受众打标签是构建受众画像的核心工作。受众标签是指以受众数据信息为依据，人为提炼出的具有高度凝练性质的特征标识，如性别、年龄、学历等，将这些标签汇集起来便可构成标签集合，受众信息的全貌可以通过标签集合被大致刻画出来。多个受众标签可以构成一个集合体，每个标签都代表了对该受众某一个维度的精练描述，各维度间彼此交错联系、相互映射，共同刻画出受众的整体性描述。由此可以看出，给受众打标签是为了精确定义受众的属性，构建有效完善的受众画像，从而为不同受众的个性化推荐及内容的精准分发等一系列精准传播系统的建构奠定基础。

受众的完整画像是由大量标签定义而成的，标签越多，细分越清晰，受众画像就越准确。在汇集了大量标签后，下一步则需要对标签进行分类。根据传播主体、传播场景以及传播需求的不同，需要对受众标签进行不同的集中分类。受众标签通常分为基础标签（静态标签）、知识标签（动态标签）、定性标签以及定量标签。这些受众标签都是表达受众基本属性、行为倾向、兴趣偏好等某一个维度的数据标识，是一种相关性较强且简洁的关键词。

2. 不同年龄阶段精准化传播受众标签的管理与应用

构建黄河水文化精准化传播受众画像的核心是给受众打标签，其目的是实现人机的共解互通，即人能理解受众数据的同时又方便计算机进行处理。这将进一步提高黄河水文化在受众搜索、内容推荐以及信息关联等应用领域中的精准度和信息获取率。在完成打标签和标签分类后，需要考虑如何应用和管理这些标签，使黄河水文化精准化传播通过数据驱动实现个性化和智能化的传播闭环。构建该闭环的基础工作是建立和完善符合自身传播发展需求的受众标签系统。该系统是指将受众属性划分到不同的种类中去，每一个种类的标签又由不同层级的标签描述构成且层层细分，它们之间形成的上下层级关系就构成了完整的标签系统。

在黄河水文化精准化传播中，具有实际意义的是底层标签，上层标签仅具有统计意义。因此，我们在构建标签时只须将更多的注意力和关键点放在底层标签上便可形成对上层标签的映射。底层标签的构建需要按照一定的规则才能生成。首先，不同标签的含义各不相同，且各含义之间不能产生冲突；其次，为了便于人机识别与处理，对标签的描述需要有较为精准的语义。除上述规则外，标签的粒度即标签的细化和综合程度，也需要依据传播需求将其把控在合理范围内。在完成规则的制定后，还需要我们对受众标签进行灵活管理，如标签的修改或标签的删除等。构建受众标签系统不仅便于对标签进行管理，还有助于拓宽受众标签的应用前景。如在相关学习型网站或 APP 上，针对不同受众群体设置相应的内容、功能以及相关智能推荐，从而满足不同受众个性化的学习需求。

总的来说，构建受众标签系统的目的是对受众标签进行更加灵活高效和智能化管理。受众标签的应用有助于黄河水文化精准化传播在分众传播的基础上实现精细化、针对化、成本最低化、效果最大化等目的。在当今纷繁复杂的社会经济环境下，上述内容有益于黄河水文化在传播过程中应对受众需求多样性的变化，对用精准思维推进黄河水文化大众化传播具有十分重要的现实意义和深远影响。

3. 黄河水文化传播受众数据库精准建构

黄河水文化精准化传播的关键在于强大的受众数据，与以往简单的分众传播不同，精准传播是在分众传播基础上对受众特征和行为进行更深入且准确的分析，进而实现精准定位的效果。在此过程中，从受众数据的准确获取和深度分析，到受众属性的精准标签和分类，再到最后的应用环节都离不开数据的处理和储存，这些都始终与受众数据库息息相关。

我们可以将受众数据库理解为构建面向受众传播需求分析的集成化数据存储，其目的是为黄河水文化精准化传播提供决策支持。与传统传播方式不同的是，该数据库自身既不“生产”数据，也不“消费”数据，其数据来源于外部且最终应用于外部。受众数据库的构建虽然并不直接决定黄河水文化实际传播活动的成功与否，但它却是精准传播活动中不可或缺的重要环节。值得注意的是，受众数据库中只须储存由原始数据经过转换后以特征的形式存入的受众细节数据，并不需要存储全部的受众数据。在完成储存后，还需要将细节数据进行过滤、整理和转换，从而满足黄河水文化传播主体的需要。

依据以往黄河水文化传播的历程与现实经验，明确并厘清当前受众对黄河水文化的理解与需求现状，是实现用精准传播理念对黄河水文化进行精准投放继而进一步推动其大众化的根本前提。受众数据库的构建正是在这一现实需要的基础上利用大数据等信息技术，对所收集到的大众对黄河水文化需求的细节展开合理有效的记录、存储和分析。其目的在于对受众细节数据进行客观准确的分析后，评估受众需求的现实状况与传播主体预期效果之间存在的差距，从而为黄河水文化用精准化传播的方式消除此差距提供相应的决策依据。因此，受众数据的建立有助于推动黄河水文化的有效精准传播和针对性投放，继而大幅度提高其大众化传播的覆盖率。

三、结语

黄河水文化精准化传播包含四个方面的内容，即受众精准化、内容精准化、渠道精准化和时机精准化。其中，受众精准化是黄河水文化精准化传播的基础。只有以受众精准化为前提，黄河水文化传播的内容精准化、渠道精准化和时机精准化才能更具针对性、实效性、高效性和互动性，才能实现对黄河水文化传播的不断探索、完善与创新。另外值得注意的是，黄河水文化传播还应处理好“精准化传播”与“大众化传播”的关系、“精准化传播”与“精准化思维”的关系、“精准化传播”与“意识形态安全”的关系。

（作者：何梦宇，原载于《新闻爱好者》2022 年 12 期）

网络场域下黄河文化传播力提升策略研究

习近平总书记指出："黄河文化是中华文明的重要组成部分，是中华民族的根和魂。"[1]传播和弘扬黄河文化对于铸牢中华民族共同体意识、弘扬中华民族精神、建设社会主义文化强国具有重要战略价值。随着人工智能、大数据、云计算、区块链、元宇宙等技术的赋能和加持，网络的信息传播力、舆论塑造力、价值引导力、社会影响力前所未有地增强，凭借其超大信息容量、超快传播速度、超强互联互动、超杂舆论生态、超新传播范式，互联网全程、全息、全员、全效的场域正在生发出迥异于以往黄河文化传播生态的全新传播情境和范式，也对黄河文化传播效能、动力和水平即"传播力"提出了新要求。网络场域下提升黄河文化传播力应从思想理论指导、传播载体完善、方式方法优化、舆论氛围营造、制度规范保障、主体作用发挥等方面协同联动，用科学的理论引领传播力、用丰富的载体强化传播力、用有效的方法优化传播力、用优良的环境改善传播力、用完善的制度促进传播力、用成熟的主体提升传播力。

一、守正创新，激扬思想伟力

思想是行动的先导和指南，黄河文化传播力的提升离不开科学思想理论的指导。马克思主义所具备的科学真理性、崇高道义性、立场先进性、与时俱进性等特质，决定了只有坚持马克思主义的文化观，才能科学地认识和解释黄河文化的生发逻辑和鲜明特质，巩固文化领导权；只有坚持马克思主义新闻观，才能科学地认识和把握互联网这一崭新生产工具的传播规律和价值意蕴，打好网络传播主动仗；只有坚持马克思主义传播观，才能科学把握黄河文化网络传播的内在机理、战略态势，提出针对性的传播力提升策略，占据文化传播真理和道义战略制高点。反之，离开了马克思主义的指导，就会迷失立场、偏离方向、丧失原则。习近平新时代中国特色社会主义思想是当代中国的马克思主义、21世纪的马克思主义，是中华文化和中国精神的时代精华。

新时代提升黄河文化网络传播力的灵魂，就在于用习近平新时代中国特色社会主义思想这一科学思想理论所蕴含的马克思主义的基本立场、基本观点、基本原理和基本方法来认识黄河文化和网络传播，坚持守正创新，不断推进实践基础上的理论创新，不断深化对文化建设和新闻传播规律的认识，提升全社会理论思维和媒介素养，从哲学高度和大历史观视野科学认识马克思主义政治家办报、办刊、办台、办新闻网站的价值意蕴，深刻揭示西方文化霸权的狭隘腐朽本质，练就抵御西方资产阶级唯心史观影响和渗透的"金刚不坏之身"，系统研究西方借助于网络推行文化霸权的方法手段，在以案促改、举一反三中认清其来路，摸清其套路，在知己知彼、激浊扬清中避免走入邪路，寻求破解出路。在世界观和方法论上，坚持辩证唯物主义和历史唯物主义的世界观和方法论，对黄河文化的基本内涵、形成机理等进行科学分析，既充分肯定黄河文化蕴含的思想观念、人文关怀、道德资源，又结合时代特点推陈出新，推动黄河文化中反映中华优秀传统文化内容创造性转化、创新性发展，推动黄河文化中体现革命文化的内容发扬光大，推动黄河文化中彰显社会主义先进文化的内容全面发展。

二、汇聚融合，激发载体活力

工欲善其事，必先利其器。任何一种思想理论的传播都要借助于一定的传播载体而存在，而先进传播载体和生产工具往往是提升思想文化传播力的利器甚至是推动社会发展进步的巨大杠杆。马克思指出："火药、指南针、印刷术——这是预告资产阶级社会到来的三大发明。火药把骑士阶层炸得粉碎，指南针打开了世界市场并建立了殖民地，而印刷术则变成新教的工具，总的来说变成科学复兴的手段，变成对精神发展创造必要前提的最强大的杠杆。"[2]互联网既是继报纸、电视、广播、杂志等传统传播载体之后的又一新兴传播载体，又是进入信息化社会后形成的新型生产工具。当前世界范围内新一轮科学技术和产业革命正在飞速发展，以互联网信息技术为领衔，人工智能为突破，以大数据、云计算为龙头的科学技术的发展将人类社会再次推向了一个重大的历史拐点，这些技术的附加值更高，技术的不断突破和迭代升级已经并将继续对黄河文化的传播带来革命性、重塑性甚至颠覆性的深刻影响。黄河文化的传播无法忽视互联网，必须充分发挥互联网的自身优势。

第一，加大网络核心技术研发和攻关力度，发挥社会主义制度优势，在芯片等核心元器件方面奋起直追，在运算处理、识别推送、用户体验等方面打造一批具有自主知识产权的可定制、可追踪、可屏蔽、可推演、可反馈的技术集群，从根本上扭转我国供应链、核心技术受制于人的被动局面，为黄河文化传播提供安全的网络平台和精准的技术服务保障。

第二，实施“互联网 +”，把互联网与大数据、人工智能、元宇宙等新技术一体推进，用数字化、虚拟仿真、全息影像、元宇宙等高新技术，用分子生物学、量子通信等前沿科技，从时间延续和空间扩展两个维度对承载和体现黄河文化物质标本和文化元素的诗词曲赋、圣贤之言、人物故事、村落古镇、历史遗迹、治黄工程、文化产品等，进行数字化复制和模拟、虚拟化加工和改造，在标准共建、资源共享、场景共创中打造与真实场域中黄河文化交相辉映的云空间的数字孪生黄河文化，使黄河文化的传播形态发生“物理变化”，实现形的重塑，用虚拟空间压缩传播时间。

第三，坚持互联网与报纸、图书、杂志等传统传播载体协同发力，取长补短，优势互补，通过技术赋能和加持，推动各种媒介载体有机整合，打造集即时分享、沉浸体验、智能互动等于一身，文本、图形、图像、动画、音频和短视频等于一体的黄河文化新型传播载体和传播矩阵，实现传统传播载体和互联网传播载体从相加到相融，用新媒体新技术赋能后转瞬即传的传播时间消灭地理和疫情等阻隔的物理空间，使黄河文化的时空传播发生化学反应，达到从改头换面到脱胎换骨的提升与飞跃，实现神的重铸，让马克思“用时间消灭空间”的理念在互联网传播时代得到充分确证和彰显。

三、与时俱进，提升方法魅力

习近平总书记在党的新闻舆论工作座谈会上的重要讲话中强调要“创新方法手段，切实提高党的新闻舆论传播力、引导力、影响力、公信力”。[3]科学有效的传播方法是提升黄河文化传播力的助推器，方法得当则传播事半功倍，反之则事倍功半。提升黄河文化传播力需要与时俱进，尊重网络新媒体传播规律，与时俱进创新方式方法，在提升方法魅力中提升传播力。

第一，以“内容为王”为立足点。任何方法和形式都是为内容服务的，无论时代如何变化，内容为王始终是文化传播的基本要求。要深化供给侧结构性改革，摸清黄河文化现有存量，对表面层级的物质文化如对水利设施、现存遗迹等进行清单化摸排筛查，对中间层级的制度文化如对治理体制、规章制度等体系化归纳梳理，对核心层级的精神文化，如对价值观念、公序良俗等进行学理化总结提炼，掌握存量，挖掘增量，不断提升内容生产能力和供给治理，根据不同层次、维度内容确立不同传播方法。

第二，以创新形式为着力点。坚持寓教于乐，既不单纯追求教而无乐，也不一味迎合乐而无教，而是坚持乐以教为基、教以乐为径，在寓教于乐中提升传播方法魅力和效能。坚持讲故事与讲道理相结合，入情入理讲、有理有据讲、虚怀若谷讲，绵绵用力，久久为功，用精彩故事表征深刻道理。坚持文字性话语体系与图像化符号表达相结合，把握好时度效，清除思想僵化的积习、冲破经验偏见的桎梏、化解功利至上的迷思、突破教条主义的沉疴和利益固化的藩篱，根据不同受众的文化关注点、兴趣点，采取分众化、差异化的方法，在学术话语和政治话语之间、文字话语与图像话语之间有机融合，打造体现黄河文化的学科体系、学术体系、话语体系，增强传播的亲和力。

第三，以反馈评估为落脚点。金杯银杯不如老百姓的口碑。习近平总书记强调：“文艺创作方法有一百条、一千条，但最根本的方法是扎根人民。”[4]黄河文化传播力提升也是如此，坚持走网络群众路线，了解群众诉求和建议，主动及时回应群众关切，积极进行网上问卷调查，问计于民。坚持结果导向，定期开展黄河文化网上传播力效能第三方测评，组织开展行业专家和智库评估反馈，对整个传播链条进行全过程、全方位掌握，分析促进和制约传播力提升的影响因子，根据反馈效果提出针对性提升策略。

四、多措并举，营造环境实力

近朱者赤，近墨者黑。没有一个良好的传播生态、清朗的舆论氛围、规范的文化市场，就无法培育出黄河文化成长壮大的参天大树，更难以形成好的传播效果。应对网络场域黄河文化传播面临的形形色色的挑战，营造有利于黄河文化传承、创新和传播的环境，既要善于正面引导，又要敢于斗争批判，多措并举，培育有利于黄河文化发展壮大和传播的舆论环境及社会环境，消除网络和社会风气中存在的“雾霾天”，形成传播之势。

面对黄河文化传播遭遇的挑战和问题，不能仅仅从黄河文化和网络舆论本身去分析，而是要放到整个经济结构和社会存在的大视野中统筹考虑。经济基础决定上层建筑，要想建构有利于黄河文化网络传播的社会氛围，必须要有与之相适应的经济基础和社会存在作为基础，这就需要继续转变经济发展方式，实现经济高质量发展，为黄河文化传播提供强大物质保证和经济支撑。在发展壮大社会主义市场经济过程中，要通过大力发展公有制经济，做强做优做大国有文化企业，打造国有资本占主导优势的媒体集团，用公有制经济的主导地位来逐渐引导和支持非公有制经济。通过全面深化改革，打造一批体现和反映时代特点、大众需求的黄河文化新技术、新产品、新产业，为黄河文化的壮大发展和传播提供强大技术和产业支撑。

五、破立结合，发挥制度保障

任何一种文化要实现传承发展，既离不开潜移默化的柔性教育的春风化雨，也离不开与时俱进的刚性制度的保驾护航。邓小平同志指出：“制度好可以使坏人无法任意横行，制度不好可以使好人无法充分做好事，甚至会走向反面。”[5]因此，要把黄河文化的生产、传播等要求纳入法治化轨道、融入制度化规范、贯穿于法治化实践，坚持“破”与“立”有机结合、“奖”与“惩”一体推进，发挥制度惩恶扬善的威力、激浊扬清的钳力，进而从根本上、全局上、长远上为黄河文化的传播提供制度保障。

第一，健全完善黄河文化遗产保护制度。在充分调研摸底的基础上，对体现黄河文化的各类物质和非物质黄河文化遗产进行分类梳理，明确保护和开发等级，以法律规范等形式进行有重点、有针对性的制度化保护和开发，筑牢法治屏障，确保黄河文化遗产不损坏、不遗弃、不流失，让黄河文化的各类要素活力在制度的保障中充分涌流。

第二，建立健全黄河文化产权保护制度，完善黄河文化创意产业产权保护、股权激励等制度，对那些在黄河文化生产和传播中做出突出贡献的个人和组织在产权保护、股权分配、税收等方面给予制度化鼓励和优惠，让黄河文化的阐释者、传播者的创意才华在制度激励中竞相迸发。

第三，健全完善黄河文化传播规范制度。把网络传播行为规制在法律允许的范围内，针对新传播格局和传播生态，对相关制度进行完善，加强网络言行立法，明确网络行为的法律范围，加强网络舆情监管制度，织密制度安全网，让诚信者走遍天下、造谣者寸步难行，让形形色色诋毁黄河文化的错误言行在制度的威慑中受到惩处，让黄河文化网络传播的舆论生态在制度的规范中风清气正。

第四，健全完善黄河文化供给共享制度。深化文化产业结构调整，健全完善把社会效益放在首位、社会效益和经济效益相统一的黄河文化创造、生产、转播的体制机制。为权力赋责，把权力关进制度的笼子里，把公平公正公开写在权力运行的旗帜上，加大公共文化服务设施建设和文化产品供给，防止黄河文化产品陷入过度市场化、私有化滥觞，依法保障群众享有公共文化资源和网络平台文化资源的基本权利。为资本赋规，为资本设置红绿灯，依法规制资本，给资本套上社会主义的笼头，发挥资本在黄河文化网络传播中积极面的作用，防止资本绑架权力、垄断技术、渲染浮躁、营造喧嚣、迎合物欲。为技术赋魂，健全人文和伦理审查机制，给技术注入以人为本的“系统”和止于至善的“良芯”，对恶意选择性算法和刻意制造虚假流量予以追责问责，防止黄河文化的传播数据、公众需求等算法运算被黑箱化、操纵化，依法保障群众知情权、参与权、表达权、监督权，让黄河文化的网络传播在制度的保护中共享发展。

六、协同联动，增强主体合力

马克思指出：“思想本身根本不能实现什么东西。思想要得到实现，就要有使用实践力量的人。”[6]黄河文化的生产和传播归根结底要靠人来实现。如果说黄河文化的形成和发展是主体客体化的结果，即人通过实践把自身的本质力量转化和作用于自然黄河这一对象化存在，使其从自然黄河转化为人化黄河，成为人的主体能动性的一种文化彰显和客观体现，那么，黄河文化的传播则是客体主体化的过程，即作为客观对象的黄河文化通过阐释、传播等途径被大众所认同和掌握，内化为主体的文化认同和实践自觉。人是黄河文化网络传播的内生动力，无论是先进思想的引领还是载体作用的发挥，无论是传播环境的优化还是制度作用的保障，都离不开人的主体力量和主观能动性的充分发挥。从传播学视角看，黄河文化网络传播的主体包括黄河文化的阐释者、传播者、接受者、实践者，从应然状态看，理想状况是“四位一体”主体性的统一，即阐释者的“真解”、传播者的“真懂”、接受者的“真信”、实践者的“真用”的有机统一的传播链条。从实然状态看，基于主体性格特质、专业特长、职业特点等差异和不同，以及家庭、工作和社会环境不同，四个方面主体性要素出现了条块分割继而引发传播效果失真、失语、失效。因此，应在发挥不同作用的同时，坚持取长补短，互相交流，注重复合型人才队伍建设，形成主体合力，在四类主体各自作用发挥最大化以及互相作用配合最优化中构建“四位一体”的黄河文化传承和传播共同体，依靠主体合力形成传播合力。

第一，阐释者的“真解”是黄河文化传播的逻辑起点。阐释者往往是对黄河文化有着深刻思想认识和学术造诣的理论家主体。一方面，阐释者应从时代特点和人民需求出发，坚持正确立场、科学观点、有效方法相统一，打造融通中外的标识性概念和震古烁今的创新性术语，把反映黄河文化的内涵特质概括出来、精神标识提炼出来、精髓内容总结出来、价值意蕴展示出来、传承路径打造出来，不断巩固和壮大黄河文化的声音和力量，让阐释出的黄河文化经受住时代和人民的检验。另一方面，拉近黄河文化自身和实践应用的距离，防止学究化，避免沉浸在自己的研究圈子里孤芳自赏，坚持实事求是育不朽经典、内容为王造传世精品、精益求精出精彩佳作。在推进黄河文化的时代化、大众化中不断提升黄河文化的吸引力和影响力。

第二，传播者的“真懂”是黄河文化传播的逻辑枢纽。传播者思想认识的高度、专业素养的程度、传播方法的效度直接影响着传播效果，好的传播会赋予黄河文化新的生命力，传播不当则比不传播危害还要大。因此，传播者首先要正确认识、了解和掌握黄河文化，“真懂”黄河文化的内容特点，解决“是什么”的问题，在解决“是什么”的基础上思考“怎么传”的问题，解决的是方式方法的问题。传播者应在网络平台建设、内容采编、传播艺术、市场营销、资本运作等方面下功夫，在精细采编、精确报道、精准推送、精彩解读中赢得市场和民心。

第三，接受者的“真信”是衡量黄河文化传播效能的指示器。接受者是黄河文化传播的承载终端，要想让接受者接受和认同黄河文化，要掌握科学的灌输方法，黄河文化不会自发地被接受者掌握，要进行必要的灌输，一方面，反对机械、僵化地灌输，提升灌输质量和效果，另一方面，反对把灌输中存在的问题当成灌输的存在本身就是问题的幼稚和错误观念。要从受众的日常生活向度出发，防止空对空地说教，把黄河文化与受众日常学习、工作、生活和切身利益相契合，加强实践养成，加强宣传教育和培训，针对不同受众采取精准化、定制化宣传教育，提升大众科学文化素养、媒介素养，树立科学的文化传播观。

第四，实践者的“真用”是黄河文化实践和理论的生长点。学而不用则废，用而不学则滞。黄河文化传播的目的是应用，除了依靠各类传播载体外，人自身的实践应用本身也会起到示范带动作用，要发挥与黄河文化相关的党政事业单位干部职工、企业组织，黄河非物质文化遗产传承人等相关实践主体的示范带动作用，在传承和传播黄河文化的实践中让更多群众在日用而不觉中感悟黄河文化的独特价值和时代魅力，用丰富多彩的实践为阐释者提供丰富的实践养料。

参考文献：

［1］十九大以来重要文献选编：中［M］. 北京：中央文献出版社，2021：220.

［2］马克思恩格斯文集：第一卷［M］. 北京：人民出版社 2009：338.

［3］杜尚泽 . 习近平在党的新闻舆论工作座谈会上强调　坚持正确方向创新方法手段　提高新闻舆论传播力引导力　刘云山出席［N］. 人民日报，2016-02-20.

［4］习近平关于社会主义文化建设论述摘编［M］. 北京：中央文献出版社，2017：186.

［5］邓小平文选：第二卷［M］. 北京：人民出版社，1994：333.

［6］马克思恩格斯文集：第一卷［M］. 北京：人民出版社，2009：320.

（作者：马凯，原载于《新闻爱好者》2022 年 12 期）

文旅融合环境下河南黄河文化传播策略研究

文旅融合的持续开展，新媒体技术的不断革新，为黄河文化的传播提供了广阔的空间和全新的发展机遇。河南省委、省政府非常重视弘扬和传播黄河文化精神。2019 年 9 月 19 日，河南省委召开了全省领导干部大会，传达学习习近平总书记视察河南重要讲话、在黄河流域生态保护和高质量发展座谈会上的重要讲话精神，要求全省上下把思想和行动统一到讲话精神上来，把准方向、扛稳责任，坚定信心、埋头苦干，谱写新时代中原更加出彩的绚丽篇章。[1] 2020 年 1 月 14 日，河南省委书记王国生在河南省第十三届人民代表大会第三次会议闭幕时的讲话中指出，黄河文化是中华民族的根和魂，凝聚着中华优秀传统文化、革命文化、社会主义先进文化的核心要素，积淀着中华民族深层的文化基因，彰显着中华儿女文化自信的坚实底气。中原文化在黄河文化中处于中心地位，中原大地创造的每一项奇迹、绽放的每一个精彩，都浸透着黄河文化的滋养。中原儿女对黄河的敬畏之心、感恩之心格外强烈，对黄河文化力量的感受格外深切。大力弘扬黄河文化，对于河南有着十分特殊和重大的意义。[2] 河南省委常委、宣传部长江凌发表署名文章《切实扛起保护传承弘扬黄河文化的历史责任》，他要求深切感悟保护传承弘扬黄河文化的河南责任，深入思考保护传承弘扬黄河文化的河南路径。[3]

一、文旅融合环境下黄河文化的传播意义

关于黄河文化的概念，学界有广义和狭义两个分类：广义的黄河文化是指黄河流域广大劳动人民在黄河水事及其相关实践活动中创造的全部物质财富和精神财富的总和；狭义的黄河文化是指黄河流域广大劳动人民及黄河水利工作者所

具有的精神诉求、价值取向、基本理论以及行为方式的综合，主要包括精神、理念、价值观、制度等文化现象。[4]

文旅融合是指传统文化产业、旅游产业及相关要素之间相互渗透、相互交叉进而整合重组，通过实践逐步突破原有的产业边界或要素领域，产业特性彼此不断交融而形成新的产业模式的现象与过程。文旅融合的基础就是文化产业和旅游产业的行业差异性，是建立在两种产业资源量、功能智能和服务特性交集上的。

文旅融合对于传播和弘扬黄河文化具有促进和催化的作用。文旅融合的“融”是指探索文化要素和旅游要素相互结合、相互渗透的方式方法。“合”是指与政策法规和客观条件相适应。首先是基于新技术创新下的融合。新技术促进工作方式的改进，带来新业态的调整融合，为黄河文化的传播提供技术支撑。其次是基于资源优势融合。文化产业和旅游产业有自身的产业资源优势，通过互动的要素资源整合，为黄河文化的传播提供内容支持。最后是基于增强文化软实力的融合。文旅融合可促进区域文旅资源整合、文物遗产保护、文创产品研发、红色旅游开发等业务的深入开展。提高文化软实力有利于增强民族凝聚力和自信心，有利于创新性地传播黄河文化，传播正能量。

二、河南依托黄河文化开展文化传播的优势

河南的文化资源优势明显，各类文物景点 28168 处，拥有全国重点文物保护单位 358 处、省级重点文物保护单位 1047 处、馆藏文物一百四十余万件，拥有国家历史文化名城八个，地上文物和馆藏文物全国第一。[5]尤其是代表着黄河文化中根亲文化的新郑黄帝故里拜祖大典、太昊伏羲祭典等非物质文化遗产在全国及海外都具有较大的影响力。河南省一直是全国的文化旅游资源大省，在推进文旅融合的进程中占有着得天独厚的资源优势，有着巨大的文化旅游开发潜力。

在文旅融合的影响下，借助文化产业的高渗透性和互联互通能力，有利于推动河南建设中原黄河文化高地，逐步建立起辨识度高、有独立自主品牌、制度完善的黄河文化推广基地，以此实现河南文化事业的稳中求进、文化市场的有序增

长、文化产业的蓬勃发展。

三、河南省传播黄河文化存在的问题

（一）缺乏传播黄河文化的复合型人才

文化传播是一种创新型的智慧推广模式，需要根据新技术的发展创造性地开展工作，这对从业人员的综合素质和创新能力有很高的要求。现实情况是河南省能培养此类人才的大学和科研机构较少，导致相应的人才储备严重不足，这是限制黄河文化深层次推广的瓶颈之一。

（二）缺乏本土特色鲜明的黄河文化推广模式

河南拥有种类齐全、数量众多的黄河文化资源，但现阶段推广黄河文化的模式、运营方式简单，与其他行业的融合也仅限于沿黄景区建设和旅游纪念品开发。与大运河文化传播的发展规模和发展案例相比，存在较大的差距，没有形成本土化传播模式。

四、河南黄河文化传播创新发展策略研究

（一）以文旅资源为基础挖掘黄河文化

首先，要以文旅资源为基础，找准河南省黄河文化传播的突破点，以河南海量的黄河文化文物遗迹为基础，为寻根游提供资源。文化旅游资源是可持续发展的资源，不同角度的开发会展现不同的成果。丰富的历史文化资源是河南省文旅融合高质量发展的优势与底蕴所在。因此，要以黄河文化为脉络、以科学新技术为支撑、以融媒体为手段、以挖掘时代价值为核心，在“活化”利用上下功夫，结合新科技、新创意、新资源、新媒体等要素，打造精品项目，真正把传播黄河文化作为契机，将河南省文化旅游资源转化为产业发展优势。

其次，传承黄河文化的历史底蕴。传承黄河文化要以文化和精神体验为创新点，针对文旅资源的文化价值打造沉浸体验式的旅游产品，保持黄河文化对游

人的吸引力，从而有效提升其影响力和传播力。例如，开展郑、汴、洛沿黄历史名城建设工作，以河南历史古都为结合点，推动重点遗址标志性建设；筹建黄河文化博物馆群，积极争取黄河文化公园先行示范区，放大与大运河文化的联动效应，实现黄河文化的全景展示与弘扬。

最后，打破黄河流域各不同地域文化的界限，以黄河文化溯源为根本，发掘黄河精神，挖掘黄河古道遗址，探索黄河文化和中原文明的内在联系，整理黄河文化涉及的名人、文物和遗迹的历史资料，设计多元化的传播策略。例如成立以仰韶文化遗址、裴李岗文化遗址、龙门石窟、隋唐洛阳城为代表的黄河文化体验精品区，以沿黄著名景区小浪底景区为代表的生态山水观赏精品区。充分发挥黄河文化优势，在拜祖大典等文化基础上重点打造根亲文化、中原文化、河洛文化等文旅品牌，深化黄河文化传播模式与文旅资源的对接，将河南文旅厚重的资源优势转化为产业动能。

（二）构建多元化复合型黄河文化信息传播平台

打造河南黄河文化信息传播平台，首先可以整合全省文物、旅游资源及博物馆、图书馆等公共文化服务单位的资源。其次可以建立、健全黄河文化资源数据库，以此来解决传播黄河文化遇到的资源匮乏问题。最后可以通过大数据、融媒体等技术手段，实现资源数据可视化、动态化管理。融媒体是一种全新的传播理念和传播模式，它是将传统媒体、新媒体、互联网技术、数字技术等方面进行全面整合、优势互补，实现“资源通融、内容兼融、宣传互融、利益共融”，从而使其功能、手段、价值得到最大提升的一种传播模式[6]。融媒体与传统文化传播的方式相比具有资源互通、宣传互融和利益共融等优势，能够通过统一的策略统筹，引入宣传标准和监管机构，把分散的媒体宣传力度相互结合，形成宣传领域的合力。

（三）建立黄河文化传播保障体系

为了打造具有影响力和知名度的黄河文化传播平台，就必须建立黄河文化传播的保障体系，这需要从制度、经费和人才三个方面加强体系建设。（1）从河南省现阶段文化传播的情况来看，在政府层面上应确立议事制度，明确黄河文化相关文化遗产和资源的清单，以此对标相应的规划和工程开发情况，为黄河文化高质量发展提供制度保障。(2) 可以在以政府为主导的前提下，引入市场运作模式，建立、健全省、市、县三级投融资体系，为传播黄河文化的运作体系提供资金保障。(3) 开展黄河文化传播人才培训工作，以面向全社会招聘为主，开展专题培训储备人才，在提高现有相关工作人员业务素质的同时，通过引导的手段将人才引入沿黄文化产业基地，为黄河文化高质量发展和系统性传播提供人才保障。

（四）传播黄河文化与文旅产业融合发展

第一，传播黄河文化与文旅元素融合发展，将旅游要素融入黄河文化的传播中。旅游要素指的是住、食、行、游、购、娱等，文旅部门可以将黄河文化与这些元素进行总体规划和布局。如以“住”入手，可以打造黄河流域传统民居风格的主题酒店；以“食”入手，可以与河南久负盛名的传统名食相融合，让美食讲述河南故事；以“行”入手，可与交通部门及旅行社合作，让旅客在旅途中以短视频或文献推送的形式感受黄河文化；以“游”入手，文旅机构可以联合教育单位开展以黄河文化为主题的研学活动；以“购”入手，文创部门可以针对河南省境内的黄河著名风景区、人文故居开发文创产品等，体现黄河文化的历史内核；以“娱”入手，可广开思路，鼓励大众参与到以黄河文化为主题的创意大赛中，使黄河文化的概念和内涵深入人心，展现黄河独特的历史记忆和文化魅力。

第二，黄河文化传播与空间元素融合发展。河南省可以根据本地不同的地理环境和人文景点，将黄河历史文化融入欣赏自然风光、游览人文景观、数字虚拟体验的三维空间旅游模式中，发挥河南的文化旅游资源优势，以山川美景吸引人、以灿烂辉煌的文化底蕴感染人、以厚重悠久的黄河文化感动人、以祭祖思乡的根亲文化感召人、以激昂壮阔的红色文化鼓舞人。将黄河文化为基础的河南特色文化旅游当作文旅产业转型升级的切入点，以此打破文化产业和旅游产业的空间局限性。

第三，黄河文化传播与品牌元素融合发展。为了推进黄河文化传播工作进一步开展，可按不同类型文旅资源加以分类，建立特色数据库，以弘扬黄河文化为契机，以讲好“河南故事”和讲好“黄河故事”为宣传方式，打造黄河文化传播品牌。这种品牌建设应以政府的宏观政策把控为主体，以市场化的运作为手段，采取专业化和制度化的运营方式。为此，需要加速黄河文化、红色文化、根亲文化和非遗文化的跨界融合，对其中的历史底蕴进行数据化挖掘，利用新科技、新理念进行展示，开发出具有本土特色的黄河文化项目，以新业态刺激新消费，为传统文化行业注入新的活力。

第四，黄河文化传播与文创工作相结合。黄河文化传播与文创产业相结合，可以使黄河文化传播产业变成以文旅资源为内容、以创意为内生动力的新型文旅业态。这种模式可以依托全省各级各类图书馆、博物馆和群众艺术团体等公共文化单位，景区、旅行社等旅游主体，以黄河文化和根亲文化为中心提升文旅融合产业的整体质量。还可以与携程网、同程网、途牛网、马蜂窝等旅游推广网站引入战略合作，推进黄河文化传播的产业化转型发展。

五、结语

在黄河文化传播体系中，应以文旅资源作为传播内容的基础，以融媒体的新技术应用作为传播载体，以创新性的传播模式为突破点，深入推进黄河文化的传播。随着信息新技术、新理念的推陈出新，黄河文化的传播要在政府的扶持下，通过媒体资源的整合建立传播平台，形成文化宣传合力，建立黄河文化推广体系，扩大河南省黄河文化传播的影响力和传播力。

参考文献

[1] 河南省委召开全省领导干部大会传达学习习近平总书记视察河南重要讲话精神 王国生主持并讲话[EB/OL].http：//cpc.people.com.cn/n1/2019/0920/c117005-31364561.html.

[2] 王国生：大力弘扬黄河文化为新时代中原更加出彩凝聚精神力量[EB/

OL］.http：//cpc.people.com.cn/n1/2020/0115/c64102-31549618.html.
［3］江凌：切实扛起保护传承弘扬黄河文化的历史责任［EB/OL］.http：//newpaper.dahe.cn/hnrb/html/2019-12/06/content_388781.htm］.
［4］朱伟利．刍议黄河文化的内涵与传播［J］．新闻爱好者，2020（1）：32-35.
［5］张祝平．河南省旅游产业与文化创意产业融合发展问题研究［J］．学习论坛，2016（10）：66-70.
［6］刘明．融媒体视阈下黄河水文化传播策略研究［J］．新闻爱好者，2020（6）：59-61.

（作者：杨凡，原载于《新闻爱好者》2021 年 4 期）

文博机构传播黄河文化的路径探索

如何拉近图书馆、博物馆、档案馆、美术馆等文博机构与民众的距离，使其在传播黄河文化时，变得可亲可信；如何根据不同的场合、不同的形式，发挥不同类别的文博机构的作用，使黄河文化的传播效果更好；如何在黄河文化的传播中，通过对馆藏品的再创造，赋予黄河文化传播的商业价值，助推地方经济、文化的发展，借此反哺黄河文化传播？

若想回答好上述问题，就须根据传播对象的特性，随物赋形，构建与之相对应的传播路径。

一、腾“云”驾“网”，扩放黄河好声音

如何让黄河文化通过文博机构，传播得更加深入人心，这就须腾“云”驾“网”。黄河沿线各文博机构，除了与传统媒体合作外，更须与时俱进，通过短视频、直播等新兴互联网传播手段，依靠自媒体等各种互联网传播平台，积极、主动地进行黄河文化的传播。为此，黄河沿线各大博物馆适时推出了在线直播活动，让馆藏文物从静态冰冷的展示到动态的直播，更加生动、鲜活地讲述黄河故事，传播黄河文化。

据媒体报道，2020 年 3 月 2 日，沿黄九省（区）博物馆“云探国宝”直播活动正式开播。让国宝当“网红”，红的不仅是国宝本身，也是绚烂的华夏黄河文明。一个小时的直播，河南博物院便吸引了百万级曝光度的“围观”。四川博物院讲解员王俐俐特别介绍了东汉七盘舞画像砖，画像砖刻画了两千年前黄河流域孕育出的乐舞艺术形式。一个小时的直播，让四川博物院所展示的文物产生了千万级的曝光。[1]

笔者注意到，这种超高人气的交互式直播，对黄河文化的传播，远远超出了“我说你听”的平面化、单向传播效果，而网友海量的互动留言，更是对黄河文化的二次解读传播，这种复合式的传播效果，甚至远远超过了现场参观的效果。

随着大数据技术走向成熟，除了利用VR、AR、移动APP、网络直播等新兴的传播形式传播黄河文化外，有的博物馆还利用网红、大V来传播黄河文化。如2021年12月2日，“黄河岸边是家乡——‘返故乡 · 看发展’网络名人山东行”活动最后一站来到位于山东东营市的黄河文化馆，学习了解黄河流域的历史文化和时代变迁。这些网红利用自身的影响力，对黄河文化的传播起到积极的推动作用。

在当前的信息化、数字化环境中，社会公众对于纸质图书和资料的获取越来越少，人们更加习惯利用各种移动电子设备进行在线阅读或在线检索，这种趋势造成传统图书的阅读量大幅下降，因此依托数字化技术传播黄河文化是一项必不可少的工作。首先要广泛实现纸质图书资料呈现的数字化表达，要优化各类型黄河文化图书资料的数据化上传流程，还可以运用二维码技术，提高黄河文化书籍出版的效率，顺应数字化时代的发展规律。其次也可以开设黄河文化图书资料出版的官方账号，对面向大众的图书资料信息发布进行统筹管理，及时通过网络平台，向社会公众实时推送黄河文化的传播内容，使人们可以随时随地接收各种文字、图片、短视频等信息，深入体验黄河文化的核心魅力。[2]

网络平台的交互性、个性化、即时性，使得图书馆、博物馆等文博机构传播黄河文化的渠道越来越丰富，效果也越来越好，但同时也对文博机构传播黄河文化提出了更高的要求。笔者注意到，文博机构传统的传播手段，往往是“我让你看啥你看啥”，而采用线上直播模式，网友会针对展出的黄河文化藏品不停地进行互动提问，这就给文博机构此类项目的从业人员提出了更高要求，需要文博机构提前储备、预设大量的黄河文化知识，以防和网友互动交流时卡壳。

二、沿黄联动，同频共振效果好

习近平总书记在黄河流域生态保护和高质量发展座谈会上强调，“黄河文化是中华文明的重要组成部分，是中华民族的根和魂”。

如何传播黄河文化，如何讲好黄河故事，成了全国特别是沿黄流域省份关注的热点话题。黄河蜿蜒奔流，生生不息，不同地域形成了各具特色的优秀传统文化：如青海、甘肃地区的河湟文化，陕西、河南地区的中原文化等。笔者注意到，沿黄一些省份的政府机构，特别是文博机构纷纷发挥自身资源、品牌优势，规划各自的黄河文化传承方案，举办各种各样、颇具地域特色的黄河文化传播活动。这些规划、活动各有特色，为传播黄河文化做出了贡献。但因区域限制，这些规划、活动因缺乏整体性、系统性梳理，无法呈现黄河文化的全貌，在传播上无法给人整体的震撼感。

如何发挥各自的独特优势，促进区域一体化发展，奏响“黄河大合唱”时代最强音？对此，沿黄省份的一些地方政府和文博机构，自发牵头、轮流组织，利用沿黄各地图书馆、博物馆、档案馆等馆藏的黄河文化素材优势，组织跨区域的活动联动，整体设计、有序进行、统一发声，以起到优势互补，壮大传播声势，共同讲好“黄河故事”的效果。

如 2021 年 6 月 22 日，首届“黄河流域城市阅读发展合作机制”区域阅读发展论坛在济南市图书馆举办，来自沿黄九省（区）33 个城市的专家出席活动。山东省图书馆馆长刘显世在致辞时说，要注重沿黄九省（区）文旅融合跨地市、跨区域、跨业态协同发展，希望各地公共图书馆在合作机制框架下，努力让图书馆成为黄河文化保护传承弘扬的主阵地，让阅读成为人们认识黄河文化的最佳方式。[3]

2022 年 2 月，由国家图书馆等承办，青海省图书馆、四川省图书馆、河南省图书馆等八家沿黄省级公共图书馆支持协办的“九曲弦歌”——沿黄九省（区）公共图书馆黄河文化保护与传承系列讲座举办。这又是一次图书馆系统联动的黄河文化传播活动。

而沿黄流域的博物馆，利用各自的资源优势，举办黄河文化主题文物联展，更是亮点纷呈。2021 年 4 月 30 日，黄河珍宝——沿黄九省（区）文物精品展在郑州博物馆新馆开展，黄河流域九省（区）博物馆的“镇馆之宝”罕见地集中亮相。中国国家文物局副局长关强出席开展仪式时说，“黄河珍宝展”汇集沿黄九省（区）博物馆资源，协同推进黄河流域馆藏文物资源的价值挖掘阐释，是讲好黄河文明故事的又一创新实践。[4]

2021年12月21日，又一场利用馆藏品传播黄河文化的联动活动“金相玉式——沿黄九省（区）金玉特种工艺瑰宝展”，在河南博物院开展。

这种利用沿黄各博物馆馆藏珍宝联袂展出的方式，对整体、系统地传播黄河文化发挥了重要作用，所引起的震撼效果也是沿黄博物馆各自为政传播黄河文化所无法比拟的。

对此，全国人大代表、河南大学党委书记卢克平受访时认为，最大限度地合作，打破省际界限、地域界限，实现多文化一体化交流互鉴才能实现共赢。需要进一步深化沿黄九省（区）合作机制，融合中原文化、三秦文化、三晋文化和齐鲁文化，联动协同规划沿黄生态廊道、文化景观和文化长廊，突出黄河文化中的国家认同、民族认同，增强社会主义文化自信。[5]

河南省社会科学院历史与考古研究所副所长、副研究员唐金培指出，统筹区域协调发展，既要树立“一盘棋”的大局观念，又要有种好“责任田”的使命担当；既要加强区域横向协同创新，又要加强上下纵向联动；既要打破上中下游和干支流行政区划的限制，又要加强黄河文化旅游资源的共同保护利用。[6]

三、文创赋能，反哺黄河文化传播

马克思在《黑格尔法哲学批判》中指出：“经济基础决定上层建筑。”通过文博机构传播黄河文化，这种从属于意识形态的上层建筑，只有深深植根于经济基础中，并逐渐渗透在民众的衣食住行中，方能根深叶茂。因此，传播黄河文化，不能曲高和寡，更不能脱离民众的经济生活。

为了挖掘沿黄九省（区）众多博物馆中的资源优势，使其成为集中反映和展示黄河流域文明的重要窗口，让人们把博物馆记忆带回家，一些文博机构加大了黄河文化文创产品的商业开发合作力度。

据媒体报道，在2020年10月16日举办的“黄河流域博物馆联盟文创产业研讨会”上，黄河流域二十八家博物馆的相关负责人结合自身实践，交流研讨博物馆文创经验。河南博物院院长马萧林说，目前，河南博物院文创开发已基本实现了社会效益、经济效益“双赢”，2020 年国庆假期每天都能实现五万元左右的文创销售收入。

“我今天佩戴的丝巾、耳钉都是根据镇馆之宝彩陶瓶研发的文创产品。”甘肃博物馆文博馆员葛雅莉现场“推销”起自家产品。她说，彩陶文化是黄河文化重要的组成部分，甘肃博物馆目前已开发彩陶文化系列文创产品一百五十多款，融文化、创意、实用、品质于一体，受到游客青睐。[7]

毋庸置疑，像甘肃博物馆开发的以“黄河文化”为主题的彩陶文化系列，被越来越多的民众作为一种商品购买、佩戴，这种文创产品的热卖，其实是黄河文化热的兴起，更是黄河文化通过文创产品传播的成功案例。

有研究者认为图书馆利用自身资源，开发和黄河文化相关的文创产品亦有不少优势。比如，图书馆可以将所藏珍稀的黄河非遗文献或作品进行筛选登记，通过数字化手段编制数字特制图册；另外，图书馆还可以黄河流域的二十四节气为例，印制二十四节气册页并编制成笔记簿，或为不同节气设计 LOGO 印制文化 T 恤。文化创意产品为各馆开发特色馆藏开辟了一个新平台，不仅能吸引更多用户和黄河文化爱好者，还能通过出售文创产品获取经济利益。文创产品在这个过程中既发挥了对用户传播黄河文化的作用，也发挥了补充图书馆资金的经济效用。[8]

对于文博系统的上述尝试，河南省商业经济学会会长宋向清认为，图书馆、博物馆这些文博机构，利用自身资源品牌优势，进行商业开发合作的力度可以更广、更深，可以和一些文创公司、景区、互联网公司等合作，如和文创公司合作打造黄河文化系列文创产品。利用数字孪生技术，和互联网公司合作，打造以黄河文化为主题的“元宇宙”系列，虚拟黄河文化场景，让网友在线上感受真实的黄河文化。另外也可和景区合作，打造诸如“黄河映像”的实景演出等。这些合作，都是根植经济社会，能让民众充分参与的黄河文化传播路径。这种合作不但利用文博机构的资源传播了黄河文化，还丰富了人民群众生活，促进了当地经济发展，其社会功能十分明显。文博机构作为合作方，也能在商业合作中获得经济效益，作为自身黄河文化资源的发掘、保护、传播经费，反哺黄河文化传播，实现良性互动。

四、结语

文博机构对传播黄河文化的重要性无须赘述，笔者通过研究发现，虽然不少文博机构也认识到了这一点，但在对黄河文化的重视程度、传播路径、传播技能上还存在一些需要注意的问题。比如，在沿黄九省（区）的十五所有特色馆藏库的图书馆中，仅有九所图书馆的特色馆藏库收藏了黄河文化或黄河非遗的相关资源。而馆藏形式也比较单一，图片、视频、音频类的黄河文化藏品较少，无法充分激发公众对黄河文化的兴趣。[9]

截至目前，博物馆、档案馆等文博机构，利用互联网、大数据传播黄河文化馆藏资源的手段较少，形式较为单一、技术力量不够。在通过文创产品推广黄河文化上，存在产品缺乏创意、文创设计推广团队中专业人士匮乏等亟待解决的问题。

要想让文博机构在传播黄河文化时发挥更大作用，单靠文博机构自身力量还不行，需要国家相关部门统筹规划、拨付专项资金，从政策和用人机制上进行扶持。而作为文博机构，也应该与时俱进，培训传播黄河文化的专业人才，充分利用各种社会资源。只有通过外部赋能、内部挖潜，多方合力，构筑更好的黄河文化传播路径，方能为黄河文化传播做出更大的贡献。

参考文献：

[1] 腾讯大豫网．沿黄九省区博物馆联盟集体网上直播 开启博物馆游览的线上新时代［EB/OL］.https：//henan.qq.com/a/20200303/022165.htm.

[2] 赵清爽．新媒体时代如何深入挖掘黄河文化的时代价值［J］．传播力研究，2021，5（13）：9-10.

[3] 王艺儒．书香黄河 百年圆梦 喜迎书博 首届“黄河流域城市阅读合作机制”区域阅读发展论坛举办［EB/OL］.https：//new.qq.com/rain/a/20210622a05kx800.

[4] 王延辉，等．郑州博物馆新馆开馆黄河珍宝展同日开展［EB/OL］.https：//baijiahao.baidu.com/s？ id=1698528373569666723&wfr=spider&for=pc.

[5] 张莹莹，等 . 河南代表委员热议“黄河文化”多地交流融合实现黄河“一盘棋”[EB/OL].https：//baijiahao.baidu.com/s？ id=166772228780 4728775&wfr=spider&for=pc.
[6] 唐金培 . 创新驱动多方联动龙头带动 推进黄河文化旅游带建设 [N]. 中国旅游报，2021-09-14（003）.
[7] 温小娟，等 . 让黄河文化赋能博物馆文创 [EB/OL].https：//m.gmw.cn/baijia/2020-10/17/1301683454.html.
[8] 王平，等 . 面向黄河非物质文化遗产的图书馆特色馆藏资源建设 [J]. 河南图书馆学刊，2020（8）：8-13.
[9] 王平，等 . 面向黄河非物质文化遗产的图书馆特色馆藏资源建设 [J]. 河南图书馆学刊，2020（8）：8-13.

（作者：周青建，原载于《新闻爱好者》2022 年 8 期）

第三篇

应势而动 3

黄河文化的多元衍生传播

黄河古诗词的新媒体传播策略研究

黄河流域有三千多年是我国政治、经济、文化的中心区域，形成了多元统一的文化体系，黄河文化是中华优秀传统文化的重要组成部分，因此黄河文化的传播对中华文化的认同与凝聚有着重要意义。黄河古诗词是指与黄河流域相关的古典诗词，现存有几千首之多，是历代诗人对黄河人文风物的歌咏，表达了诗人对黄河风情的感情体认以及哲思阐发，是展示黄河文化的重要载体。《关于保护传承弘扬黄河文化的思考》中说："黄河流域文脉昌盛，绵延不断。千百年来，描写黄河、咏唱黄河、反映黄河儿女生活的颂歌、情歌、怨歌、愤歌，光芒万丈，蔚为大观。"[1]但目前黄河古诗词蕴含的黄河文化内涵未得到阐释以及有效传播。

一、黄河古诗词的文化精神

（一）对家园的热爱

黄河绵延五千余公里，所到之处惠养人民，人们沿河水流经处建设美好的家园，形成了生生不息的文明，并在黄河中下游地区形成中国传统文化的核心。黄河流域的人们对家园的建设是从远古就开始的，在诗歌中对此最早的描写是先秦时期，如《诗经・公刘》中"笃公刘，逝彼百泉，瞻彼溥原"，记载了先民对生养我们这片土地的探索。在黄河风景的书写中，人们被黄河的宏伟风貌所感染，以雄阔的笔调写出黄河的气势，表达了对黄河的赞美，如晋成公绥《黄河赋》"览百川之洪壮兮，莫尚美于黄河"，宋王安石《黄河》"派出昆仑五色流，一支黄浊贯中州"等，壮丽的风景中体现了诗人对黄河真情的热爱，是个人奋进与家国建设的交织。

（二）保家卫国的情怀

美好的家园离不开先贤与英雄不懈努力地建设与保护，历代诗人仰慕先贤、缅怀英雄，书写历史以激励现实。如宋陆游《送潘德久使蓟门》“羲皇受图抚上古，神禹治水开中原”，清徐干学《北征》“英英岳忠武，面貌对城东”，诗人通过对先贤的赞扬来勉励自己和友人，以先贤为榜样，树立精忠精神，为国家安定与和谐而努力。又如唐薛逢《凉州词》“黄河九曲今归汉，塞外纵横战血流”，诗人慷慨从戎，不顾流血牺牲奔赴沙场，为的是黄河九曲归汉，高昂的从军热情更是保家卫国情怀的彰显。

（三）战胜灾难的决心

《黄河大事记》载：“计自西汉以来的两千多年中，黄河下游有记载的决溢达一千余次，并有多次大改道。以孟津为顶点北到津沽，南至江淮约 25 万平方公里的广大地区，均有黄河洪水泛滥的痕迹，被称为‘中国之忧患’。”[2] 在肆虐的洪水面前，劳动人民自古就表现出英勇无畏的气概和对治水方略的探索。如宋王安石《河决》“汤汤势滔天，黎元多沉溺”，表现了诗人对洪水的沉痛记忆；如清杨文荪《河堤》“治河无贾让，争以下策试”歌颂贾让治河的功绩；清潘耒《河堤篇》“塞决固治标，要须遂其性”点出治河的根本要旨。河患书写史与治河工程发展伴随着黄河文明史，从河患到治河方略，每一首诗都是一段沉痛的历史，同时也表达了人们在灾难面前永不认输的精神。

（四）生态文明的追寻

人本属于自然，故而向往自然，诗人见到名山大川也总是不吝笔墨，历代诗人对黄河流域的山脉和河流都有很多描写，如华山、嵩山、泰山、祁连山、贺兰山等，黄河及其支流汾河、渭河、汴水、伊河、洛河等。如李白《西岳云台歌送丹丘子》中感叹“西岳峥嵘何壮哉，黄河如丝天际来”，宋晁端礼《上林春（其二）·伊洛清波》亦称“伊洛清波，嵩山秀色，共与皇家为瑞”等。诗人在对黄河流域自然风光的体认中流露出优美的自然环境给生命带来的愉悦与慰藉。

正是对“万物各得其所以生，各得其养以成”的“天人合一”生态文明最高境界的追求。

二、黄河古诗词传播现状

（一）传播意识薄弱

黄河及其流域的人文风物以诗词的形式历代被文人寄怀书写，饱含历史印记与文化烙印，是阐释黄河文化的最丰富而生动的文献。而深受大众喜欢的黄河古诗词还未成为阐释黄河文化内涵与传播黄河文化的有效途径。原因是在黄河文化阐释与传播的大讨论中，政府相关部门没有强化黄河古诗词这一特色文化符号对黄河文化内涵阐释的意义，因而未建立传播意识。

古诗词一直很受人欢迎，尤其在数字新媒体发展下，人们把经典古诗词制作成文案、音频、视频等作品在新媒体平台传播，但与黄河相关的经典古诗词只有十余首，如李白的《将进酒》、刘禹锡的《浪淘沙》、王之涣的《凉州词》等，作品少且零散，明显未建立通过黄河古诗词系统传播黄河文化的观念与机制。我们应重视黄河古诗词文化的阐释与传播，在系统阐释的基础上，设计制作富有创意与差异化的产品，否则只能是个体账号制作的支离破碎的产品，不但文化体现力不强，且很难上热搜，传播效果差。

（二）新媒体平台利用不充分

随着“两微一端”的快速发展，人们通过微博、微信、客户端阅读和学习成为普遍现象，也成为文化传播的重要途径，而目前黄河古诗词在新媒体上的传播还非常薄弱。

首先，微信平台的传播。据统计，有关“黄河”的公众号有五百多个，但并没有专门分享黄河古诗词内容的。在众多的公众号中，有关黄河古诗词的文案有三个，介绍黄河经典古诗词共三十首。黄河古诗词的视频有六个，其中“我爱母亲河云教育”中的《第七讲诗词文艺话黄河》讲解内容丰富，其他是一首或几首黄河古诗词的朗诵。

其次，微博平台的传播。在微博上搜索有关“黄河”的帖子，其中有关于黄河水讯、旅游、生物等情况的消息或科普知识，关于黄河古诗词的尚没有。微博上有关诗词的博主很多，其中专注古典诗词分享、粉丝超过十万的有四十多位，其中“最美古风古诗词”和“中华好诗词”粉丝最多，内容多为视频，由古诗句配优美图片、音乐等制作，让人们欣赏体会古诗词之美，传播传统文化。除有关黄河经典诗句外，并无特意传播黄河古诗词及其文化的作品。

再次，短视频平台传播。在B站、抖音、西瓜等视频平台有很多传播古诗词的用户，以图文、视频等配乐朗读、演唱或讲解，进行诗教、科普、文化传播等。如抖音视频号“杨老师文学素养”，专注古诗词讲解，粉丝710.5万，点赞量2551.5万，在分享的1032件古诗词作品中，其中有关黄河的诗有李白的《将进酒》、王之涣的《登鹤雀楼》、杜甫的《饮中八仙歌》等几首。其他如“老管说诗”“都倩的1001页”“诗词——甫子寸”“枕上书”等都是粉丝过百万，注重古诗及其背后故事、文化的讲解，非常受人们欢迎，除偶有涉及黄河古诗词外，并无意系统传播黄河古诗词及其文化。

（三）传播内容碎片化

通过深入了解官方和个体账号，我们发现由于通过黄河古诗词传播黄河文化的意识薄弱，黄河古诗词大多是作为经典古诗词的内容散布于古诗词教学、文学素养普及等作品中进行传播，呈现碎片化形态。

目前新媒体作品中古诗词传播在内容形式上主要有五种，一是详解式诗词方案，二是教学式讲解视频，三是鉴赏式赏析视频，四是编曲式诗词咏唱，五是BGM式经典诗句展示等，但在各类作品中，风格、内容等方面都存在很大相似性，作品缺乏创意与差异性，并缺乏文化内涵的深度解析。而在这些诗词传播的作品中，黄河古诗词散见其中。唯一专题讲解黄河古诗词文化的作品是“我爱母亲河云教育”中的《第七讲诗词文艺话黄河》，是以专家讲座的形式，将诗词与历史文化结合讲解，观看量达三万多，可见人们是非常喜欢黄河古诗词的，并希望通过古诗词了解黄河文化。

三、黄河古诗词传播策略

（一）深挖文化内涵，讲好黄河故事

深挖古诗词的黄河文化内涵，系统地阐述诗人与黄河的故事，解读黄河古诗词的文化价值，有利于打破黄河文化碎片化传播局面。

首先是共时讲述人文交织。就诗人而言，从先秦至明清，诗人生于此、感于此，吟诵宦游沉浮、羁旅离别、边塞战事等，是在写诗人经历，亦是在写黄河故事。尤其是常年宦游在黄河流域的诗人，诗歌里融入了黄河文化的基因，如唐代著名诗人王维，生在黄河边，在黄河流域生活、为官，写作有关黄河的诗达二十余首，讲述着诗人在黄河边的生活与故事。王维号称诗佛，一生半仕半隐，但他的黄河诗中却饱含着家国情怀，如《送魏郡李太守赴任》《送赵都督赴代州得青字》《使至塞上》等表达了济世报国、致力边关的思想。

其次，历时阐述文明延续。从第一首黄河诗《卫风 · 河广》开始，先秦至明清历代生活与宦游在黄河水土上的诗人，代代书写黄河的自然风光与历史变迁，从中可见家国故土的变迁。如开封是八朝古都，是黄河流域文化最厚重的城市之一，诗人宦游、旅居于此，诗歌中与开封城相关的诗作有四百四十多首，从魏晋到明清，从诗人的视角透视出开封的风华与历史。如清章静宜《汴梁行》“大梁自古繁华地，三市风光最明丽”便概括了开封的繁华与清丽风貌。隋堤、铁塔、梁园、古城等蕴含着开封的故事，也蕴含着黄河的故事。

习近平总书记指出：“深入挖掘黄河文化蕴含的时代价值，讲好‘黄河故事’，续历史文脉，坚定文化自信，为实现中华民族伟大复兴的中国梦凝聚精神力量。”[3]深挖诗歌背后的历史，讲述好黄河流域每一位诗人成长的故事、每一个城市发展的故事，让读者通过喜爱而熟悉的诗歌了解黄河以及黄河文化，是黄河文化传播的有利途径。

（二）深化文创赋能，增强文化魅力

诗人通过古典诗词记录着生活与历史，是黄河文化最鲜活的反映，解读古诗词离不开诗人生活的社会背景与人生故事。而目前黄河古诗词在新媒体的传播

呈现少且碎的状态，在传播过程中还停留在一诗一讲甚至不讲的状态，没有对文化背景进行深入挖掘，无法体现深层历史文化。

随着数字文化技术的发展，媒介传播样态更加丰富，文化的阐释与传播也呈现多样化的创新表达，如《数字故宫》《数字敦煌》《唐宫夜宴》以及《奇妙游》系列，用数字文化技术将传统文化以全新的视角展现在人们面前，给受众带来新的文化体验，加深其对文化的领悟。尤其是《奇妙游》系列的文化融创，把传统节日文化与文化名人、历史故事等联系起来，融入生动的生活故事中，吸引了受众的注意力。黄河古诗词也应借助数字化技术，制作黄河流域诗人和城市的纪录片、故事片、连续剧等视听媒体产品，将黄河古诗词融入其中，将诗人与诗人、诗人与城市、诗人与历史勾连起来，不但有利于人们理解古诗词的思想主题，更能让人们深入地了解诗人在诗词中赋予的情感，同时让人们深刻地体会黄河文化。

（三）关注受众需求，建构文化体验模式

麦奎尔的使用与满足理论认为，媒介是为各种需求服务的，反过来，受众个体同样是为了相关目的而使用媒介的，也就是说，受众对于媒介的接触与使用行为是基于需求和动机产生的[4]。在现代社会中，人们使用媒介除了专业学习外，基本是对信息和娱乐的不同层次满足。而在信息多元途径传播的空间下，受众更趋向于选择能激发兴趣，获得在娱乐、知识、情感等各方面的满足。

在数字化技术与传统文化的融合中，我们应该将黄河古诗词的学习与文化体验从单向度传递向多维度互动模式发展，让人们沉浸在丰富的文化视听体验的同时，能够参与其中，除点赞、分享外，能够进行评论、交流等交互传播，使文化审美体验在社会交互中激发，在信息评论与交流中进一步创制，实现传统文化传播生成的社会化。

随着智能时代的到来，在文化融创的基础上利用 VR、AR 等立体影像互动技术，将诗人故事、历史故事、黄河故事纳入情景互动场域中，让观众在动态影像表达与移动终端的数字连接中沉浸式体验黄河文化的精髓，以此在丰富的数字化体验中强化对黄河文化的价值共振与情感共鸣。同时我们可以打造黄河流域

诗人文化 IP，实景演绎诗人与黄河背后的历史故事，依托《只有河南 · 戏剧幻城》《大宋 · 东京梦华》《黄帝千古情》《创意天中》《醉梦云台》等文旅演艺平台，让受众沉浸式体验黄河古诗词，从而与新媒体作品形成线上线下联动，增强受众体验真实感。

四、结语

描写黄河风物、人文的古诗词有几千首，如果从共时与历时的角度交叉考察，每一首诗都是诗人在特定历史时空下的思考，都是最真实的黄河故事，是黄河文化深刻的体现。在黄河古诗词的文化传播上，我们应该借助数字智能技术，将黄河古诗词中的诗人故事、历史故事与黄河故事借助 VR、AR 等技术制作成媒体产品，给受众带来更美好的体验，达到更好的传播效果。

参考文献：

[1] 胡全章 . 关于保护传承弘扬黄河文化的思考，黄河文明与可持续发展 [M]. 开封：河南大学出版社，2020：2.

[2] 黄河水利委员会黄河志总编辑室 . 黄河大事记 [M]. 郑州：河南人民出版社，2017：1.

[3] 习近平 . 让黄河成为造福人民的幸福河 [N]. 人民日报（海外版），2019-09-20（01）.

[4] 丹尼斯 · 麦奎尔 . 受众分析 [M]. 刘燕南，李颖，杨振荣，译 . 北京：中国人民大学出版社，2006：43.

（作者：穆冬霞，原载于《新闻爱好者》2022 年 9 期）

黄河音乐文化传播的问题、出路及展望

“黄河文化是中华文明的重要组成部分，是中华民族的根和魂。”[1] 2022年3月，中共中央、国务院印发《黄河流域生态保护和高质量发展规划纲要》，其中有关“黄河文化”的集中表述为：“构建多元纷呈、和谐相容的黄河文化彰显区，系统保护黄河文化遗产，深入传承黄河文化基因，讲好新时代黄河故事，打造具有国际影响力的黄河文化旅游带，加快形成面向中亚南亚西亚国家的人文交流基地。”该纲要高度明确了黄河文化生态保护与开发的意义、主旨与目标。黄河音乐作为黄河关联文化在承续黄河文脉、传递黄河声音中发挥了关键作用，如何保护、弘扬黄河音乐文化，使其能够在为“中华代言”中继续扬帆远航，成为一个重要课题。

一、黄河音乐文化的起源

（一）黄河音乐具有重要源头文化价值

黄河音乐文化是黄河流域人民的共同创造，承载并渗透了黄河两岸乃至整个中华民族的劳动记忆、文化记忆和家园意识。做好复归乡土本位的历史性诠释，“重新审视民族主体性的内在特质，复归民族存在的始源性前提”[2]，才能重现黄河音乐文化的昔日风采。而文化记忆是通过“文化形式（文本、仪式、纪念碑等），以及机构化的交流（背诵、实践、观察）而得到延续，涵盖了社会记忆概念中的文本系统、意象系统、仪式系统，以及与记忆直接相关的文献、文物，促进记忆的神话、仪式、纪念物，以及整理、撰写、出版等活动”。[3]因此，重视黄河音乐文化的乡土价值、源头价值，复原、书写和重铸黄河音乐文化的生态原貌，从核心文化区的典型性、代表性音乐事象着手，带动并盘活音乐文化串联性发掘，可为其传播迈出坚实的一步。

（二）黄河音乐文化的中心在河洛

河洛文化是黄河文化的代表，有着“华夏文化摇篮的称誉”。[4]“河洛文明造就了华夏文化，是现代中国发展的根基”。[5]无论是二里头文化还是裴李岗文化，无论是甲骨文对“乐”的文以载道抑或是贾湖骨笛的“击鼓传花”，都阐述了一个不争的事实：河洛文化中的“乐”文化具有中华传统音乐在源头上的母体意义。尽管“我国新石器时代各区音乐起源时间早晚不一，以陕晋豫地区‘裴李岗’音乐为最早。该区音乐发展至仰韶音乐时期，海岱、甘青、江汉、皖浙等区纷纷出现极具地域特征的音乐文化，此时中国音乐开始呈现出满天星斗、多元发展的态势”。[6]河洛音乐文化的母体中心地位不仅在于她所拥有的文字记录、实物产出，也在于乐律、乐学上形成的探索与观点，并为黄河流域、“他域”音乐文化的传承与演化提供了垂范，由此还衍生出中华“乐教思想”①。

二、黄河音乐文化传播面临的问题

黄河音乐文化传播面临的问题主要包括传播载体的产业化问题、传播渠道的文化交流问题，以及传播主体问题三个方面。

（一）传播载体的产业化问题

黄河音乐文化产业化是黄河音乐传播的重要载体，以产业为载体的市场化开发正成为近二十年来②黄河音乐文化传播格局中的典型性问题。文化产业对盘活

---

① “乐教思想”，就是春秋时期儒家为“礼乐制度”量身定制的传统音乐教育思想，这一思想的诞生地虽然不在河洛地区，但的确是河洛文化的近域性延伸。

② 文化产业成为国民经济支柱产业之一的明确化出现在2002年党的十六大报告中，随后，包括音乐文化在内的文化产业发展不断深化，并逐渐成为我国经济发展新的增长点。

区域经济、带动产能提升、优化产业布局都起到了积极而有效的作用：在生产端，对文化产品的发掘、创意、包装、宣传，激活了黄河音乐原生事象在文化底蕴上的提炼，进而带动了器、物、型的重塑以及音、声、表的创作与创新；在消费端，带有黄河音乐文化符号标识的器、物、型提升了市场认购力，音、声、表在推动文化消费的同时也为前两者提供了保障，以此唤醒了传播各链条的活力。但当前经济发展面临的现实压力，对黄河音乐文化传播产生的阻隔性、滞后性影响显而易见。

（二）传播渠道的文化交流问题

文化交流是文化传播和推动文化传播走向深入的主要渠道和方式。黄河音乐文化交流主要表现在：（1）传递与接受双方通过深层对话以进行文化事业发展经验、发展模式上的认证、借鉴与推广；（2）以共识和友好为条件，促进文化传播的快速融通；（3）在文化融通基础上实现文化互动平台的共建、文化项目的共同研发等。在复杂的国际、国内秩序下，传统面对面式的跨域交流、跨文化交流甚至同域交流都已经存在一个清晰可见的屏障，"时空脱域"① 造成的正常社会交往的虚化和缺场却又为交流转场和关系重组提供了新的经验，那就是对现代信息传播介质的充分利用和创新。黄河音乐文化传播介质创新的最佳选择在于新媒体的利用上，但同时暴露的又一个现实问题是，黄河文化是流域文化的上下贯通，需要不同流域板块的合力方能体现出媒体的强势，而目前的环境、形势和条件都不能满足此目标的达成，如何走出这一困局，是黄河音乐文化传播需要正视的又一难题。

（三）传播主体问题

黄河音乐文化传播主体应包含执行主体和内容主体两个单元。传播执行主

① "脱域"是英国学者安东尼·吉登斯提出的社会学理论，指的是社会关系受时空制约而出现的脱离现象。

体在文化创造层面，既是传统意义的原生态（传统音乐）主体，也是现代意义上的新文化（现代音乐）主体，由此传播媒介层面的执行主体就涵盖了“口传心授”和新媒体两个向度，在内容主体上也就延伸出传统音乐传播、现代音乐传播两部分。二者的不同之处在于，传统音乐传播的主体具有明显的“非遗”特质，以传承谱系为稳定构架的传承人依旧掌握着黄河音乐文化传播的密码，新媒体传播必须对这些密码进行持续、细致的田野工作才能客观、全面地掌握其奥秘，才能量身定做出传播需要的密钥以保证传播内容的真实性。二者的相同之处在于，无论是传统音乐还是现代音乐，传播主体都必须依托新的传播媒介才能产生推而广之的传播效应。目前传播主体更注重以“非遗”为基础的对静态已有积淀传播内容的大力升级改造，这是因为改造静态内容的“安全系数”更高，不仅能推进黄河音乐传播的正常化，而且又能大大降低可能存在的风险和损失。

总之，针对黄河音乐文化传播存在的突出问题，必须统筹规划、长远设计，制订有针对性的解决方案，才能将压力变为动力、将挑战转化为机遇。

三、黄河音乐文化的传播出路

黄河音乐文化传播须优先解决的是传播媒介问题，新媒体平台的特色打造将为黄河音乐文化构建出一块新的传播高地。

（一）创新传播媒介，突出整体和特色

黄河音乐文化传播亟待突出整体和特色，整体可以强声，特色可以引流。新媒体虽然是现代文化传播的新生手段，但因其广泛的适用度和普及度已成为清代诗人赵翼笔下的“至今已觉不新鲜”。因此，无论是整体性还是特色，都需要找到清晰又合适的突破口，而建设学术平台就是实现突破的首要路径。

1. 建设学术平台，开创整体传播新局面

从目前看，淮河流域、京杭大运河音乐研究的学术平台已经初显规模和实力，而“黄河之都”——西部音乐发展高峰论坛、黄河之声艺术高峰论坛、黄河文化论坛等与黄河音乐有关的交流与传播平台业已孕育成熟，这些来自他域、自

域的经验借鉴和积累完全可以成为黄河音乐文化学术平台创建的基石，“一领众和”可期可盼。就传播意义而言，黄河音乐文化学术平台可汇通上下域的交流渠道，提升整体传播的话语含金量。

2. 以学术平台为根基，创设数字新媒体特色传播窗口

黄河音乐文化学术平台对交流渠道和人才资源的整体整合，为数字新媒体传播窗口的建设预设了条件。新媒体是传播媒介、传播手段，也是传播技术，以技术为支撑的数字传播界面也即网络传输界面（页面）的开发已不再是什么难题，因此数字新媒体的建设重点应分三层赋权：第一层赋基本展示功能，以学术交流为权重，首先开发；第二层赋音乐文化介绍功能，以展示不同流域原生音乐全貌为权重，中期开发；第三层赋音乐人文景观展演之权重，重点开发。三层界面、三重功能的分离和叠合以满足不同受众的各取所需，其中，第二、第三层为特色层。第二层的特色在于黄河音乐不同流域的风格与他域差异，第三层特色为黄河音乐人文景观的别开生面和独树一帜。这些特色将助力黄河音乐文化数字媒体与各式移动媒体的有效对接，在聚员引流、拓宽传播面中发挥作用。

（二）实现融媒体交互，加深传播受众沉浸式体验

1. 以新媒体平台为牵引，实现融媒体交互传播

“融媒体传播包括纸媒传播、电视传播、网络传播、教学传播等。传播方式是否多样化、丰富化，直接决定了文化传播的可靠性和有效性。”[7]黄河音乐文化新媒体平台的先期创建及其对复杂局势的规避性优势，为其进一步向融媒体的延展打下了基础。除广播电视、网络传播外，VR（虚拟现实）、AR（增强现实）、MR（混合现实）等新型人工智能技术及终端也应进入应用视野，以多元融合的传播态势引发用户的多重体验。

2. 创立全域音乐人文景观大视野，加深受众沉浸式体验

黄河音乐人文景观是新媒体平台创建的特色，也是加深传播受众体验的重要依托。黄河音乐人文景观是以黄河沿岸文化景观的现实存在为画面，通过对应性风格音乐配置传递艺术感的立体化场景，是视觉、听觉、味觉混合一体的审美体验。在景观方面，黄河故道、古丝绸之路、远古文化遗存等所包含的“古”

之特色皆为亮点；音乐方面，黄河号子、花儿、长调、梆子腔戏曲等精彩纷呈。二者合为一体的艺术化视听改造为黄河音乐文化传播注入了新的生命力，亦为受众的数字化体验呈现了一餐饕餮盛宴。

（三）树立中心意识，打造音乐文化传播品牌

黄河流域音乐生态丰富、结构多元，必须树立中心意识，通过逐级渗透、逐层突破的方式实现传播的全方位。中心意识表现在两个方面：一是原生文化的中心意识，二是文化域位的中心意识。

1. 树立黄河音乐原生文化的中心意识

如前所述，民间传统音乐是黄河音乐文化的生命之源，多彩多姿的“律调谱器”和渗透于血缘、宗族的仪式谱系、生活谱系、职业谱系，[8]使其在“礼失求诸野”的今天依然绽放出灿烂的光辉，洋溢出生命的律动。当下，对民间传统音乐的发掘重在传承人心灵史、生命史的描述，通过对传承人文化、历史、社会、心理的多方位剥离与重构，以实现文化生态的全方位围观和再审视，以此也赋予了黄河原生音乐文化的中心意义：即重拾乡土文化本位观，唤醒乡土文化记忆；深挖音乐文化事象，凝练原生音乐特质；盈实音乐馆藏，打造“非遗”品牌；调整传播视角，抬升文化深度。

2. 打造河洛音乐文化品牌

既然河洛“乐”文化具有中华传统音乐文化的母体意义，这就为黄河音乐文化传播品牌的打造示以鲜明指向。河洛音乐文化传播品牌的打造是地缘优势和文化优势的结合，自然地理的“中心”位可连通上下，华夏文化“中心带”所蕴含的古老音乐事象起到领头垂范作用，音乐文化品牌的打造进而与学术平台建设、新媒体的开发应用相互呼应，为传播效应深化迈出了坚实的一步，也为整体品牌打造和传播创造了条件。

四、结语

诚然，黄河音乐文化传播是一个复杂和长期问题，无论是对传播信道的学

术平台窗口的开启、数字化创意，还是对传播信源的原生态发掘、人文景观的打造，都需要缜密规划、长远设计、谨慎践行。幸而纲要文件给出的节点期限（2030年）较为宽裕，尽管当前出现一些困难，也暴露出不少问题，但“风物长宜放眼量”，问题与挑战也正是考验转化、创新力的最好时机。

参考文献：

[1] 习近平 . 在黄河流域生态保护和高质量发展座谈会上的讲话 [J]. 求是，2019（20）：4.
[2] 晏振宇，孙熙国 . 传统文化创造性转化路径的思考 [J]. 中国特色社会主义研究，2015（6）：59.
[3] 陶东风 .《文化研究》第 11 辑 [M]. 北京：社会科学文献出版社，2011：3-10.
[4] 杨建伟 . 河洛文化的传播路径探析 [J]. 新闻爱好者，2022（3）：67.
[5] 万晔 . 河洛文明演进与地理环境变迁相互关系 [J]. 兰州大学学报，2013，49（2）：232.
[6] 申莹莹 . 中国新石器时代出土乐器研究 [D]. 北京：中央音乐学院，2012：201.
[7] 张易昔 . 融媒体背景下主流媒体政治传播的特征及发展趋势 [J]. 新闻爱好者，2021（4）：43-44.
[8] 孙正国，熊浚 . 乡贤文化视角下非遗传承人的多维谱系论 [J]. 湖北民族学院学报，2019（2）：11.

（作者：李芳，原载于《新闻爱好者》2022 年 9 期）

黄河本土音乐传播路径探析

黄河本土音乐是产生于黄河流域的一种以音乐为主要表达载体的艺术文化。从传播的视角来看，“黄河本土”界定了该类音乐艺术以黄河流域为主要发生地域，随时代社会的更迭和黄河原住民的迁徙，逐渐向外蔓延浸润，甚至不再局限于黄河流域。但该类音乐艺术始终承载着大量、多元的黄河元素，经由黄河两岸人民长久以来生活方式和思维习惯的浸染，带有以黄河流域为主的民族性和纯粹性。一般认为黄河本土音乐是流传于或独创于黄河流域及其辐射地域的民间声乐、器乐，通常还包括以音乐为主要表达方式的民间戏曲、曲艺等综合艺术。

当下的黄河本土音乐处于一种被忽视、轻视甚至被抛弃的境地，其中蕴含的黄河优秀文化基因，也因此岌岌可危。面对如此高度依赖传播而存在的艺术形式，必须从传播路径的构建入手来解决。

一、黄河本土音乐的历史传播典型路径

（一）黄河本土原始音乐的传播典型路径：集体仪式

先民们祈天求福通常采用集体仪式来进行，这是原始社会符号化、聚集化的一种文化传播路径。关于黄河本土音乐，最早可以追溯到上古时代的原始乐舞“葛天氏之乐”，就是通过集体仪式这一路径进行传播的。葛天氏，是一个部落名，相传是生活在黄河流域现河南省长葛市一带。《吕氏春秋·古乐》记载了流传于该部落的乐舞：“昔葛天氏之乐，三人操牛尾，投足以歌八阙：一曰载民，二曰玄鸟，三曰遂草木，四曰奋五谷，五曰敬天常，六曰建帝功，七曰以帝德，八曰总禽兽之极。”并形象地描绘了葛天氏部落举办乐舞时的装束、动作以及八段不同的表达内容。上古时期，黄河流域先民们秉持的是“诗乐舞”三位一体

的集体艺术创作和表达，原始先民们通过乐舞将日常生活进行符号化表达，继而上升为一种集体仪式。黄河本土音乐经由原始先民们乐舞的集体创作和表演，以集体仪式的路径在原始部落中得到了有效传播。

（二）黄河本土古代宫廷音乐的传播典型路径：精英教育

到了西周时期，黄河流域的文化重心以现今陕西、河南地域为中心辐射开来。宫廷音乐机构由“大司乐”领衔，负责着音乐行政、音乐教育和音乐表演的职能。其机构非常庞大，除去不限人数的民间乐舞表演者，登录在册有职务的音乐从业者就有一千四百六十三人。“大司乐”作为当时世界上最发达的音乐学校，培养的主要是王室贵族子弟以及民间的学士。《周礼·春宫·大司乐》记录道：“以乐德教国子，中、和、祗、庸、孝、友；以乐语教国子，兴、道、讽、诵、言、语；以乐舞教国子，舞《云门大卷》《大咸》《大韶》《大夏》《大濩》《大武》。”教育，本就是一种典型的文化信息传播活动，具有音乐教育职能的“大司乐”为黄河本土宫廷音乐的传播提供了精良的内容保障和严格的制度保障。在教育传播之外，“大司乐”以服务宫廷贵族阶层为主，音乐的创作呈集成化、规模化，因此，无论是从传播主体、相关传播客体来看，黄河本土宫廷音乐的传播，在西周时期达到了前所未有的高峰。

（三）黄河本土古代文人音乐的传播典型路径：群落共鸣

群落，类似于今天流行的“圈层”概念，但不同于现代“圈层”的是，由于交通水平的限制，古代群落不仅是思想上的聚集，也具备地域界限的划分。在汉魏时期，黄河流域中下游作为当时的政治经济文化中心，文人群落分布较为密集，文人音乐的创作和传播异军突起，文人更多地开始注重自己作为“人”的感受，注重通过音乐来完成理想人格的塑造，追求个体生命的自由和意义。最著名的莫过于活动于今黄河流域河南辉县修武一带的“竹林七贤”，如嵇康临刑前的《广陵散》、阮籍创作的《酒狂》等均为名留青史的经典佳作。魏晋时期集古琴艺术理论、古琴作品创作和古琴音乐演奏之大成的蔡邕、蔡文姬父女，留下了《琴操》《蔡氏五弄》《胡笳十八拍》等音乐著作。汉魏时期的黄河本土文人音乐被视为中国音乐史上最为清雅、凌绝的一笔。以古琴艺术为核心的文人音乐，以理论著作、古琴乐谱、音乐传奇等作为传播载体，通过文人群落对古琴典籍进行诵读、批评、演奏，借由文人活跃的思辨活动得到思想上的共鸣。

（四）黄河本土民间音乐的传播典型路径：以创代传

黄河本土民间音乐作为“活化石”一直生生不息并延续到今天，能够被现代人亲耳听到，其“以创代传”的传播路径起到了关键作用。在传播过程中，黄河本土民间音乐通常是口耳相传，但传播内容却并非一成不变，这就是由于受传者在接触到了黄河本土民间音乐后，会自发地加入个人元素内容，通常是和受传者所处的时代背景以及生产生活方式有关，继而，受传者成为传播者，将有个性化元素的黄河本土音乐继续传唱。因此，通过以创代传路径进行传播的黄河本土民间音乐，几乎都无法考证出音乐作品的初创者。同时，黄河本土民间音乐在传播的过程中，由于流传群体的地域、民族所限，虽未成为以“天下”计的庞大音乐体系，却依山傍水，形成了天然的黄河文化音乐流行圈。以黄河民间小调为例，沿着黄河上游、中游和下游一路走来，就有众多的黄河本土音乐传播群体。上游的青海，就流行着一种名为“花儿与少年”的民歌。其内容反映了生活在西北地区黄河流域一带人们质朴而浪漫的生活态度。传播者与受传者将黄河民间小调进行“接地气”的创作、再创作，促使黄河本土音乐传播之路直到今天仍在一直延续。

二、对构建新时代黄河本土音乐传播路径的思考

通过分析黄河本土音乐的历史传播典型路径得知，不同时期、不同类型的黄河本土音乐都有其独特的传播路径，这对我们构建新时代黄河本土音乐传播路径具有一定的启发意义。

面对黄河本土音乐日渐衰微的客观现实，在研判历史传播典型路径的基础上，要厘清、整合、开辟更为有效的传播路径。这里拟以施拉姆大众传播模式为理论指导，探索新时代黄河本土音乐的传播路径。

（一）大众传媒对黄河本土音乐的编码、释码和译码

需要明确的是，从传播学理论出发，被传播的声音、文字、图形、图像、表情、姿态等就是负载着传播信息的符号。因此，黄河本土音乐就是一种负载着黄河文化信息且以声音为主的符号，大众传媒在面向传播受众传播时，要对这种符号进行编码、释码和译码。

1. 建立分级编码体系

一级编码分两个部分同步开展，一是对承载黄河本土音乐的文献、谱例、文物等静态内容进行归类保存；二是对黄河本土音乐的音像材料等动态内容进行采集整理，静态内容和动态内容均以档案化进行系统管理。二级编码是在一级编码的基础上，实现动态内容与静态内容的相互对位。三级编码是对黄河本土音乐本体的符号化解读，以语言文字的形式体现音乐艺术中蕴含的黄河文化元素。四级编码是以黄河文化元素为核心，以现代化媒体和新文创手段对黄河本土音乐进行的再呈现。在分级编码体系中，可根据黄河本土音乐本体所处编码层级的实际情况，既可独立进行每一级别编码，又可实现层级间持续推动，反映出黄河本土音乐本体与黄河文化符号之间的对应、转化关系。这是大众传媒打通传播路径的结构体系。

2. 围绕"母题"进行释码

"母题"，"原是音乐术语，借用到文学里，指不同时代、不同民族所常见习用的主题，如回忆童年、歌唱爱情等"[1]。它是具体作品主题所属的大主题。基于对黄河本土音乐本体的编码，大众传媒可围绕"母题"进行释码，促进传播受众对音乐本体的接受和理解。以冼星海、光未然所作《黄河大合唱》为例，其文化内核就是中华民族的抗战精神，"战斗"就是其谱写的母题。事实上，能够和《黄河大合唱》一样传播范围广、传播程度深的黄河本土音乐，几乎再无比肩者。数千年来，在黄河流域重体力劳动人群中，流行着以黄河船工号子和黄河夯歌为主的"劳动"母题黄河本土音乐。民歌《花儿与少年》就是以"爱情"为母题的黄河本土音乐。陕北信天游、山西河曲民歌中更多地反映了"亲缘"母题，比如，反映母亲对孩子呵护的一首信天游"要穿蓝，一身蓝，好像个吕布

戏貂蝉，要穿灰，一身灰，好像个鹌鸽满天飞”。[2]

从传播角度来审视，诸如上文提到的“劳动”“爱情”“亲缘”等母题，在新时代背景下，依然存在于人们的文化生活中，紧紧围绕母题对音乐本体中的黄河文化符号展开释码，是大众传媒打通传播路径的基本保障。

3. 以形传神促进译码

音乐是时间的艺术，是高度依赖传播的艺术。黄河本土音乐的现有传统形式日渐衰微，这是由于老一辈的传承人年岁已高，没有年轻人去学习传承，与现代生活产生了脱节。年轻人不必再用“花儿”或信天游表达爱意，也不必用黄河号子为体力工作提振精神。因此，从音乐形式出发，需要从三个方面有针对性地进行译码：需要被保护的音乐形式；需要被流行的音乐形式；能够被改变的音乐形式。在译码的过程中，要评估需要被保护的音乐形式是否可以流行起来，如果无法流行，能否接受改变。但需要注意的是，无论何种音乐形式，都要确保其黄河文化内核不走样、不消亡，这是大众传媒打通传播路径的主要方法。

（二）传播受众对黄河本土音乐的认识和反馈

在大众传播学理论中，传播受众是群体组织，组织内部同样会继续进行传播，传播受众个体也会成为传播者。作为传播受众，无论是个人还是群体，通常会对传播信息产生反馈，该反馈会作用于大众传媒的后续传播，形成大众传媒和传播受众之间的交流渠道。

1. 引导传播受众的集体价值观

集体价值观是一种社会意识，是集体成员对集体的目标、信念、价值与规范等的认识与认同。以沈心工、杨度创作于 1905 年的歌曲《黄河》为例，是中国最早的学堂乐歌之一，作品气势磅礴，激发了传唱者的爱国之情。学堂乐歌作为 20 世纪初中国新式学堂中流行的音乐形式，在年轻学生群体中创作、传唱，契合了当时社会变革的迫切需要，因此在当时得到了很好的传播，产生了很好的社会效益。在现代社会，传播受众的集体价值观应该得到重视和引导，赢得传播受众的视听注意力。

2. 消除传播受众的刻板印象

在现代社会语境下，人们对黄河本土音乐有着较为固着的刻板印象。在刻板印象的影响下，黄河本土音乐的生存空间是非常狭窄的。去除受众刻板印象既是拓展黄河本土音乐传播路径的要求，也是传播的阶段性成果。

从黄河本土音乐的文化内容来看，是符合大众审美文化的，因此，可以尝试通过一些贴合大众审美的形式去表达黄河本土音乐。在传播黄河本土音乐的过程中，“要把传统文化和人们的现代生活、流行元素进行结合，从关注自然、历史到当下的生活，从物质生活、精神生活和情感生活三个角度去考量”[3]。

关于黄河本土音乐的刻板印象之一就是“土味”，有这样一首作品，用的就是黄河的“土味”。这也给消除受众刻板印象提供了一个新思路。赵牧阳创作的《黄河的水干了》，用的是“土味”浓重的陕西秦腔元素，歌词的念唱采用的是黄河流域的陕西关中方言；同时，这首歌又如陕北民歌信天游一般高亢自由，却因现代化的配器手法更具冲击力。这样的作品，不仅消除了人们对“土味”的偏见，反而带动了一批“土味”音乐的拥趸。

3. 增进传播受众的参与和共享

在现代社会，各种文化圈层的出现，其存在的意义就在于相同爱好者在圈中能够充分参与文化内容的创作，建立自我价值观，在传播过程中共享文化内容带来的精神盛宴，人们的赏析、创作、分享是联动的，是基于同一文化审美对象进行的。这就为丰富文化内容提供了大量的信息支持和素材资源。

在新媒介视角下，黄河本土音乐完全可以突破以前由于地域限制所形成的圈层，在以网络为主的虚拟时空下，形成属于自己的文化圈层，并不断向外辐射。以往的黄河本土音乐，多是人们固守着一片土地，在口传心授中理解眼前的黄河，努力在思想层面对黄河文化进行构想，而以网络为代表的新媒介却颠覆了文化的传播途径。

三、结语

黄河本土音乐不再局限于黄河沿岸及黄河流域，而是转化为带有黄河文化烙印的音乐人、音乐作品、音乐形象、音乐风格乃至音乐思想。音乐新媒介不仅仅是对传播内容的传输，其本身就是对传播内容的新表征。用新媒介来传播黄河本土音乐，在传播过程中，受众的参与和共享过程就达成了可以被理解、被欣赏甚至被表达的黄河本土音乐，而其中所映射的黄河文化自然会影响到受众的审美认知，通过多元而迅捷的路径构建出受众的文化自信。

参考文献：

[1] 朱先树，等. 诗歌美学辞典[M]. 成都：四川辞书出版社，1989：9.
[2] 王克文. 陕北民歌艺术初探[M]. 北京：中国民间文艺出版社，1986：13.
[3] 毕雪燕，郭凯旋. 文化传播视域下的黄河流域特色旅游高质量发展研究[J]. 新闻爱好者，2020（6）：62-64。

（作者：孙梦青、毕雪燕，原载于《新闻爱好者》2021 年 10 期）

"诗言志"视阈下诗歌对黄河文化的传播
——以宋代"咏黄"诗为例

一、引言

《尚书·尧典》云:"诗言志,歌永言。"[1]这是对诗歌本质特征的认识。白居易的《与元九书》对此做了具体的解释:"歌诗合为事而作。"[2]指出诗歌的创作要反映社会现实。从这个意义上来说,诗歌作为封建社会一种主要的文化载体,承担着政教、风教的重要功能。因此,古代诗歌在一定程度上就是当时社会的真实反映,讽政救失,可与史料相互参证。另外,从诗歌的语言特征来看,它具有语言凝练、节奏鲜明、音调和谐的特点,易于诵读,能够口耳相传,便于普及,传播能量无疑是巨大的。

黄河是中国最好的河流,有着最美的风景与最好的资源。从传说中的尧舜时代,至大禹治水,再历经夏商周、春秋战国、秦、汉、三国、南北朝、隋、唐、五代至北宋,中国的政治中心始终未脱离黄河流域。因此,北宋作为最后一个以黄河为中心的封建王朝,黄河文化便凭借着政治优势,沿袭唐、五代文化的传统模式,实现了复兴与繁荣。宋人对黄河文化的重视与倾力保护,从宋代歌咏黄河的诗歌(以下称"咏黄"诗)的数量就能看得出来。笔者据《全宋诗》①统计,两宋共有三百五十二首"咏黄"诗,其中直接以"黄河"为题的有三十三首。作为政治文化与正统文化的承担者、传播者,"咏黄"诗正是传播黄河文化的最佳媒介。本文期望通过对这些诗歌的深入解读,能够从中窥见"诗

① 本文中未标注出处的诗歌均引自傅璇琮编《全宋诗》,北京大学出版社,1995年。

言志”视阈下诗歌对黄河文化传播的特点之一二。

二、顺性而适：宋代“咏黄”诗对黄河生态的诗意渲染

万物莫不有其性，所谓“诗言志”，主要的内涵之一，就是反映真实自然的物态与物性。黄河以波涛汹涌、桀骜不驯著称，本就不是温顺的涓涓溪流，故宋代“咏黄”诗虽然也表现出对黄河凶险的畏惧，但大多都对它雄壮的气势与慑人的气魄进行了淋漓尽致的描述，使读者如同身临其境。如陈赓《平水神祠歌》云：“黄河如丝导昆仑，万里南下突禹门。支流潜行天地底，派作八道如霆奔。”范祖禹《砥柱四首》其一云：“黄河倾落九天来，砥柱三山立欲摧。崖谷吐吞成雾雨，蛟龙战门作风雷。”李复《杂诗》云：“黄河走东溟，不知几万里。奔腾鼓风雷，势欲卷厚地。百川随呼吸，浑浑失气类。”这样咆哮着的黄河令人叹为观止，而秋天的黄河收敛了春夏时的威势，变得烟波浩渺、雾气沼沼，“黄河六七月，不辨马与牛”（苏辙《席上再送》）。冬天的严寒会让黄河结上厚厚的冰，如刘子翚《四不忍》其二云：“黄河凿凿冰成路，人语寒空气成雾。”田锡《塞下曲》云：“河源冻彻底，冰面平如砥。”此时人们在黄河上行马走船，如履平地。春天黄河冰雪消融，则另有一番景象，如李廌《黄河》云：“黄河二月冻初销，万里凌澌流剑戟。西风细卷浪花催，日射寒光明瑟瑟。”欧阳修《黄河八韵寄呈圣俞》云：“坚冰驰马渡，伏浪卷沙流。树落新摧岸，湍惊忽改洲。凿龙时退鲤，涨潦不分牛。”

从以上诗歌可以看出，北宋时期的黄河几乎是在无约束的状态下，随着季节的变化而呈现出自己应有的状态，反映出当时黄河自然生态的完整性。这一点从黄河流域的风物水产之丰富亦可以得到佐证。以黄河鲤鱼为例，一直都是备受推崇的美味，梅尧臣《设脍示坐客》一诗就形象地写出了它的色、香、味俱佳：“汴河西引黄河枝，黄流未冻鲤鱼肥。随钩出水卖都市，不惜百金持与归。我家少妇磨宝刀，破鳞奋鬐如欲飞。萧萧云叶落盘面，粟粟霜卜为缕衣。楚橙作虀香出屋，宾朋竞至排入扉。呼儿便索沃腥酒，倒肠饫腹无相讥。逡巡缾竭上马去，意气不说西山薇。”从中可以看出黄河鲤鱼肉质之鲜美、色泽之悦目，

可见它生长的水质完全是原生态、无污染的。

北宋是我国封建社会经济长足发展的时期，虽然人口与垦田数量迅速增长，对黄河的开发利用也远远超过了前代，但黄河依然具有良好的自然生态，人们依河而居，以河为养，形成了人水和谐相处的熙乐局面。如梅尧臣《寄题知仪州太保蒲中书斋》云：“中条插远近，黄河泻直斜。蒲坂之城在其涯，渠渠碧瓦十万家。”王安石《书任村马铺》亦云：“儿童系马黄河曲，近岸河流如可掬。”只有人水和谐的生态下，才能有这样田园牧歌式的人居环境，而这正是诗人乐于歌咏的对象，也为世人记录下了宋时黄河的诗情画意。

三、改道回河：宋代“咏黄”诗对治河方略的理性思索

“诗言志”认为诗歌要有对社会性内容的客观反映，要刺贪恶、咏美政，加之宋代政治与黄河关系的紧密性，“咏黄”诗便不可避免地要涉及围绕黄河问题所发生的政治冲突，这也是影响黄河文化传承发展的关键因素。

自西汉末年起，黄河水灾持续了六十多年未曾断绝。东汉初，汉明帝时王景主持修筑千里黄河大堤，并大力整治河道，使黄河决溢次数明显减少，并且八百年不曾改道。但到了北宋，黄河突然变得暴躁起来，泛滥频繁，立国的一百六十七年间，泛滥的年份有六十七年，差不多每两三年就泛滥一次，达到了历史最高纪录。如王安石《黄河》云：“派出昆仑五色流，一支黄浊贯中州。吹沙走浪几千里，转侧屋闾无处求。”苏辙《送转运判官李公恕还朝》诗云：“黄河东注竭昆仑，钜野横流入州县。民事萧条委浊流，扁舟出入随奔电。”所到之处哀鸿遍野、民不聊生，这触目惊心的状况，正是黄河泛滥时的真实写照。

导致黄河在北宋时期变得如此狂野难驯的根本原因，是人的主观能动性受到了政治的强力干扰。治理黄河本是一个技术问题，却被上升为一个政治问题，遂引起了不分是非的派系拉锯战。仁宗景祐元年（1034 年），澶州（今河南濮阳）河决横陇埽，河水改道北流，称为横陇河，于东流旧道以北注入渤海。庆历八年（1048 年），河决商胡埽，河水又向北改道，由现在的天津入海。嘉祐五年（1060 年），河决大名府第六埽，由笃马河向东入海。至此黄河主要分作

了两股：北流与东注。因此，神宗、哲宗两朝大臣分作两派，为黄河到底要流向哪里的问题争论不休，后朝廷执行东流方案，强行引导黄河回到故道，才稍息议论。这就是著名的“回河之争”。似乎并不复杂的黄河问题，却由于当时特殊的政治环境，再加上经济、民族矛盾与党争，延误了治河时机，加之巡护不力，令黄河的河道更加紊乱，并屡次决口。还出现了三次强行回河、三次失败，酿成了很大事故的荒唐事件。《宋史・神宗纪三》载，元丰四年（1081年）夏四月“乙酉，河决澶州小吴埽”[3]，朝廷震怒，对涉事官员进行了严厉处罚。晁补之《黄河》诗记此事云：“黄河啮小吴，天汉失龟鳖。灵原潭下藕烂死，只有菖蒲不生节。白马桥边迎送胡，冀州断道无来车。”这次决口使得百姓流离失所，庄稼颗粒无收，道路断绝，可见事态之严重。

这场旷日持久的“回河之争”，在宋代“咏黄”诗中亦有着真实的反映，表现出诗人们的强烈愤慨与无能为力。石介《河决》云：“惟兹澶滑郡，河决亦云亟。常记天禧中，山东与河北。藁秸赋不充，遂及两京侧。骚然半海内，人心愁惨戚。河平未云几，堤防有穴隙。流入魏博间，高原为大泽。良田百万顷，尽充鱼鳖食。救之成劳费，不救悲隐恻。”亲眼目睹人间惨剧的切肤之痛，令诗人痛心疾首，他还提出了三种治河方略：修堤、分流或者迁徙：“若待四体肥，斯民无愁色。不然寻九河，故道皆历历。一劳而永逸，此成功无斁。……或可勿复治，顺其性所适。徙民就宽肥，注水灌戎狄。”

虽然北宋朝廷中对治河方案存在较大分歧，但仍有一些有志之士抛开个人恩怨等因素，鲜明地表达自己的立场和态度，并不盲目施策。如梅尧臣《黄河》云：“积石导渊源，洄洄泻昆阆。龙门自吞险，鲸海终涵量。怒洑生万滑，惊流非一状。浅深殊可测，激射无时壮。常苦事堤防，何曾息波浪。”诗言黄河水系复杂、水流湍急，其下更是暗流涌动，根本无从准确测量勘探。在这种情况下，要防止黄河泛滥，用修筑河堤的办法显然是行不通的。欧阳修看到梅尧臣的《黄河》诗后，写了一首《黄河八韵寄呈圣俞》：“怨歌今罢筑，故道失难求。滩急风逾响，川寒雾不收。”他指出治黄工程陷入了混乱，已经没有筑坝，故道又寻不到，眼看着灾难就要发生。对于这个问题，梅尧臣还是比较乐观的，他说：“少本江南客，今为河曲游。岁时忧漾溢，日夕见奔流。啮岸侵民壤，飘槎阁雁洲。峻门波作箭，古郡铁为牛。目极高飞鸟，身轻不及舟。寒冰狐自听，源水使尝求。密树随湾转，长罾刮浪收。如何贵沈玉，川兴是诸侯。"（《依韵和欧阳永叔黄河八韵》）他说自己本是江南人，现在游历在九曲黄河边，每天都在担忧河水会上涨，冲毁堤岸、淹没民田，但看到黄河岸边治水用的"密树""长罾"（吉冈义信认为"密树"是指把树枝捆扎成束，放在河岸作护岸用的龙尾埽，"长罾"是指装着石头的竹笼，放在岸边供护岸之用，用它减弱波浪对河岸的冲刷[4]），对治理好黄河便充满了信心。

仁宗明道二年（1033年），欧阳修去了巩县（今河南巩义），他第一次见到流经巩县的那段黄河时，写下了长诗《巩县初见黄河》，指出虽然大禹治水功德无量，但自秦汉开始黄河仍然水患不断，比如，真宗末年到仁宗初年，滑州大水泛滥，虽然每天投入数以万计的柴草、石块，但因水势太猛，堤防根本无法修建。但天子以仁德之心治河，最能知道堵住决口，使黄河回归故道东流，救一方百姓于水火。这里欧阳修所说的"仁德之心"，就是既要发挥人的主观能动性，更要尊重黄河的自然天性，水的本性就是避高就下，故不能简单粗暴地强行改变流向或一味堵塞，要决疏、引导为双管齐下："昆仑倾黄河，渺漫盈百川。决疏以道之，渐敛收横澜。"（《送吴生南归》）否则，不但不能驯服黄河，反而劳民伤财，使得人祸甚于天灾。

四、金戈铁马：宋代"咏黄"诗对黄河战争的沉痛抒写

宋室南渡之前，长期与辽、西夏对峙，黄河是一道重要的军事屏障，也是三方的主战场，它见证着北宋王朝的繁华与衰落，中原民众的血泪情仇，正是"诗言志"的主要抒写对象。两宋期间，发生在黄河上的大小战争无数，其中的标志性事件有二：

一是"澶渊之盟"。真宗景德元年（1004年）冬，契丹南犯，宰相寇准力谏真宗亲征，至澶州督战，最终与契丹和议，定下盟约。自此宋、辽之间百年内没有大规模的战事发生，互使达三百八十次之多，"七八十年间，人不闻金革"（石介《河决》）。李复《过澶州感事》一诗高度赞扬了寇准于黄河上力屈强

敌的壮举："孙村黄河决北流，北使年年过澶州。澶州两城战格尽，七十余年废不修。昔岁契丹倾国起，欲投马箠渡河水。烽火夜夜照前殿，殿前群臣色如死。心忧社稷输至忠，殿上只有寇相公。默使敌计堕吾计，独屈黄屋亲临戎。敌惊溃奔虎北门，从此愿讲兄弟亲。平时危冠尽肉食，一旦仓猝方见人。"寇准如中流砥柱一般，在国危家难之际挺身而出，正是不屈不挠的黄河精神的象征。

二是"靖康之变"。靖康元年（1126年）金人渡过黄河，攻入汴京，掳走徽、钦二帝，宋室被迫南迁。邓肃《靖康迎驾行》云："女真作意厌人肝，挥鞭直视无长安。南渡黄河如履地，东有太行不能山。"面对国破家亡，南渡诗人对黄河怀有多重的复杂情感：它既是乡国之思，又是雪耻之望。但南宋朝廷的偏安之策，使得恢复中原成了泡影。陆游《对酒叹》云："我欲北临黄河观禹功，犬羊腥膻尘漠漠。"陆文圭《送干寿道同知北上》："馆娃茂苑正凄凉，古汴黄河复漂泊。"刘子翚《望京谣》云："犹传故老守孤城，官军不到黄河曲。"魂牵梦绕的黄河波涛与金戈铁马，也就成为他们永不忘怀的千秋家国梦，驰马奔走冰河上，横戈披甲御强虏，亦成了热血男儿的最大梦想。陆游《胡无人》云："丈夫出门无万里，风云之会立可乘。追奔露宿青海月，夺城夜蹋黄河冰。"《钱清夜渡》亦云："男子志功名，徒死不容悔。坐思黄河上，横戈被重铠。"中原久堕胡尘，诗人无数次在梦中渡过黄河，披甲杀敌。因此，铁马金甲黄河上，踏冰击虏的快意恩仇，是这一时期"咏黄"诗的重要主题，而黄河也被渲染、内化成了故国家园的象征。

五、启示

黄河是中华民族的血脉，亦是家国天下的象征。如何在当代及以后对黄河文化进行更好的传播，使黄河文明永续发展，选择有效的传播媒介必不可少，而且需要有价值观正确的创作理念来指导约束。本文以"诗言志"视阈下的诗歌创作态度、创作内容为依托，从宋代"咏黄"诗人手来解读诗歌对黄河文化的传播，主要目的是为我们传承与发展黄河文化提供借鉴。虽然这些诗歌在当时流传的广度、影响的深度我们不得而知，但显而易见的是诗人们都是以严肃认真、反映现实的态度来创作的，并且是经过历史洗礼留存至今的，如果我们能够善加利用，一定能够有助于更好地传播黄河文化。例如，通过细致解读宋代“咏黄”诗，我们不仅能够了解宋代黄河的生态、宋人对黄河问题的看法、治河使用的工具等，至少还可以得到如下三点启示。

一是治理黄河要尊重自然的水性。黄河之水有其内在的规律性，四季之中它的不同面貌是自然的呈现，这是不能人为去破坏的。只有深入了解其脾性，因地制宜，因势利导，才能把灾害的程度降到最低。如果逆河之性强行堵塞、改道，只能以失败告终。

二是治理黄河要采取谨慎的态度。治理黄河是一项十分复杂繁重的工程，牵涉到政治、经济、人事等方方面面，必须经过认真谨慎的考察论证之后才能够施行，对所投入的人力、物力以及产生的后果要有科学判断。一定不能贪功冒进，否则不但不能达到预期效果，还会加重灾情、浪费钱财、惊扰百姓。

三是治理黄河要发挥人的能动性。在治河方略的制定与实施过程中，人的因素显然起着关键性作用。北宋文人士大夫极力推崇先天下之忧而忧的政治态度与铁肩担道义的文化品格，但显然在对待黄河问题上有些矫枉过正，把是“北流”还是“东注”这样简单的现实问题与立身行道、门派之别联系在一起，从而失去了冷静客观的审慎态度，整个朝廷陷入无休止的政治倾轧中，不作为或者乱作为，致使小问题变成大祸乱，造成无法挽回的损失。

当然，宋代“咏黄”诗中所反映出来的黄河文化等问题，并不是当时黄河问题的全部，也并不完全等同于历史，但它从另一个角度、以另一种方式展现了黄河文化的另一种面貌。这也给了我们如何以习近平新时代中国特色社会主义思想为指导，以践行社会主义核心价值观的端正态度来传播中华文化以有益的启示。

参考文献：

[1] 王世舜．尚书译注 [M]．成都：四川人民出版社，1982：18.

[2] 白居易．白居易集 [M]．北京：中华书局，1999：962.

[3] 脱脱 . 宋史 [M] . 北京：中华书局，1977：304.

[4] 吉冈义信 . 宋代黄河史研究 [M] . 郑州：黄河水利出版社，2013：211.

（作者：史月梅，原载于《新闻爱好者》2020 年 1 期）

文学地理学视域下的黄河文化传播研究
——以唐诗黄河意象为例

黄河是中华民族的母亲河。回顾历史，黄河流域长期作为中国古代王朝的政治、经济与文化中心，孕育出了丰富灿烂的物质文化与精神文化遗产。黄河文化内涵丰富、形式多样。而如何多元梳理、发掘提炼黄河历史文化资源，则是当今讲好“黄河故事”，传承黄河文化所面临的关键和重点问题。

唐诗是我国文学史的重要组成部分，也为我们留下了诸多有关黄河的绚丽篇章。据笔者统计，《全唐诗》[①]中共收录了描写黄河的诗作二百二十九首，其中关于黄河的诗歌意象也使之成为黄河文化精神的重要载体。而文学地理学中的地理意象研究兼顾研究对象的地理特征与文学特征，并对其文化内涵、历史价值和现实意义进行挖掘揭示，以凸显其独特性与典型性。因此，以文学地理学研究方法解读唐诗黄河意象，是加强黄河文化创新性阐发，丰富黄河文化保护体系的有效途径。

一、唐诗黄河意象的形象特征与审美特性

（一）时间概念的象征

1. 岁月易逝的慨叹

黄河不同于一般的涓涓细流，其雄壮奔腾的身姿在诗人笔下常与青年人活力充沛的精神风貌结合在一起，并借此抒发青春不再的感叹。贾岛《逢旧识》云：

---

① 本文中未标明出处的诗歌引用均来自彭定求《全唐诗》，中华书局，2018 年版。

“羡君无白发，走马过黄河。”表现出贫弱失意的诗人对于友人青春尚在，且能健渡黄河所产生的羡慕之情。刘采春则在《啰唝曲六首》中感叹：“黄河清有日，白发黑无缘。”黄河由浊转清本是自然状态下难以实现的小概率事件，诗人将其与白发转黑的不可实现相对比，更突出了青春岁月的难以重现。李白《将进酒》云：“君不见，黄河之水天上来，奔流到海不复回。君不见，高堂明镜悲白发，朝如青丝暮成雪。”诗人将黄河的奔流不回与人生如同朝暮更替般短暂形成对比，展现出富有震撼力的艺术效果。

2. 历史长河的象征

黄河与时间一样日夜不息，且无论时代如何演进更迭，黄河始终流淌在中华大地之上。另一方面，时光的流逝不会使它变得迟缓陈旧，反而愈加灵动饱满。正是这种独特的地理形象，引发了人们关于已成过去的历史与正在进行的现实之间的比照与思考。因此在诗人心中，古老的黄河既是自然界的河流，更是“历史长河”的象征。胡曾《咏史诗 · 黄河》云：“博望沉埋不复旋，黄河依旧水茫然。”就是在表现个人生命的有限与历史长河的无限所引发的生命价值思考。姚合则在《拾得古砚》中讲到其在黄河岸畔拾得一方古砚，遂展开“念此黄河中，应有昔人宅”的联想。诗中黄河赋予了做工质朴、其貌不扬的古砚以历史与永恒的象征意味，进而令诗人有“大喜富贵嫌，久长得保惜”的哲理论断。晚唐诗人罗隐一生壮志难酬，其《春日投钱塘元帅尚父二首》云：“一句黄河千载事，麦城王粲谩登楼。”借黄河与东汉王粲作《登楼赋》的史事抒发关于唐末国势衰颓与自身报国无门的感慨。

（二）家国情怀的寄托

1. 去国怀乡的排遣

唐代都城长安、东都洛阳所在的关中平原与伊洛平原皆地处黄河流域，是全国的政治经济中心，亦是文人墨客心中的文化圣地与精神原乡。在唐诗中，奔腾不息、流淌于中土的黄河水也成为身处异域他乡的诗人寄托家国思念的载体。王偃《明君词》云：“一双泪滴黄河水，应得东流入汉家。”诗歌阐述的是昭君出塞的史事，诗人用“泪滴黄河”生动地刻画出王昭君思念故国的情思。司空图《浪淘沙》云："黄河却胜天河水，万里萦纡入汉家。"诗人生活于唐末的动荡时代，借助黄河雄壮且旋绕绵长的地理特征表达对国家转危为安的期盼与坚定信念。孟郊《闻夜啼赠刘正元》云："寄泣须寄黄河泉，此中怨声流彻天。"则是用黄河水来比拟自己思乡的泪水，极具感染力地表现出自身的乡愁。

2. 国家安危的象征

唐代注重西部疆土的开拓与经营，黄河成为划分关中核心统治区域与西部疆域以及其他边疆少数民族政权的天然分界线。中晚唐时期，黄河中上游的几字形区域则成为实际上的边界线，唐军据守黄河，拱卫京畿。因此在诸多描写边疆战事的唐诗作品中，黄河也被赋予了国家命运的象征意味。盛唐诗人刘希夷《从军行》云："军门压黄河，兵气冲白日。"以部队气势力压黄河衬托出士气的高涨，是对盛唐气象的彰显。中唐杨巨源《薛司空自青州归朝》云："黄河岸畔长无事，沧海东边独有功。"旨在赞颂薛司空讨逆治河，镇守一方的耀眼功绩，同时也凸显出黄河沿岸的安宁稳定对国家发展的重要性。李益《塞下曲》云："黄河东流流九折，沙场埋恨何时绝。"反映出诗人对黄河岸畔战事连年的愁怨之情，以及对各民族和睦相处的渴望。

（三）自然造化的咏叹

1. 动人心魄的自然景致

唐玄宗李隆基在《登蒲州逍遥楼》中以"黄河分地络，飞观接天津"来描述自己登临逍遥楼所眺望到的壮阔黄河景观。时值开元盛世，李隆基君临天下，志得意满的心境从诗句中可见一斑。李白《公无渡河》云："黄河西来决昆仑，咆哮万里触龙门。"诗人通过对黄河决开昆仑，直冲龙门的声势描写，展现出其非人力可以抗拒，桀骜狂暴的一面，借以抒发人生身不由己的悲叹。又在《西岳云台歌送丹丘子》中用浪漫的笔法刻画黄河雄奇姿态，并以此为基石尽情驰骋自身飘逸奇丽的情思。

2. 神圣超凡的传奇色彩

由于科学精神的缺乏与带有局限性的自然认知，神话思维普遍存在于唐人的精神世界中。因此诗人在一些诗歌的黄河意象塑造中不同程度地融入了神话性思维，展现出富于想象力的超现实审美趣味。李涉《逢旧二首》云：“不知留得支机石，却逐黄河到世间。”诗人借助古人寻访河源时在天河得到织女支机石的典故将黄河与传说中的天河相比拟，进而表达对友人如仙人般遨游四海的钦羡。薛能《黄河》云：“何处发昆仑，连乾复浸坤。”昆仑山是古人心中的神圣所在，唐人徐坚在《初学记》中引述《河图括地象》云：“昆仑山为天柱，气上通天，昆仑者，地之中也。”[1]反映了古人对于昆仑山为大地中心的认识。同时，古人相信昆仑山正是黄河的发源地，这也就赋予了黄河一种精神层面的神圣意义。

（四）昂扬向上的精神象征

文学地理学认为，自然环境是影响文学家气质与作品风格的重要因素。黄河于波涛汹涌之中彰显出大自然的伟力，湍急难渡的地理特征磨砺出诗人雄健刚毅、奋发进取的精神意向，从而进一步体现在诗歌意象的塑造当中。虞世南《从军行二首》云：“凛凛严霜节，冰壮黄河绝。”以冰封黄河来喻示寒冬边塞的苦寒自然环境，借以衬托出征将士斗志昂扬的威武姿态。孟郊《羽林行》云：“挥鞭决白马，走出黄河凌。”同样在对寒冬黄河沿岸景观的描写中融入赞颂羽林军飒爽英姿的主观情绪，并赋予“走出黄河凌”这一行为以奋进无畏的精神象征。一些送别主题的诗歌也常借此来表达乐观向上的情怀。如李白在《留别于十一兄逖裴十三游塞垣》中以“鸣鞭走马凌黄河”这一富有象征意义的豪迈举动与燕太子丹和荆轲的易水之别做对比，抒发自己与友人“离而不愁”的乐观情绪。

二、唐诗黄河意象的文化传播价值

（一）黄河文明的典型文化符号

作为文化符号的唐诗黄河意象通过对诗歌中黄河文学形象的塑造，使其代表某种价值与意义，具有丰富的历史文化内涵。同时，诗歌艺术可听可视、易于辨别的特征又使之成为代表黄河文明的显性文化符号。诗人将黄河文化浓缩入诗歌意象当中，使得诗歌的结构气韵与自身的哲思体悟和黄河文化相互联结，进而以审美体验的形式构建起黄河文化与读者之间的桥梁。就文化符号的层面而言，各种特征类型的唐诗黄河意象自然具备一种“能指”的文化意义。对唐诗黄河意象的解读同时亦是还原诗人潜藏在字里行间的文化意识，进而提炼出超越时空界限的民族共同情感。

（二）黄河流域的文化贮存库

1. 社会文化意蕴

黄河中游流经黄土高原，裹挟了大量泥沙，使河水呈现混浊状，罕有清澈的时段。因此黄河变清被古人视为祥瑞之兆，是政治清明、国泰民安的象征。唐诗有关“黄河清”的意象创造正是黄河独特的地理环境与中华传统社会文化结合的产物。如张九龄《奉和圣制经函谷关作》云：“函谷虽云险，黄河已复清。圣心无所隔，空此置关城。”诗中满含诗人对于盛世的赞颂。和凝《宫词百首》云：“内中知是黄河样，九曲今年彻底清。”展现出古代文人士大夫清正刚直、心系天下的使命意识和人生操守。

2. 农业文化意蕴

农业是黄河文明诞生的基石，是各种物质与精神财富产生的先决条件。农业劳动是诗人日常生活中经常可以接触到的生产活动，并在一些诗作中记录了古代农业文化的发展面貌。高适《自淇涉黄河途中作十三首》云：“孟夏桑叶肥，秾阴夹长津。蚕农有时节，田野无闲人。”展现了唐代黄河流域农副业结合发展的生产方式。又云：“耕耘日勤劳，租税兼舄卤。园蔬空寥落，产业不足数。”刻画出农民在租税与旱灾压迫下的劳苦之状。黄河在唐代农业生产中还发挥着粮食运输通道的作用，但迅猛的流势常使得运输过程中险象环生。如皮日休《农父谣》中描述唐代江淮地区向关中京畿地区运送粮食的情形时称：“黄河水如电，一半沈与倾。”反映出当时征粮政策的一些弊端。

3. 丝路文化意蕴

唐代黄河流域的诸多城市同时也是陆上丝绸之路的重要枢纽。王之涣《凉州词》在利用黄河意象渲染戍边将士寂寥之感的同时，也将丝绸之路沿途的地理风貌特征刻画了出来。杜甫《黄河二首》云：“黄河北岸海西军，椎鼓鸣钟天下闻。铁马长鸣不知数，胡人高鼻动成群。”展现出丝绸之路沿途民族之间融合且竞争的生存状态。岑参《题金城临河驿楼》对兰州黄河岸畔的驿楼乘高居险的地理环境进行了描写，并介绍了当地的麝香、花鸟等物产，再现了唐代丝绸之路沿途的馆驿文化。

（三）时代价值

1. 弘扬健康价值观与审美观

诗人在作品中将黄河意象化的同时也将其拟人化，赋予它诸多优秀的品格，并以此来实现对读者的价值观与审美观的陶冶与构建。同时将黄河与精忠报国、自强不息、不负光阴等品格联系在一起，这种价值观念的传承对于当今社会建设依然有着重要的意义。在审美观方面，唐诗黄河意象展现出的是古人塑造积淀而成的磅礴壮美、厚重尚德的审美趣味。这也是黄河文化留给中华儿女颇具大国风范的精神标识。

2. 传承民族智慧，助力文化自信

首先是兼收并蓄的思想智慧。在唐诗黄河意象中我们可以读出古人面对民族融合、多元文化交流时包容和合的思想特征和根本愿望。这也是黄河文明乃至中华文明得以一脉相传、屹立至今的精神力量。其次是居安思危、常备不懈的智慧。诗人将黄河带来的挑战以诗歌意象的形式进行咏叹，展现出古人对自然常怀敬畏，同时正视挑战、勇于开拓进取的精神，这在世界局势纷繁复杂的当代更是值得我们传承借鉴的宝贵智慧。

三、唐诗黄河意象与黄河文化传播路径

（一）相关文学景观的建设与利用

与唐诗黄河意象相关的文学景观是指以此类唐诗为主题或有密切联系的自然或人文景观，是具有鲜明文学属性与文化属性的旅游产品。此类文学景观是文学与黄河文化互相作用的产物，亦是黄河文化生动且直观的呈现。其运营可实现“文化涵化，让文化传播融合在旅游的每个环节，让游客在文化熏陶的过程中

塑造理想人格”[2]。登临鹳雀楼时，佐以王之涣《登鹳雀楼》，使游客在观赏黄河壮美景致的同时亦可切身体会“欲穷千里目，更上一层楼”中激励人们不懈探求的深远含义。这就将文学作品的文化意涵及思想性与景观的观赏价值结合在一起，使游人获得更为充分的审美体验，从而对黄河文化产生更为深刻的认识。另一方面，作为客观物质存在的景观也超越了语言文字的界限，有助于推进黄河文化走向世界。

（二）著名诗人的名人效应

文学地理学认为文学的扩散存在“名家效应”，即“借助名家的地位、声望和影响力而产生的文学扩散效应”[3]。在唐诗黄河意象弘扬黄河文化的实践中，亦可借助网络微视频等现代传播媒介，将著名诗人与黄河的逸闻轶事编辑为短篇故事，以诗人的诗风及个人风采激发人们的移情心理，增益其对黄河文化感染力的体认，从而对黄河文化传播产生有力的促进作用。

参考文献：

[1] 安居香山，中村璋八，辑.纬书集成[M].石家庄：河北人民出版社，1994：1091.

[2] 毕雪燕，郭凯旋.文化传播视域下的黄河流域特色旅游高质量发展研究[J].新闻爱好者，2020（6）：62-64.

[3] 曾大兴.文学地理学概论[M].北京：商务印书馆，2017：229.

（作者：慎泽明，原载于《新闻爱好者》2022 年 1 期）

“黄河”符号的文学书写与媒介传播
——以三位作家为例

“黄河”作为中华文明中最为重要的历史文化符号之一，具有多重内涵与意蕴。河南因与黄河的天然地理渊源，黄河带给河南人民的喜怒哀乐、生老病死，使“黄河”成为河南文学中最为重要的历史文化符号和文学意象。书写黄河、礼赞黄河，成为河南作家笔下最为重要的文学表达内容和对象。

本文从“黄河”符号的个人、家庭、民族三重内涵入手，以三位河南作家李商隐、李凖、邵丽的代表性作品为研究对象，提出文学创作中“黄河”符号的文化传播意蕴，以及“黄河”这一文化历史符号，是如何经由文学这一媒介形成多重内涵和指向性的。最后，探究文学作为媒介和载体，对黄河文化传播、黄河精神生成所起到的作用和启示意义。

一、“黄河”符号的溯源与传播发展

在古今不同文学作品中，作家们通过讲述多样化的黄河故事，赋予“黄河”这一符号以不同的文化历史意蕴，同时也不断丰富和发展着黄河这一文化历史符号的内涵，使中国文学成为传播“黄河”符号、传播黄河文化的重要载体和媒介。先秦文学作品中凡用“河”的皆专指黄河，其他的河流都称“水”，由此可见，黄河在先民心目中的位置。“白日依山尽，黄河入海流，欲穷千里目，更上一层楼”，这是每一个接受过小学教育的人都耳熟能详的诗句。再如“黄河远上白云间，一片孤城万仞山”“旦辞爷娘去，暮宿黄河边，不闻爷娘唤女声，但闻黄河流水鸣溅溅”等，不胜枚举。在各种文学书写中，作家们或表达凌云壮志，或抒发郁闷情愁，或寄寓思乡之情，黄河承载着人们的多样情感、心绪，成为中

国文学中最为重要的文学意象之一。中华儿女对黄河的描写，也传递着中华民族生生不息的精神风貌。

黄河流经河南，又泛滥于河南，在悠长的历史长河中，既灌溉着沿河两岸的农田、滋养着这方土地的人民，又时而肆虐泛滥，带给人民苦难。可以说，在一部河南史中，黄河是其中的主角，生于斯长于斯的民众的喜怒哀乐、生老病死都与黄河紧紧地联系在了一起。民众在为生存而抗争中，也展现出顽强的生命力。

二、作为创作个人心绪表达符号的"黄河"——李商隐的诗

在2021年11月召开的第十次全国作家协会代表大会上，习近平总书记强调："生活就是人民，人民就是生活。"河南人民生活在黄河两岸，黄河本身早已跟河南人民的生活密不可分。从宏观角度来说，黄河以及它所承载的历史积淀和文明脉络，不只是为河南作家提供了取之不尽用之不竭的源头活水，也是中国文学自先秦以来极为重要的创作宝藏。从微观角度来看，黄河就是生活，就是河南作家和河南文学日常经历的生活。

如果将视角放宽，从大历史的角度来看，在历史上黄河曾经有过扇形的摇摆，李白《发白马》："将军发白马，旌节度黄河。"此处的"白马"就是白马津，故址在现在的滑县。到了北宋，黄河一路向北，从天津入海，到了元明清，黄河南下夺淮入海，以郑州为起点，黄河几乎扫过了豫北、豫东、豫中和豫南，这就是黄河带给河南的物理痕迹，也最终定型了河南今天的模样，进而也最终定型了今天河南和河南人的精神底色和底层逻辑。河南作家和河南文学，就是在这样的精神底色和底层逻辑上建立起来的。因此，黄河，就是河南文学的根，阅读河南文学就是阅读黄河。

以文学最为兴盛、诗人最受推崇的唐朝为例，经历了安史之乱后的中晚唐时代，26岁的李商隐从京城长安顺流而下，进入河南境内，目的地陕州（现在的三门峡市）。在路途中，他便写了一首诗，寄给一位友人，题为《次陕州先寄源从事》：

离思羁愁日欲晡，东周西雍此分涂。
回銮佛寺高多少，望尽黄河一曲无。

李商隐是郑州老乡。翻阅史书可知，李商隐在弘农尉任上不过半年，就被长官、陕虢观察使孙简排挤刁难，难以立足，李商隐决定辞官。这首诗写在黄河边上。黄河辗转豫、陕、晋三省交界处，最终缘山势走向奔泻向东，千年之间未曾有异。从“望尽黄河一曲无”的自嘲，离思羁愁始终在李商隐的心头——或许最能理解他的，唯有这旁边的黄河水了吧。

在以李商隐为代表的众多文学家的作品中，“黄河”成为表达个人得意或失意的意象慰藉符号，传递着作家们对个人生命、人生理想的抒写和慨叹，成为中国文学中最为深沉的声音，由古传至今。

三、作为民族苦难史志符号的“黄河”——李準的《黄河东流去》

李準（1928—2000）曾任中国作协副主席，河南省作协主席，他的短篇小说《不能走那条路》发表于1953年，是“十七年文学”中的代表作品，也是新中国成立以来河南文学最早的一部获得广泛赞誉的作品。他编剧的电影《李双双》《老兵新传》《牧马人》《高山下的花环》等，在电影史上留下了浓墨重彩的印记。他的经典名作《黄河东流去》曾获得第二届茅盾文学奖，这是中国长篇小说的最高荣誉。

《黄河东流去》讲述的是1938年，面对步步紧逼的日本侵略者，国民党政府决定以水代兵，用黄河水来阻止日军的进一步西犯，黄河花园口大堤被炸开，黄河向南向西一路泛滥，淹没了河南、安徽、江苏三省四十多个县，八十多万人被淹死，一千多万人受灾成了难民，这些人绝大多数是农民。李準是这场大灾难的见证人，他用一部文学作品，来讲述这些黄泛区难民的故事，讲述这些人在家园被毁以后，面对灾难，面对绝望，如何活下去的故事。

根据李準本人的回忆，出生于洛阳市孟津县的他，在十四岁的时候，接触了黄泛区的难民。他在《黄河东流去》的后记中说：“我是在十四岁时，开始接触到黄泛区的难民流浪生活的。一九四二年，我作为一个流亡学生，随同大批黄泛区难民，由洛阳逃到西安。当时的陇海铁路线，是一条饥饿的走廊。成千上万的难民，向西边缓缓地移动着，他们推着小车，挑着破筐，挎着篮子，小车上放着锅碗，筐子里坐着孩子，篮子里放着捡来的草根树皮。”他在二十一岁时作为农村银行的信贷员，到黄泛区给返乡的农民发放麦种、农具。“文化大革命”期间，他被打为“黑帮分子”，携家带口在黄泛区农村管制劳动，长达三年有余。在黄泛区定居劳动的三年里，李凖作为文化人，不断被村民们请去给逝去的家人写祭文。每一篇祭文，都是一个家庭的家史，都是黄泛区难民生命的浓缩和凝练。三年中，李凖写了几十篇祭文，也就是说，李凖搜集到了几十个家庭的历史轨迹和命运脉络。

李凖在《黄河东流去》的后记中说：“中国历史上有很多‘流民图’，但规模最大、历时最长的恐怕要数这一次。中国历史上也有很多次大迁徙，但人数最多、区域最广的，也要算这一次。就是在这样流亡的生活中，他们顽强地保持着他们的生活习俗，保持着他们的道德精神。……这些事情深刻地刻印在我的脑子里。就是在那时，我开始认识我们苦难的祖国，开始认识了我们伟大的人民。”

四、作为家庭情感维系符号的“黄河”——邵丽的《黄河故事》

《黄河故事》是作家邵丽于2020年写成的小说。作品荣获第十九届百花文学奖。

《黄河故事》讲的是父亲、母亲和五个儿女之间的故事。这个直接以“黄河故事”来命名、书写黄河的小说，用一个家庭、一组人物，呈现了发生在黄河岸边的像黄河那样生生不息的命运。

在作家邵丽的笔下，这个大家庭的七个成员充满了命运的张力和无常。故事开端，“我”在深圳定居多年，家庭幸福，事业有成，返回郑州给已逝去多年的父亲购置墓地安葬，父亲已经去世几十年了，他的骨灰在殡仪馆存放，落满了尘土。故事一开始就营造了强烈的冲突，而在这个强烈的冲突中，家庭成员相继出场，母亲表面上极为强势，实际却是层层包裹压抑的一生；父亲看似张扬不羁，实则是屈辱无奈的一生；主人公被命运裹挟，又不停地为改变命运而努力和挣扎；大姐继承了母亲的强势，却又在斤斤计较的生活方式上跟母亲大相径庭；二姐生活不幸，但继承了父亲的倔强和坦然面对；弟弟窝囊、佛系，却可以在凡俗生活里自洽自得；小妹则永远长不大，永远没心没肺。

邵丽笔下的黄河，已经不再是黄泛区的时代，而是黄河安澜的新时代。在《黄河故事》中，父亲被家人误解、羞辱和边缘化，但他始终坚持自我，爱护家人；母亲挤对、打击和嘲讽了父亲一辈子，却始终珍藏着给他亲手纳的鞋垫；五个子女各自经历了坎坷的生活经历，甚至正在遭遇不幸的境地，但他们都自始至终没有放弃自己，像野草一样面对生活，不屈不挠地生长着，努力过上理想的生活。这种隐藏在故事背后的精神，实际上就是黄河给予她的子女们最大的馈赠。有不畏苦难，直面人生，坚韧抗争；有与万物和解，阔达包容。也正是有了黄河这样的馈赠，黄河文化才能一代代地传承下来，绵延不绝，黄河岸边的无数个生命才得以生生不息地穿过一次又一次的黑暗，迎来新时代的曙光。其实小说读到这里，我们才发现：黄河文化中，真正值得我们珍视的宝贵之处开始浮现了，这是一部解码的小说，它呈现出了黄河儿女中原儿女的生存秘密，坚韧而倔强地生活。

五、“黄河”文化符号与媒介传播启示

文化符号是地域精神的象征，同时也展现了地域文化形象。[1]习近平总书记在河南调研时指出：“黄河文化是中华文明的重要组成部分，是中华民族的根和魂。保护、传承、弘扬黄河文化，是推动黄河流域生态保护和高质量发展的五大目标任务之一。”[2]“黄河”符号的文学书写，是讲好黄河故事、弘扬黄河文化、延续历史文脉的重要组成部分，文学作品的创作能够赋予“黄河”文化符号以更深厚的意蕴读解与弘扬传播。因此，以文学作为媒介和载体，对黄河文化与精神的传播作用与启示有以下几个方面。

首先，文学实现了“黄河”符号的触达传播，明确了黄河文化传播的时代价

值。要讲好中国故事、黄河故事，势必要先达到文化符号的精准触达。在快速迭代发展的互联网时代，碎片化、过载化的信息易造成文化内容传播过程中的遗漏，以及价值梳理上的分流。而文学创作能够用完整的结构化思维，将“黄河”这一历史文化符号，结合其时代价值进行展开，且能够从传播的最初层面即完成符号的到达与接触，进而开启下一步的文化传播与内涵解读。

其次，文学展开了“黄河”符号的解码，深化其文化意蕴的解读。文学作品能够从作者选取的时代背景出发，结合故事创作和人物塑造，经由作家的文化背景、话语形态和实际阅历的加工塑造，通过赋予“黄河”文化符号以更深厚的意蕴读解，达成文化符号和内涵的深度传播，进一步延伸文化内核，讲好黄河故事。

最后，文学完成了“黄河”符号的文化实践，用故事载体拓宽文化内涵。文化的实践主要落脚点在于认同与理解，文学作品能够将黄河文化、黄河精神以及中国故事、中国精神贯穿其中，将抽象的文化、精神力量寓于文字之中，践行文化符号的落地生根。伴随着“编码—解码—认同”的过程性传播，文学为“黄河”文化符号带来了深厚可感的传播方式，同时也作为坚厚的传播载体，在传播与发展中获得认知与深化，进而在文化的实践中理解黄河故事、在共情中升华中国精神。

六、结语

黄河数千年的故事，是一直在吐故纳新、一直在更新迭代，并得以始终呈现出生生不息的文化意向。

河南作家所描绘的波澜壮阔的黄河景象、所塑造的生动鲜活的黄河儿女人物群像、所描述的黄河两岸民众生活史，汇聚成中国文学的汩汩泉流，形成了一条脉络清晰、颇为可观的文脉，为中国文学奉献了最为壮美的华章，显示出中国文学的强大生命力和表现能力，使得文学成为丰富“黄河”这一历史文化符号的重要物质媒介，成为传播黄河文化、弘扬黄河精神的重要载体。

参考文献：

［1］李天姣．地域形象与文化符号传播研究［D］．上海：复旦大学，2013.

［2］习近平在河南主持召开黄河流域生态保护和高质量发展座谈会时强调：共同抓好大保护协同推进大治理 让黄河成为造福人民的幸福河［N］．人民日报，2019-09-20（01）.

（作者：王铮，原载于《新闻爱好者》2022 年 7 期）

新时代黄河生态文化传播路径研究

黄河作为中华民族的母亲河，孕育了中华文明。新时代，黄河流域又成为我国重要的生态屏障和重要的经济地带，在我国社会经济发展和生态安全中具有十分重要的地位。

在2019年9月18日召开的黄河流域生态保护和高质量发展座谈会上，习近平总书记强调，“保护黄河是事关中华民族伟大复兴和永续发展的千秋大计”，将“黄河流域生态保护和高质量发展”上升为重大国家战略。在座谈会上，习总书记强调“黄河文化是中华文明的重要组成部分，是中华民族的根和魂”，要“深入挖掘黄河文化蕴含的时代价值”[1]。这既凸显了黄河文化的重要性，又将保护、传承、弘扬黄河文化作为重大国家战略中的一项重要内容。

在黄河文化中，生态文化可以说是与流域内生态保护最为直接、最为密切的文化类型。中国特色社会主义进入新时代，怎样传播好黄河生态文化，充分发挥其时代价值，值得深入思考。

一、优秀的黄河生态文化资源

（一）黄河生态文化的界定及特点

文化本身是一个非常有争议且很难掌握的概念。关于文化的定义趋于多元化，而且到目前为止还没有一个统一的观点形成。对黄河而言，其自身无法产生文化，只有当人类在与之发生联系后，通过利用黄河、治理黄河、管理黄河、保护黄河等一系列实践活动，不断与黄河进行互动，并在实践中不断进行生态层面的再认识和思考，才生成并逐渐发展起来了黄河生态文化。黄河生态文化不仅反映了人与黄河的关系，还反映了人与整个黄河流域自然生态系统间的关系，反映了流域内人与人、人与社会之间的关系。因此，黄河生态文化可定义为是黄河流域内劳动人民在长期的劳动实践过程中形成的以崇尚自然、保护环境、促进资源永续利用为主旋律的价值观念、精神诉求、思维模式以及行为方式的综合，以及由此形成的一切物质财富和精神财富的总和。

黄河生态文化本质上是黄河流域内民众自觉协调与生存环境关系的一种文明形态，以尊重、维护大自然生态环境为前提；以人与自然和谐共生为宗旨，以建立可持续的生产生活方式为内涵。它既追求人与生态的和谐，也追求人与人的和谐。

从绿色高质量发展角度讲，黄河生态文化具有非常鲜明的特征，这主要体现在以下四个方面：

一是持久性。生态文化伴随着人类的发展而发展，人对于美丽生存环境的向往构成了黄河生态文化不竭的发展动力源。同时，黄河生态文化追求的是经济社会与资源环境的协同共生。因此，以黄河生态理念为宗旨的发展必然能实现社会的持久永续发展。

二是绿色性。绿色代表生命，绿色性是对绿色文明的传承。黄河生态文化遵循的是低影响开发原则，这是建立环境友好型发展模式的必由之路，也是实现黄河流域绿色发展的必然走向。

三是高效性。黄河流域的高质量发展中就包含了高效的内容。长期以来，黄河流域由于降水等自然资源的匮乏，往往采用技术手段以最少的资源达到最大的产出，逐渐形成了黄河生态文化所特有的高效性特点，这一特点也成为新时代继续追求的目标。

四是和谐性。“天人合一”是黄河生态文化的核心观点。黄河生态文化的本真是人与自然、自然与自然、人与人、人与社会、人与自身这几组关系间的和谐。

（二）黄河生态文化的功效

“生态、经济和文化的建设是一体的。”“只有依靠文化的支持和科学认识的指导，才能保障生态文明和经济建设的健康发展。”[2]这尤其离不开生态文化的助力支持。这显现了生态文化的功能性问题。具体到黄河生态文化而言，其对当前黄河流域生态保护和高质量发展的功效主要体现在以下五个方面：

一是提供思想理论依据。要想实现人与自然和谐发展，首先要将所掌握的对自然规律的认识融入知识理论体系当中，作为自身行为的指导思想。黄河生态文化自诞生以来便不断创新，并深化了人们对于自然规律的认识，为黄河生态文明发展的推进提供了重要的思想和理论基础。黄河生态文化决定着流域内人们对于自然规律的认知程度，其发展程度越高意味着人们对于自然规律的认知程度也就越高，生态文明发展水平也就越先进。

二是发挥引导作用。引导就是导引社会经济发展方向、指导人的生产生活行为，使其向着某一特定方向发展。当前，由于社会经济发展的多元化，人们思想活动的选择性、差异性也明显增强，个性发展空间越来越广阔，所能选择的行为方式多样，这就需要充分发挥黄河生态文化的引导作用，引导人们树立生态环保的理念，形成绿色低碳的行为习惯。

三是提升发展动力。首先，以黄河生态文化为主题衍生出的生态产品、生态产业，能够有效解决经济社会发展与生态环境危机间的固有矛盾，实现人类社会的永续发展。其次，黄河生态文化中蕴含的生态制度对人的行为具有约束力，这种约束力长期作用于人，会形成遵循自然规律的自觉行为习惯。再次，黄河生态文化所具有的强大教育功能会让人们逐渐产生与自然和谐共生的价值诉求，并自愿参与到黄河生态文明建设中。

四是形成制度规范。黄河流域生态保护和高质量发展要有制度作为保障。黄河生态文化中不断创新发展的生态制度，能为人们提供绿色发展的制度规范。但只有当人们从黄河生态文化中萃取生态环保的态度、信念和价值观，并将其作为指导，才能形成绿色环保的制度标准。

五是创造新发展空间。从生态角度看，社会发展的各个方面、各个领域、各个产业，都存在生态创新的新领域。从黄河生态文化衍生出的生态产品、生态技术、生态产业，将为黄河流域的高质量发展持续提供新的生长域。这是一种良性发展机制，它既不破坏生态环境，又能为社会提供更多的就业和创业机会，通过提供新的发展空间来满足人自身的发展需求。

二、新时代黄河生态文化传播的价值及存在的问题

（一）黄河生态文化传播的价值

有学者指出，“黄河文化是中华传统文化的主流文化和核心文化”[3]。黄河生态文化则是中华传统生态文化的核心文化，在我国传统生态文化中占有无可替代的地位。党的十九大报告强调：“中国特色社会主义文化，源自于中华民族五千多年文明历史所孕育的中华优秀传统文化。”[4]作为中华优秀传统文化的核心成分，实施黄河生态文化传播工作具有十分重要的价值。

首先，黄河生态文化在中国特色社会主义文化建设中无可替代。通过传播黄河生态文化，使公众树立文化认同感。同时，黄河生态文化的传播模式与路径选择是实现其创造性转化和创新性发展的关键。黄河生态文化不仅要保护好、利用好、传承好、发展好，更要传播好，使之成为新时代展示中华文明、彰显文化自信的名片。

其次，从生态文明建设角度讲，传播好黄河生态文化有助于为社会主义生态文明建设提供文化支撑、历史借鉴和坚强的精神支柱。在此次座谈会上，习近平总书记强调，当前黄河流域存在的生态和发展问题“表象在黄河，根子在流域”[5]。

通过传播黄河生态文化，一是可以利用好其以文化人的功效，通过文化传播的形式将黄河流域居民千百年来形成的生态行为习惯传递给受众群体，树立爱护黄河、珍惜黄河的生态意识，让绿色环保生态的生产生活方式成为人们自觉的行为和全社会的共同行动，并达成共识，自发投身于黄河流域生态环境保护事业中。此外，实现黄河流域的高质量发展需要考虑不同流域段、不同省情区情的最适宜发展道路。而黄河生态文化是几千年来黄河沿线居民在不断的实践活动中总结而来的，每一处的生态文化都是依据当地自然环境以及人文环境所形成和发展，符合当地的具体情况。通过借鉴、传播黄河生态文化有助于推动构建适合不同流域段、不同省情区情的发展道路。

再次，习近平总书记在国际上曾多次提出“共筑人类命运共同体”，要建设一个“清净美丽的世界”[6]，充分表达了中国在生态环保问题上的担当。但长

期以来，西方社会常常对中国文化存在误解，形成对中国的错误印象。通过黄河生态文化的对外传播，有利于消除这种误解，在国外受众中树立黄河的形象，以便让国外受众更好地接纳中国文化，充分认同中国政府在生态环境事务上所做出的巨大贡献。

最后，进入新时代，围绕黄河生态环境保护与治理实践活动所沉淀和凝聚起来的宝贵精神财富和文化产品，仍需要通过传播来承载和延续。公众围绕黄河生态保护的知情权、话语权、监督权也需要通过文化传播来实现。

（二）黄河生态文化传播存在的问题

尽管传播黄河生态文化具有重要价值，但是在实际实施过程中仍存在诸多问题：

其一，目前从事黄河生态文化传播的专业机构太少。媒体本应是传播黄河生态文化的主力军，但是为了迎合市场需求，从选择主题的比例上看，媒体更倾向于报道时政、娱乐、社会等为主题的信息，而生态文化方面的信息报道则少之又少。现有的传播黄河生态文化的专栏、专版、频道有待完善。从各省级广电媒体来看，由于没有开设专门的生态专栏，更没有专门的频道，因而相关信息多是被分散并入了其他传统的大众栏目中。

其二，黄河生态文化传播在形式和内容上均过于单一，不能适应当代社会受众的需要，尤其是目前一些传播黄河生态文化的产品在制作时加入了过多的“说教式”内容，很容易让受众产生审美疲劳。

其三，黄河生态文化传播覆盖面不大。尤其是针对青少年群体，小学、中学、高校在传播教育黄河生态文化方面工作明显力度不够。例如高校所涉及此方面传播教育的多为水利类院校，或者是历史学、文化学、生态学等相关专业，其他专业很少涉及。

其四，有关黄河生态文化传播的研究滞后，在许多重要的领域都没有涉足，这也使得具体传播工作缺乏理论基础和智力支持。

其五，黄河生态文化传播面临着两重环境问题：一是对外的全球化语境；二是对内的代际之间不同的需求问题。在原有语境环境中，黄河生态文化传播面临着不同年龄阶层、不同代际之间受众需求的巨大挑战。尤其是国内90后、00后等年青一代正迅速成为新的受众群体。他们喜欢标新立异，追求个性和自我，深受网络快餐文化的影响[7]。怎样在传播过程中满足这一年龄群体的需求，同时也能够满足其他年龄阶层受众的需求，是亟待解决的问题。当置身全球化复杂语境环境中时，面对不同民族文化和民族记忆，也需要反思和转变惯有传播理念与传播方式，不断完善黄河生态文化的表达权与话语权。

三、黄河生态文化传播路径探索

（一）加强理论研究与队伍建设

理论研究是黄河生态文化传播的基础。因此，黄河生态文化传播首先要深入挖掘和剖析其文化内核，科学梳理发展脉络，准确把握黄河生态文化所包含的生态价值。既要充分挖掘优秀传统文化基因，也要提炼和拓展新的时代精神。高校和科研院所应充分发挥专家相对集中的优势，运用全方位、多元化、深层次、宽视野、多角度的眼光，探索黄河生态文化传播的最佳功能，为生态文明建设提供思想动力和理论支撑。

黄河生态文化的传播涉及多学科交叉问题，既要以生态学、传播学、历史学、文化学为基础，又要符合文化传播内在机制。在黄河生态文化传播战略定位、目标推进、资源整合、主体参与和效果评估等工作中，均要遵循黄河生态文化自身的科学规律和法则。

黄河生态文化传播的实施与科研等领域人才的多寡，是传播工作能否达到目标的一个重要指标。因此，人才队伍建设也非常重要。应首先对相关从业人员进行黄河生态文化的知识普及，加大生态文化领域人才的培养和学术研究的力度，培养一批高素质的人才。

（二）坚持政府支持、多方参与

黄河生态文化传播工作需要大量的资金支持。应当采取多渠道筹资的方式，可采用众包众筹的方式，进行资金的商业化运作。但由于黄河生态文化传播工作带有鲜明的公益性特征，决定了承担其传播的组织机构多带有公益性质。这就要求这项工作不能仅仅依靠市场化运作，更需要政府的大力扶持。一方面，政府应出台相应政策有针对性地扶持从事黄河生态文化传播的媒体以及教育机构；另一方面需要从财政上给予专项拨款，对一些重要传播活动给予相应的财政补贴。

（三）推进形式和内容的创新

传播内容和形式的创新依赖于科技支持。对此，可利用大数据等信息技术，准确定位黄河生态文化作品的特色和目标受众群体，评估传播效果。启动全媒体多元传播模式，通过技术手段的创新，借助融媒体传播渠道，把黄河生态文化主题作品传播出去，不断提高其传播力、引导力和影响力。

例如充分利用报纸、杂志、广播、电视等传统媒体平台以及微博、微信、B站等新兴媒体平台，以黄河生态文化为素材，制作情趣高远、易于大众接受的手机 APP、创意宣传小标识或公益广告，全面、系统地传播黄河生态文化的内涵和知识，让受众在休闲娱乐中接受黄河生态文化教育。利用好黄河博物馆、黄河水利文化博物馆以及沿黄各省市博物馆及文化馆等平台优势，将黄河生态文化融入讲解词中，融入展设当中，由此更好地传播黄河生态文化理念。

在保护母亲河日、世界环境日、世界水日、中国水周等重要纪念日中，把黄河生态文化融入主题活动中。以黄河生态文化为主题组织摄影、书法、美术、诗歌创作或征文大赛；也可以高校为平台，举办“黄河生态文化”知识大赛进行传播教育。以纪录片、电视节目、新闻报道及评论、动画片、普及读物等形式从生态价值、美学价值、文化价值几个方面予以生动展示。

（四）注重传播的针对性

黄河生态文化的传播针对不同受众群体，应有不同的侧重点。在面向中小学生时，要不断更新教材内容，从古今名家作品中筛选与黄河生态文化相关的精品，将其通俗化解析后列入语文、地理、自然、生物等教材当中；要加强户外教育教学基地建设，通过亲身体验，让生态文明知识真正内化到学生心中。

针对高校在校大学生，一方面通过开设黄河生态文化等课程，在课堂教学环节引入黄河生态文化知识；另一方面在社会实践环节中加入以黄河生态文化为主题的调查活动，让学生通过调查实践活动，深刻体悟黄河生态文化的生态理念。

针对成年人，要分行业和地区。一方面，通过培训，加强对相关单位领导干部、企业经营者和广大居民的生态文化培养。另一方面可以以黄河生态文化为内容，通过设置宣传栏，举办展览、讲座等多种形式，培养受众的生态观念。

针对黄河生态文化的国际传播，应选取具有跨文化传播、跨意识形态传播条件的文化产品，寻求国际共同的价值观、共同的语言，真正实现“中国内容，国际表达”的目标，以生态环境为基本话语最终达成共识。

传播黄河生态文化在新时代具有重要价值，这不仅体现在推进黄河流域生态保护和高质量发展上，还体现在助推中国特色社会主义文化以及生态文明建设上。相信通过积极探索能够有效提升黄河生态文化的传播力，从而增强黄河文化乃至中华文化在国内外的影响力。

参考文献：

［1］习近平在河南主持召开黄河流域生态保护和高质量发展座谈会时强调：共同抓好大保护协同推进大治理让黄河成为造福人民的幸福河［N］. 人民日报，2019-09-20（01）.

［2］牛建强 . 抓住保护、传承和弘扬黄河文化新的历史机遇［EB/OL］.http：//yrc.henu.edu.cn/info/1047/1372.htm，2019-09-25.

［3］薛华 . 论黄河文化与河洛文化：黄河博物馆新馆主题陈列之探讨［A］. 中国科学技术协会 . 提高全民科学素质、建设创新型国家：2006 中国科协年会论文集［C］. 中国科学技术协会：中国科学技术协会学会学术部，2006：5.

［4］习近平 . 决胜全面建成小康社会夺取新时代中国特色社会主义伟大胜利：在中国共产党第十九次全国代表大会上的报告［M］. 北京：人民出版社，2017:11.

［5］习近平在河南主持召开黄河流域生态保护和高质量发展座谈会时强调：共

同抓好大保护协同推进大治理让黄河成为造福人民的幸福河［N］. 人民日报，2019-09-20（01）.
［6］习近平. 构建人类命运共同体，实现共赢共享［N］. 新华社每日电讯，2017-01-20（01）.
［7］陈超. 网络信息技术融入高校水文化教育的实践探索［J］. 教育现代化，2019，6（7）：121-124.

（作者：陈超，原载于《新闻爱好者》2019 年 11 期）

“绿水青山”理念下黄河水文化的发展与传播

2005年8月，时任浙江省委书记习近平在浙江湖州安吉考察时提出了“绿水青山就是金山银山”的科学论断。2017年，党的十九大报告中指出，必须树立和践行“绿水青山就是金山银山”的科学理念，坚持节省资源和保护环境的基本国策。近年来全国各地区不断探究该理念核心，相继开展践行活动，在不断完善相关理论，统筹治理生态系统，规划实施环保机制，推动经济良性发展，促进绿色生产生活，提高民众精神素养方面取得了显著成效。“黄河”这一话题于2019年9月在习总书记主持召开的黄河流域生态保护和高质量发展座谈会中首次成为重要议题。本文以前人研究为根基，依据习总书记视察黄河时的重要讲话，分别从“重在保护，要在治理”“共同保护，协同治理”“绿色生态，红色文化”“挖掘内涵，讲好故事”四个层面进一步探讨黄河水文化的高层发展及其转化与传播，以期更好地惠及民生。

一、重在保护，要在治理

黄河千百年来历尽沧桑而奔腾不息，承载了五千年来的华夏文明史。黄河中下游是孕育华夏文明的摇篮。“黄河一直以来也是体弱多病，水患频频。”2019年8月习近平总书记在甘肃兰州视察黄河时言近旨远地说。[1]植被稀缺、土地裸露，导致黄河中游黄土高原水土流失严重，黄河中下游泥沙含量大，故而民间有“一碗黄水半碗沙”的说法。在四季更迭中，由丰水期枯水期交替而导致的断流决口现象频发，自古以来就有“三年两决口，百年一改道”的说法。“治理黄河，重在保护，要在治理。”[2]因此，在该地区考察调研时，习总书记非常关注黄河流域的保护治理。黄河水少泥沙多，水沙失衡严重是缓解问题的症结。正因如此，现阶段关于黄河治理方案的讨论中涌现出中游派与下游派、生物措施派与工程措施派、独流派与分流派等各执一词、方案各异的治理派别。

自1949年新中国成立至今，我国已基本完善了黄河流域水文测站和余量测站，使黄河各河段的雨情、水情和沙情得到基本监控。黄河治理开发主要集中在下游堤防、龙羊峡、刘家峡、三门峡、小浪底等重大水利工程，在黄河流域建设大量水库、引水等水利设施，在水土流失严重的黄土高原地区开展水土保持，在煤炭资源丰富的山西、陕西等地大力开采能源，在河道内开采泥沙用于城乡房屋、道路建设等基本设施建筑，这些人为减沙因素对黄河来沙量影响较大。[3]因此，首要的任务是预防黄河中游地区水土流失，改善黄河沿岸地区生态环境。保护水资源需要从"惜水、节水、爱水"等小事做起。供水期如何放水问题是调节水库实际应用中的常见问题。为了落实国家节水行动，我们须按照以水定需原则做好"量水而行"工作。利用综合宣传活动，不断提高群众对"世界水日""中国水周"的认知度，强化群众节水意识，营造全社会惜水、节水、护水、爱水的良好氛围。保护和治理水资源的目的是改善民生，促进生态的良性循环和经济的健康发展。比如，在黄河三角洲建立高效生态经济区和蓝色经济区，创建水生态文明城市，构筑高效生态园林工程。[4]引黄入洛工程在利于黄河中下游城市河渠水系治理，满足地方居民的用水需求基础上，更具有极强的水生态观赏性。[5]打造黄河—西北内陆河生态经济带对于我国经济发展、社会稳定和对外开放总体布局具有重要作用，对保障国家能源安全、粮食安全和生态安全，促进国家东中西部均衡、充分发展，维护边疆稳定和民族团结均具有重大意义。[6]因此"实施西部调水""加快黄土高原生态修复""完善黄河水沙调控工程体系"，是黄河保护与治理过程中的重中之重。

二、共同保护，协同治理

习近平总书记于2019年9月18日在郑州主持召开黄河流域生态保护和高质量发展座谈会时明确要求各地区共抓大保护，协同推进大治理，充分考虑上中下游的差异，完善水沙调控机制，解决九龙治水、分头管理问题及坚持以水定城、以水定地、以水定人、以水定产的基本原则。2014 年初，习总书记到北京调研时就明确提出了“以水四定”原则，充分体现了尊重自然，“量水发展”的生态理念。明确水源保护及可供水资源量的限制条件是“以水四定”的基本前提，其目标是确定人口、建设用地、经济发展规模以及城市发展布局引导方向等。确定水资源同人、地、产之间的关系和关键要素指标是其核心，如可供资源量、人均总用水量、人均生活用水量、建设用地用水量等。[7] 因此，黄河的保护与治理需要从各维度、各层面与发展空间综合考虑，掌控全局，在治黄过程中既要遵循自然规律，又须充分发挥人本作用，凝聚黄河水文化的价值导向，培养团结、务实、开拓、拼搏、奉献的黄河精神，并充分宣传黄河水文化，将学术科研、经济发展及人民生活切实联结，使治黄队伍富有凝聚力。[8]

2019 年习近平总书记在甘肃视察黄河时特别叮嘱，作为黄河流域重要的水源涵养区和补给区，甘肃须首先担起对黄河上游地区进行生态修复、预防水土流失和生态污染的重任；在河南视察黄河时，习总书记考察了黄河流域地区生态保护、水资源利用、堤防建设、防洪形势等实际情况，以及贫困乡村由产业扶贫到整体脱贫的“高质量发展新路子”。[9] 习总书记这种全局意识和协同精神充分体现了在以习近平同志为核心的党中央的领导下中国特色社会主义经济的发展优势。

三、绿色生态，红色文化

沿黄省区现阶段面临的重要问题是如何兼顾当地脱贫攻坚与黄河治理保护。习总书记强调要正确处理开发和保护的关系，并着重指出要推动黄河流域高质量发展，让黄河成为名副其实造福人民的幸福河。我们首先应明确何为开发和保护的对象，以及如何落实保护与开发工作。缺失了绿色生态资源的良性循环，人民就会失去生产生活的资本，因此真正需要保护的是绿色生态资源。水是万物之源泉、生命之根基，在“惜水、节水、治水、爱水”的原则基础上，如何将环境保护与经济发展更好地结合，以促进发达地区经济健康发展，帮助欠发达地区脱贫？习总书记提出“六宜”原则：“宜水则水，宜山则山，宜粮则粮，宜农则农，宜工则工，宜商则商。"强调须完善贫困地区的基础设施，提高其公共服务水平，注重贫困地区人民的权利保障及生活改善。[10]全国各地相继开展因地制宜的致富路子，依据各自的地域特色发展乡村旅游，种植有机农作物，开发绿色水产养殖，研发环境友好型产品等，如光山县槐店乡司马光油茶园的种植加工产业使当地老百姓过上了好日子。很多乡镇逐步开发当地特有的红色文化资源，以弘扬革命先烈百折不挠的奋斗精神和我国优秀传统文化，如新县田圃乡田圃大塆依托红色文化资源和绿色生态资源发展乡村旅游。

2014年习近平总书记在河南考察时，曾来到黄河沿岸的古县城兰考东坝头乡走访调查，看望村民。他叮嘱当地干部务必关心每个家庭尤其是贫困家庭，因地制宜地发展产业，促进当地百姓增收致富。2019年兰考东坝头镇张庄村作为焦裕禄精神体验教育基地，拟入选全国乡村旅游重点村名录乡村名单，[11]人们在这里可实地感受当年焦裕禄书记带领兰考人民治理"内涝、盐碱、风沙"三害的奋斗精神。习总书记还特别提及了深深根植于黄河文化、在革命战争年代用血液与鲜活生命铸造的"吕梁精神"，激励我们须将此精神运用于当今时代，继续为让老百姓过上幸福生活，为中华民族伟大复兴的目标而奋斗。"务必坚定不移地保持历史耐心和战略定力，有功成不必在我的精神境界和功成必定有我的历史担当，既要谋划长远，又要干在当下，一张蓝图绘到底，一茬接着一茬干，让黄河造福人民。"[12]习总书记用这种温暖的话语和特有的红色文化精神诠释了华夏民族特有的"功成事遂，百姓皆谓我自然"的哲学理念和传统美德。

四、挖掘内涵，讲好故事

黄河水文化内涵的挖掘建设与社会主义核心价值观两者不可割裂。从毛泽东主席提出的"为人民服务"到习近平总书记强调的"让老百姓过上幸福生活"，这其中不仅体现了基础的人本思想，更是彰显了以民为本的高尚情怀和"以百姓心为心"的崇高境界。

水文化的内涵研究从"人水和谐"的哲学理念，到水文化意象的感性认识，再到"水文化遗产保护研究"的理性分析等方面，都取得了诸多成果。在黄河水文化传播的理论方法研究方面，由朱海风教授主持的国家社科基金重大课题《中国水文化发展前沿问题研究》本着“引进来，走出去”的思路，从全球水文化传播出发，高瞻远瞩，充分发挥学校的学科优势，将水利水电专业人才与外语翻译人才汇集起来，引进国外最前沿的水文化系列丛书，先后资助并将陆续出版《水伦理》《水安全》《水权利》《水和平》等水文化系列译著，为进一步了解全球水文化拓宽视野，为中国水文化的对外推广奠定基础；并组织高校研究队伍撰写与水文化相关的文章和著作，主持出版了《水文化研究（全八卷）》；还有李振峰、王勤山合著的《黄河三角洲水文化研究》等，从不同角度反映了古今中外水文化研究的新理论、新成果和新动向，为黄河水文化的深入研究和跨文化传播开辟了新途径。

在弘扬黄河文化方面，习总书记强调要讲好“黄河”的故事。讲好故事是文化内涵转化与传播的主要方式，既能够体现文化内涵和文化价值，又能以老百姓喜闻乐见的比较接地气的方式进行传播，在文化内涵实践方面具有潜移默化的作用。水文化传播的最终目的是向社会公众开展水文化教育，主要分为两大层面：一是意见领袖的决策层传播，二是社会民众的实践层传播。[13]领导决策层是水文化传播的关键，决定着水文化的研究定位、研究价值和研究方向，因此国家和政府，以及相关的专门机构作为主要的水文化传播者承担着相应的职责；民众实践层是水文化传播的普及，是将水文化中的哲学理念、伦理思想、文学艺术、信仰礼仪、审美意识、实践精神和技术规范融入生产生活的方方面面，因此学校教育、社区服务团体和民间组织等在水文化的教育普及和深入民心方面发挥着重要作用。2019 年 9 月 27 日，新华通讯社创办的“中国好故事”数据库正式上线，汇聚了五大类主题故事，将历久弥新的传统故事与新时代的中国精神和智慧结合起来，在中国文化传承方面既体现了中国领导层的明智决策，也体现了中华民族的实践力量。[14]这种展示民族自信的传播方式也为黄河水文化的发展和传播提供了良好借鉴。

文化的发展与传播不是空洞的宣传口号，而是与生活实践密不可分。下基层是听闻感受故事的直观途径。习总书记在河南兰考调研时，听取了和焦裕禄一起治沙的老党员讲述的关于焦裕禄率领群众“育草封沙，造林固沙”的故事，深入体察民情、水情和沙情。这些故事又通过电影、豫剧和学院讲解的形式，在不同层面的社会大众中传播颂扬，深受基层民众好评。故事的讲述手段在当今时代也丰富多彩，各机关团体、企事业单位、民间组织等充分利用电视、网络、手机、APP等现代传播手段，不仅可以在各个工作岗位对黄河水利和生态状况进行实时监测，也可以充分提升公职人员和社会公众的环保意识及实际行动能力。将水文化中的精神文化、行为文化、制度文化等与水科学中的自然、社会、思维知识体系相互融通，是当代中国治水兴水的重要途径，[15]也是中国水文化发展与传播的重要途径。不断提升文化自觉自信与南水北调的宏大工程相辅相成，在实践中把握微观意识与宏观蓝图，是中国水文化的发展与传播趋势，也是黄河水文化的发展和传播，尤其是跨文化对外传播的研究方向。

参考文献：

[1] 周小苑，岳小乔．习近平的黄河足迹［EB/OL］.http://politics.people.com.cn/n1/2019/0919/c1024-31363057.html.

[2] 周小苑，岳小乔．习近平的黄河足迹［EB/OL］.http://politics.people.com.cn/n1/2019/0919/c1024-31363057.html.

[3] 李瑶，李文家．黄河重大工程水文代表系列选取分析［J］．人民黄河，2019（9）.

[4] 董连旺，孟垂国．山东滨州河务区打造“百公里高效生态园林工程”［N］．中国水利报：美水生态建设专刊，2015-11-13.

[5] 张金良．黄河—西北生态经济带建设的水战略思考［J］．人民黄河，2019，41（1）：37-40.

[6] 白云飞．“引黄”将全面“激活”洛北水系［N］．洛阳日报，2015-12-25.

[7] 杨舒媛，等．“以水四定”方法初探及在北京的应用［J］．北京规划建设，2016（5）：100-103.

[8] 安亚菲．黄河水文化与治黄人凝聚力建设［J］．濮阳职业技术学院学报，2017，30（6）：158-160.

[9] 周小苑，岳小乔. 习近平的黄河足迹 [EB/OL]. http://politics.people.com.cn/n1/2019/0919/c1024-31363057.html.

[10] 周小苑，岳小乔. 习近平的黄河足迹 [EB/OL]. http://politics.people.com.cn/n1/2019/0919/c1024-31363057.html.

[11] 第一批拟入选全国乡村旅游重点村名录乡村名单公示：兰考县东坝头镇张庄村位列其中 [N]. 汴梁晚报，2019-07-13.

[12] 周小苑，岳小乔. 习近平的黄河足迹 [EB/OL]. 人民网，2019-09-19.

[13] 贾兵强. 新常态下我国水文化研究综述 [J]. 南水北调与水利科技，2016，14（6）：201-207.

[14] "中国好故事"数据库上线，向全世界展现真实立体全面的中国 [N]. 光明日报，2019-09-29.

[15] 朱海风. 水文化与水科学融通共振是当代中国治水兴水的重要途径 [J]. 中州学刊，2017，248（8）：89-92.

（作者：张红梅，原载于《新闻爱好者》2019 年 12 期）

黄河非遗衍生品传播与经济开发协同发展研究

一、文化传承是黄河非遗衍生品必须担当的使命

非物质文化遗产是传统文化的重要载体，是指被各群体、团体、个人视为其文化遗产的各种实践、表演、表现形式、知识体系和技能及其有关的工具、实物、工艺品和文化场所。[1] 非遗属于中华优秀传统文化的重要组成部分。

党中央十分重视继承和弘扬中华优秀传统文化。党的十九大报告指出，中华民族优秀传统文化在历史的不断洗礼和沉淀中流传下来，形成了独具特色的文化传统。习近平总书记在文艺工作座谈会上的讲话中特别强调保护和传承文化遗产的重要性。保护、开发非物质文化遗产，能够有助于大力弘扬与传承五千多年华夏文明，彰显文化自信。

非遗衍生品是以非物质文化遗产为载体，在突出非遗独特性与文化性基础上衍生出来的文化产品。它不仅具备一定的文化传播功能，同时又具有一定的经济价值。非遗衍生品作为非物质文化遗产在其独特性与文化性基础上衍生出来的文化产品，从形式来讲，能够以属于对非遗的二次开发利用的实体形式存在，如故宫文创、“豫游纪”产品等；也可以摆脱实体形式的束缚而传承，如文化展演等，二者都是我国优秀传统文化传承和传播的重要渠道和载体。

二、经济开发是非遗衍生品传承“涅槃”的必由之路

非遗是祖先留给我们的世代相承的宝贵文化遗产，但是传统的非遗项目，有的“养在深闺”，止步于小众层面；有的过于“阳春白雪”，曲高和寡，无人问津。凡此种种都限制了非遗文化的传承与发展，有的甚至濒临灭绝的危境，而

经济开发则可以赋予非遗衍生品新的生命力，成为这个“凤凰”“涅槃”的必由之路。

（一）文化旅游开辟非遗衍生品的传播新渠道

文化是旅游的灵魂，旅游是文化的载体。从历史长河中走来的非遗文化，赋予了旅游新的时代价值，当旅游加上非遗的标签，为文旅融合开辟了新的渠道，而旅游则给予了非遗衍生品强劲的活力乃至生命力。如近些年景区中依托非遗衍生出的文艺表演集中，典型地体现了非遗活态性的呈现方式，具有高度的传播性、文化性、民族性和体验性。将传统戏剧、音乐、舞蹈、文学等非遗项目，通过演艺方式展现，在带来巨大的经济和社会效益的同时，也为游客带来不同的非遗认知和体验，展现了非遗文化的地方性特色。拥有1600年历史的河南鹤壁浚县正月古庙会，自2009年首届中国（鹤壁）民俗文化节开始，节庆中一系列民俗文化、非遗产品、表演活动，使这个“华北第一古庙会”成为拉动当地冬季旅游的重要引擎，更让外界对其中的“泥咕咕”等非遗衍生品有了深入了解。[2]这种“政府搭台、群众唱戏”的模式赢得了一片好评。

（二）居民增收使黄河非遗衍生品的传播成为可行

传统之为传统，它代表着某种权威和不可抵挡的传承张力。随着时代的发展，国家对文化产业的扶持力度也在不断加大。2014年8月，原文化部非物质文化遗产司发布了国家非遗保护传承的新思路与新举措，提出鼓励非遗衍生品的开发措施及丰富非遗的主题及表现形式的要求。这是将非遗衍生品的开发上升至国家非遗传承的高度，将传统因素融入现代品牌，让更多的非遗元素进入当代人的日常生活，让非遗衍生品的开发成为扩大就业的重要渠道。

黄河非遗衍生品由于更加重视产品的美观性与实用性而回归大众视野。传统工艺与家居用品、服饰的结合，实现了新型工艺品的转型升级。这不仅是传承非遗文化的重要职责，同时也是带动工业发展与经济增长的应有担当，对于促进文化产业发展和推动就业率的提升意义非凡。相当一部分非遗项目，借助衍生产品设计，实现了从博物馆里的展览品到日常消费品的转变，以“买得起的艺术品”进入千家万户，拉近“传统”与“现代”的距离，助力从业者增收。入选“十大中国最美村镇”的开封朱仙镇是中国木版年画发源地之一，从2006年起，开封市政府拓展木版年画创新传承空间，通过创意设计、数字科技、产业链延伸等措施，一些符合现代生活气息的衍生品应运而生，衍生出特色帆布包、扑克牌、玩偶等，它们方便携带、价格适中，使游客爱不释手。木版年画的新生不仅为古老技艺注入了活力，帮助众多手工艺者解决就业问题，还推动了当地居民增收和经济发展，也促进了社会的繁荣与稳定。而非遗衍生品的“华丽转身”又吸引了年轻人惊讶的审视和欣赏的目光。

（三）黄河非遗衍生品的传播助力扶贫模式创新

2018年7月至8月，文化和旅游部办公厅、国务院扶贫办综合司先后联合下发《关于支持设立非遗扶贫就业工坊的通知》《关于大力振兴贫困地区传统工艺助力精准扶贫的通知》两份重要文件，对“非遗+扶贫”做出具体部署，提出“选取适于带动就业、有市场潜力的传统工艺项目，采取政府投资、对口帮扶援建、合作共建等方式，设立非遗扶贫就业工坊，形成一个或几个相对集中的传统工艺生产培训和交流展示空间”。2018年12月10日，文化和旅游部印发第1号部令——《国家级文化生态保护区管理办法》，明确提出“遗产丰富、氛围浓厚、特色鲜明、民众受益”的目标。其中的“民众受益”便是把满足人民日益增长的美好生活需要、提高民众收益以及脱贫攻坚与非遗保护传承相结合。

“非遗+扶贫”是在文旅融合不断深化的背景下提出的新型扶贫模式，以传承非物质文化遗产，将传统工艺与现代商务无缝对接，实现贫困户增收的一种扶贫模式。[3]如2019年京东非遗频道宣告上线，全国数家非遗扶贫就业工坊以集合店的方式入驻京东，产品分为非遗收藏品、非遗设计品、非遗衍生品三大类，首批汇集了近3万件非遗作品，以商业生态链为文创产品赋能。开展“非遗+扶贫”，一方面要求上游打通路径，依托传统工艺项目培育品牌，培育非遗传承人，加大产品输出，实现当地相关产业经济增长；另一方面需要以销定产、订单生产等多种形式，打通下游“电商+非遗+扶贫”一体化路径，助力非遗商家实现“互联网+非遗衍生品”模式的发展。

三、黄河非遗衍生品传播与经济开发协同发展的路径研究

（一）黄河非遗衍生品传播与经济开发协同发展的必要性

非遗衍生品的传播与经济协同发展是指在传播过程中可以有效发掘非遗衍生品的经济价值，在经济开发的过程中又可以寻找到新的传播路径，使非遗衍生品的传播路径和经济开发的创新协同发展。开展黄河非物质文化遗产的保护和传承，非遗衍生品承担着推动非物质文化遗产走向大众的传播使命，首先要做到让非物质文化遗产从“养在深闺”“阳春白雪”走入大众视野，因此，从某种意义上说，黄河非遗衍生品传播路径与经济开发协同发展研究势在必行。

（二）“品牌 +IP”点亮传播新路径

非遗衍生品作为文化产品具备快销属性，打造 IP 形成品牌，首先能够充分展现文化的意蕴，形成长效传播链条，从而增强广阔的市场延展力，提升品牌价值，为文化传播点亮新路径。其次能够通过品牌效应反哺非遗衍生品销售，在碎片化消费的市场环境下实现双赢发展。[4] 河南赏豫文化创意有限公司是近些年河南非遗衍生品销售的生力军，自 2014 年成立以来，始终秉承“创意让传统新生”的理念，孵化原创品牌“豫游纪”，以传统年画、祥瑞神兽、吉祥纹样等传统元素作为创意亮点，把握消费心理、创新图案设计，研发更贴合日常需求的文创产品。2019 年深圳文博会期间，他们打造的“艺术绢盒”惊艳全场，由传统年画和神话传说衍生而来的图案以垂直吊旗的形式环绕四周，色彩热烈绚丽，尽显东方美学风雅，让人眼前一亮。同时“豫游纪”围绕传统文化 IP 内容运营和一站式文创商业赋能运营，目前已开发出“中国潮礼”等四大产品体系，产品覆盖家居用品、服饰配饰、文具用品、手机配件、节日礼品等五十余种品类，成为展示近年来河南文化传播与产业开发成就的新成员。

（三）“平台 + 云端”新矩阵打造传播新平台

随着移动互联网的普及，抖音、快手等短视频平台兴起，为非遗及非遗衍生品的传播推广提供了有效平台。[5] 基于新媒体用户群体庞大的特点，近年来，

网络平台与“非遗”文化之间的合作比比皆是。借助网络平台，黄河非遗的衍生品在产品设计、内涵内容上不断创新，不仅加快了非遗衍生品的传播速度，也扩大了非遗衍生品的文化宽度。近年来大火的抖音平台，携手非遗迈进“平台+云端”新矩阵，取得了可喜的效果。2019年抖音发起“非遗合伙人计划”，面向全国招募非遗传承人和有志于非遗传播的相关机构，并发布非遗和非遗衍生品相关视频。仅一年多时间，抖音平台已为1372个国家级非遗项目发布相关视频，播放超过2000亿次，获得点赞超过64.8亿次。

河南省三门峡函谷关、鹿邑县明道宫老君台等老子文化景区，注重黄河文化、老子文化非遗衍生品的“平台+云端”矩阵传播与开发，网上购票打卡，景区内的老子文化标识网上多个平台上的“云端”随处可见，相关措施使老子骑青牛西去的小型雕塑、《道德经》模型笔筒、多种材质的“上善若水”书签“活”了起来，它们既传承与传播了黄河文化、老子文化，更向旅游者传递一种达观人生态度。

打造传播矩阵融通平台，助力有效拓展文化传播及销售渠道，在探索、实践非物质文化遗产活态保护与传承路径的同时，拓宽了其产业发展空间。为黄河非遗衍生品传播效应的倍增提供了有益的借鉴，让以往被束之高阁的黄河非遗项目，焕发出新的发展活力，同时，也让大众参与到传统文化的传承保护中。让非遗衍生品代表非遗文化做到了“旧时王谢堂前燕，飞入寻常百姓家”。

（四）文化产业链为传播赋能

黄河非遗衍生品作为文化创意产业的重要组成部分，可以通过文化产业链的加强与延伸为传播赋予新的能量。地方政府在充分明晰了本地的非遗资源优势与传播价值后，可出台相关产业扶持政策，形成政府主导、企业聚集、居民参与的产业发展体系。同时，针对非遗文化项目予以税收减免、保险福利等财政支持，鼓励非物质文化遗产传承者与非遗衍生品开发企业进驻文旅景点，这不仅能够提高运转效率，也能发挥“鲇鱼效应”，激发企业活力。

2017年，陕西省袁家村与香港福通控股集团共同开发建设的袁家村，被誉为中国最佳旅游项目之一，该项目是以“文化+旅游”为切入点，大力推进“体验文化、休闲旅游”为一体的文旅小镇。在小镇内部，分类建设了多种非遗产品的生产、体验及销售为一体的文化产业链，让非遗保护和传承的理念从促进文化建设层面导向经济效益、社会发展层面，实现从“政府介入”到“乡村自救”、从“旅游经营”到“乡村发展”的以乡村整体发展为要的理念转换。2018年河南省新乡市获嘉县复制了该模式，打造了同盟古镇·袁家村文旅小镇，有效通过打造文旅小镇等方式推动非遗传播。

（五）“传统+现代”营造传播新模式

在黄河非遗衍生品的设计与开发过程中，在继承传统的同时，注重“传统”与“现代”融合，形成“传统+现代”的开发思路，结合潮流进行创作创新，为非物质文化遗产及其衍生品赋予时代价值，促使其焕发新活力，拓宽“传播+产业开发”路径。

以非物质文化遗产汴绣为例，中国刺绣艺术大师、河南省非物质文化遗产代表性传承人程曼萍，坚守技艺，创作了历代名画等传统汴绣收藏品，同时融合现代元素，打造了现代流行的汴绣新品，使具有西方油画效果的汴绣、现代元素风格的屏风、装饰等作品，深受消费者喜爱，让汴绣从汴城走向了世界。老手艺新物件的传统非遗技术，在传承文明、融合现代的生活中扮演着重要角色，“千层底手工布鞋制作技艺”在中国有着三千多年的悠久历史，2009年被文化部列入国家级非物质文化遗产名录。如今，黄河流域的千层底布鞋已然回归到千家万户的日常生活当中。尤其是经过十余年的探索，陕西延安黄陵鸿福祥布鞋、四川“唐昌布鞋”等品牌融合传统手艺与现代元素，迎合现代审美需求，与专业院校合作，研发新颖时尚的新款式，通过专卖店、网络、景区等多种销售模式，不仅巧妙地化解了手艺面临失传的困境，还正在成为“中国鞋”时尚转身的代表。

参考文献：

[1] 苑利，顾军．非物质文化遗产学[M]．北京：高等教育出版社，2009：3.

［2］刘志立．浚县古庙会与区域经济发展研究［D］．武汉：华中师范大学，2014：18－19.
［3］吴学安．“非遗扶贫”成为扶贫新亮点［N］．中国旅游报，2019－07－22（003）.
［4］于芳．基于传统文化 IP 的复兴与再造转化方式［J］．美术大观，2019（5）：130－131.
［5］刘明．融媒体视阈下黄河水文化传播策略研究［J］．新闻爱好者，2020（6）：59－61.

（作者：毕雪燕、赵爽，原载于《新闻爱好者》2021 年 8 期）

第四篇

融通中外 4

黄河文化的国际传播

跨文化视角下黄河生态文明建设与国际传播策略

一、问题的提出

历史上，黄河曾是一条桀骜不驯、多灾多难的河流，被称为“中国之忧患”，是世界上最难治理的河流之一。新中国成立70年来，在党中央和各级政府的领导下，沿黄军民和黄河建设者开展了大规模的黄河治理保护工作，取得了举世瞩目的成就。水沙治理取得显著成效，防洪减灾体系基本建成，河道萎缩态势初步遏制，生态环境持续明显向好，水土流失综合防治成效显著，上游水源涵养能力稳步提升，中游黄土高原蓄水保土能力显著增强，实现了“人进沙退”的治沙奇迹，生物多样性明显增加。2012年，党的十八大又将生态文明建设摆到中国特色社会主义事业“五位一体”总体布局的位置。2018年，中国将生态文明建设写入宪法。“绿水青山就是金山银山”已成为全民共识。

2019年9月17日，习近平总书记专门考察了黄河国家地质公园，了解沿黄地区生态保护等情况，随后主持召开黄河流域生态保护和高质量发展座谈会，并发表重要讲话。他强调，要坚持绿水青山就是金山银山的理念，坚持生态优先、绿色发展，以水而定、量水而行，因地制宜、分类施策，上下游、干支流、左右岸统筹谋划，共同抓好大保护，协同推进大治理，着力加强生态保护治理、保障黄河长治久安、促进全流域高质量发展、改善人民群众生活、保护传承弘扬黄河文化，让黄河成为造福人民的幸福河。[1]

纵观西方媒体对中国的报道，但凡涉及社会议题时，总是免不了重点渲染我国的环境破坏与污染问题。黄河生态文明建设成就刚好是一个反例，具有较高的新闻价值，国际社会普遍存在着这样的信息需求：发达国家的人民需要了解我国的环境、生态真相，发展中国家特别是缺水或水患严重的国家渴望了解、借鉴我国的治黄经验。同时，在国际社会宣传推广我国治黄经验，是展示我国负责任大国形象的良好途径。然而，通过检索外文版的学术期刊和新闻报道，发现对我国黄河生态文明建设的探讨和传播，还处于零星的、散乱的状态，系统的探讨和对外传播还没有真正开始。这个领域有望成为一片大有可为的国际传播新天地。如何开展和推进黄河生态文明建设的对外传播呢？如何传播才能取得理想的效果呢？传播学、跨文化交际学的一些经典理论以及前沿研究成果可以给我们一些启示和参考。

二、相关文献回顾

传播学的主要奠基者之一拉斯韦尔首先提出构成传播需要五个要素（即 5W 传播模式）：who（谁），what（说了什么），what channel（通过什么渠道），to whom（对谁说），what effect（达到什么效果）。这是传播学的经典理论，它虽然历经 70 余载，仍对我国的对外宣传和国家形象构建具有指导意义。中国传媒大学教授张毓强、黄姗、赵永华等学者（2019）认为，当前在全球信息传播主渠道中，中国的信息在场比例得到了有效提升，然而，在沟通的有效性方面，似乎难得见到突破性成果。究其原因，根本在于对外传播的内容不合适，与受众的信息需求和价值观不十分吻合，因此往往成为“舆论场”中的冗余信息，遑论好的传播效果。[2]

美国人类学家爱德华·霍尔将世界的主要语言区域划分为高语境和低语境语言区域，其中汉语属于典型的高语境语言，英语属于典型的低语境语言。高语境语言追求委婉、含蓄，传达出去的信息需要听者或读者反复加以揣摩，篇章方面，往往将观点隐藏于尾部或中部某处；低语境语言则相反，追求简单、直白，生怕听者或读者不明白自己的意图，篇章结构方面，喜欢开门见山，在开篇处亮明观点。笔者近期的研究认为，要想达到理想的沟通、传播效果，除了上述因素外，还要考虑对外传播的时机问题。

三、对外传播黄河生态文明的时机问题

近些年，西方学界、政界、媒体长期唱衰中国，“中国崩溃论”盛行，然而，中国不仅没有崩溃，反而持续向好发展。2017年11月13日，美国《时代》周刊封面上用中英双语惊呼“中国赢了”（China Won）。中国为什么能赢？这是盘旋在世界许多国家政府和人民心中一个未解心结。近期，我国开展的各项新中国成立70周年庆祝活动，展示了新中国军事、经济、社会、文化各领域的发展成果，更是激起了国际社会对我国的浓厚兴趣，世界更加希望了解中国。然而，长期以来，西方媒体对中国社会新闻的选题之一便是环境污染与破坏，其中之一便是黄河的负面新闻：水土流失、改道、环境恶化等。事实上，经过几十年的治理，黄河生态已发生了较大的改观。然而，检索一下我国对外宣传报道，对过去几十年我国的黄河治理成就、沿黄生态文明成就的探讨和报道并不多见，基本处于失语状态。近期，习近平总书记考察黄河国家地质公园，对黄河生态文明提出了高要求，我国正在谋划更高水平、更高层次的黄河生态文明建设方略。因此，现在开始对黄河生态文明成就进行国际传播，恰逢其时；将来持续对外传播我国如何将曾经的“害河”治理成为一条沿河两岸经济、社会、环境协调发展的“福河”，不仅有利于国际社会对我国的深入了解，更有利于发展中国家借鉴和参考我国的治水经验，有利于提升我国的软实力和世界影响力。

四、议题设置与传播平台

当前和今后一段时间是我国向海外传播黄河生态文明建设的大好时机，然而要产生理想的效果，还需要设置议题。2013年，联合国环境规划署理事会会议通过了推广中国生态文明理念的决定草案。2019年3月，在第四届联合国环境大会上，联合国人居署报告认为，中国治理污染河道的成功经验为其他发展中国家提供了范例。[3]我国环境治理得到了世界权威机构的认可，这是一个好的开始。基于此，我们可以把更具典型意义的黄河由一条水土流失严重、生态严重失衡的河流治理成为一条多种生态和谐共生的河流展示给联合国环境署，并积极

推动该组织发起专题讨论黄河生态建设经验的论坛，邀请发展中国家的政府、学术界、企业界等人士参与讨论，并邀请我国媒体以及国外友好媒体进行深度报道。此类对外传播的方法，也同样适用于具有全球影响力的世界水论坛。《中国日报》、央视国际频道的水利类、环境类英文版期刊，都可以借黄河生态文明建设上升为国家重大战略为契机，增设生态文明建设专栏或专刊，或拍摄纪录片，或刊载纪实文学作品等。

五、对外传播内容与叙事风格

由于世界各国对我国黄河生态文明建设的了解程度不同，各国河流所处的自然环境不同，流域内经济社会发展程度不同，对外传播黄河文明生态的内容不仅要与国内传播的内容有所不同，而且面对各语种国家区域传播，内容也应有所不同。为了达到更理想的传播效果，可以分语种进行传播。

（一）英文版本的内容与叙事风格

近两百年以来，英语是世界上政治、经济、科技、学术、新闻等几乎所有国际性行业的主导性语言，面向世界传播黄河生态文明，无疑首先要使用英语。英语版在内容方面，就应该全面介绍黄河的治理情况，但基于国外受众对黄河生态建设了解相对较少，英语版的对外宣传资料应比汉语版粗线条一些，比如：上游的植被培育、水源涵养等情况，中游下游的人进沙退、盐碱地治理等情况，下游的湿地保护、经济作物与景观植物和谐共生等情况，都是国外受众希望了解的信息。对外宣传的形式，不要采用政论片，而要采用纪录片，因为政论片由于受意识形态、政治立场等影响，不容易被国际受众所接受，甚至会引起其反感，而纪录片比较客观，容易被人接受。纪录片的叙事风格要采用国际上通行的大主题、小视角的风格，比如：以纪实的手法拍摄兰考盐碱地治理中的几个典型家庭或个人的工作、生活变迁，并以此折射出盐碱地治理的宏大主题。兰考的泡桐种植以及它的固沙作用和经济价值，更值得拍摄和对外传播。在语言风格方面，要采用英语的低语境风格，简单、直白、朴实，少用华丽辞藻，多用数据说话。

（二）其他语种版本的内容与叙事风格

对其他语种的对外宣传，一方面是为提升我国的国际形象，另一方面也是为了给“一带一路”国家提供生态建设方面的借鉴参考。限于文章篇幅和知识结构，本文仅探讨“一带一路”沿线主要非英语国家——俄语国家、阿拉伯语国家和东南亚国家的语言版本。

1. 俄语版本

俄罗斯、哈萨克斯坦、乌兹别克斯坦、塔吉克斯坦等国家流淌着伏尔加河、乌拉尔河等大中型河流，20 世纪八九十年代之交苏联政治动荡、1991 年底苏联解体以及后来经济增长停滞或增长乏力，一些河流疏于治理，生态环境堪忧。我国黄河生态文明建设中寒带生态植被培育、经济作物培育，上、中、下游水资源调配与生态保护等内容，可能对该地区有一定的借鉴价值。我国黄河治理中不屈不挠的斗争精神、抗洪抢险的故事能够引起“战斗民族”的情感共鸣。俄语本质上是低语境语言，与英语接近，叙事风格和语言风格，采用英语的模板，简单、直白，让数据说活，效果会很不错。

2. 阿拉伯语版本

北非、中非地区流淌着尼罗河，该河流域与黄河流域有些相似，穿越沙漠地区，生态环境相似，因此对该地区的传播内容，重点是水源涵养和沙漠化、水土流失、水污染治理。该地区的官方语言为阿拉伯语，阿拉伯语的语言风格更加高语境，强调以情动人，因此，使用的阿拉伯语要更多采用文学的、煽情的表达方式。同时，阿拉伯人喜欢神话故事，因此黄河水患治理中的传说故事，在中东地区会有较强的吸引力。

3. 东南亚各语种版本

东南亚地区与我国接壤，境内的澜沧江 / 湄公河源自我国，流经老挝、缅甸、泰国、柬埔寨和越南，然后入海。它虽然泥沙少，但是污染严重，水患严重，多次出现生态危机，由于流经多个国家，治理难度很大。我国黄河生态文明建设，对该河流治理也许具有启示意义。对该地区的对外宣传方面，可以重点突出洪水防控、水资源调配、生态破坏与修复、粮食作物与经济作物互生共长等内容，宣传的形式最好是纪录片，可以采用泰语、缅甸语、柬埔寨语、越南语，这些语言都是高语境语言，与汉语差不多，遣词造句与篇章结构布局与汉语相近即可。

六、结语

黄河曾是中华民族的心腹忧患，新中国成立 70 多年来，不仅解决了决堤、改道、水土流失、盐碱地等刚性问题，生态文明建设也取得了可观成效。近期，习近平总书记视察黄河国家地质公园，提出要加强黄河生态文明建设和高质量发展，这是我国生态文明建设的重大部署。这些成就和战略部署都可以成为我国构建良好国际形象的重要因素。

参考文献：

［1］徐静蕾，赵红信．黄河流域生态保护和高质量发展是重大国家战略［N］．北京青年报，2019－09－20.

［2］张毓强，黄姗．中国国际传播中的信息生产、信息在场与沟通达成［J］．对外传播，2019（8）.

［3］郭爽，杨臻，卢朵宝．世界点赞中国生态文明建设成就［EB/OL］．新华网，www.xinhuanet.com/world/2019－0314/c_1210082827.htm.

（作者：曹德春，原载于《新闻爱好者》2020 年 3 期）

黄河文化国际传播话语体系构建与实践路径探索

黄河文化是中华文明、中华优秀传统文化的重要代表和璀璨名片。2019 年习总书记在黄河流域生态保护座谈会上的重要讲话推动了国内学者在黄河文化研究领域的不断拓展，关涉文化、旅游、经济、传播、区域与国别等。分析发现，国内学者大多致力于黄河文化国内传播领域研究，少有涉及黄河文化国际传播研究。在当前文化“走出去”战略背景下，探索黄河文化国际传播将助力中华优秀传统文化“走出去”。

基于此，本文首先从多维视角分析国际传播基本概念与其中国性意义、话语体系构建的内涵与意蕴，基于黄河文化典型性代表的中国武术文化国际传播实例，从传播学、翻译学等视角，借鉴翻译传播话语体系构建和中国武术文化国际传播话语体系构建理论依据，探索黄河文化国际传播话语体系构建实践路径及策略建议。

一、多维视角下国际传播概念及其中国性意义

（一）国际传播概念

国际传播（international communication）概念最早由西方学者罗杰斯（Rogers）提出。[1]广义上指一切跨越国家边界的各种信息传播活动；而狭义上指跨越国界的大众传播，其主体多为国家政府。[2]国际传播概念自 20 世纪 80 年代初引入我国后，新闻传播界从不同角度界定。刘继南认为，国际传播是指通过大众传播媒介一个国家向其他国家或地区受众所进行的跨国传播或全球传播；[3]程曼丽等提出，国际传播是指以国家为主体而进行的跨文化信息沟通；[4]国内学者多从狭义视角界定和研究国际传播。

（二）国际传播的中国性意义

当今经济全球化背景下，文化国际传播对国家发展、民族复兴、文化繁荣的意义和价值比以往任何时期都更加显著。党的十九大报告等中央多份指导文件均指出，要推动中华优秀传统文化“走出去”，加强国际传播能力建设，提升国家文化软实力。2021 年 5 月 31 日，习近平总书记在中央政治局集体学习时再次强调要加强和改进国际传播工作，展示真实、立体、全面的中国。因此，必须加强顶层设计和研究布局，构建具有鲜明中国特色的战略传播体系，着力提高国际传播影响力、中华文化感召力，向世界推介更多具有中国特色、饱含中国气度、汇聚古老东方智慧的优秀文化。

当前，国际传播作为争夺国际话语权、引领国际舆论走向、保障国家文化安全、意识形态安全的有力武器，越来越被世界各国所重视。中国主动适应传播变局、创新话语方式，向世界讲述中国故事，效果日益明显。在人类命运休戚与共的今天，世界渴望了解中国，中国需要拥抱世界，向世界展示更加真实、立体、全面的中国已是时代发展的必然要求。

二、黄河文化国际传播话语体系构建：内涵与意义

（一）黄河文化国际传播话语体系构建的内涵

当前中国的国际传播话语体系现状并不乐观，一方面我国话语在国际传播领域受到来自西方国家“权威”话语的压制；另一方面，我国话语体系自身建设尚处于相对滞后、零散的状态。西方国家对主流传播媒介的操控使中国话语在国际传播时往往面临“有理说不出”的尴尬境地。因此，推进黄河文化国际传播，应对当前的传播话语体系重新构建，推出融通中外、涵盖古今的新概念、范畴及表述，进而才能更加充分、更加鲜明地展现黄河文化的精髓和实质，增强黄河文化在世界上的传播力和感染力。

（二）黄河文化国际传播话语体系构建的现实意义

黄河文化国际传播尚未形成系统完整的话语体系，对黄河文化国际传播话语体系构建的研究也尚未形成科学的理论框架和实践遵循。只有不断弘扬与传播中华优秀传统文化，才能提高中华文化在国际传播中的地位；只有构建起独立自主的文化国际传播话语体系，才能树立起符合中国国情的国际形象，从而完成从“他塑”到“自塑”的转变。[5] 因此，新时代探寻华夏文明之源，讲好中国故事，黄河文化国际传播及其话语体系构建便是有力推手。

积极开展黄河文化国际传播及其话语体系构建，展现中华传统文化魅力，符合中华传统文化复兴的需要。在“东方智慧，全球价值”的总体认知下，黄河文化在整个中华文化谱系中的独特地位意味着其不仅扮演着重要的角色，甚至可能进一步丰富、推动整个中华文化的全球化表达。

三、黄河文化国际传播话语体系构建的实现路径

（一）黄河文化典型性代表的中国武术文化国际传播实践借鉴

对于黄河文化概念的界定，广义的黄河文化是指黄河流域的人民所创造的各种物质、精神财富总和；狭义的黄河文化是指黄河流域的人民所具有的区别于其他流域的各种文化现象。[6] 总体而言，黄河文化是一个包罗万象、层次多样的文化共同体。黄河文化经历了从裴李岗文化、磁山文化，经仰韶文化，再到龙山文化；包含武术文化、河洛文化、粮食文化、中原文化等特色鲜明的文化现象。

河南是黄河文化历史传承中不可或缺的文化承载者，武术文化是河南优秀传统文化的典型代表。以中国武术文化国际传播话语体系构建为例，在政府引领、国际传播人才培养、平台建设、国际交流、项目驱动、话语表达（国内外论文发表）、奖励机制、网络传播、特色智库等方面建立健全保障措施，形成良性的传播系统，通过多渠道多路径形成了系统的国际传播话语体系。

（二）黄河文化国际传播话语体系构建的实践路径建议

话语体系构建绝非一日之功，它需要尊重话语形成规律以及科学理论指导，需要深入实践、不断探索。黄河文化国际传播理论演进路径，[7]通过黄河文化国际传播的实践、实践中总结的经验、经过提炼后形成的假说，继而经过验证并最终形成贴合黄河文化传播本质与规律的黄河文化国际传播理论，旨在实现以融通中外为目标的新时代黄河文化国际传播话语体系构建。

通过挖掘黄河文化本源内涵，剖析黄河文化国际传播实践，从概念、范畴、表述三个层面探索“融通中外”的表达方式，提出黄河文化国际传播规范的标准研究制订和黄河文化国际传播话语体系构建的理论阐释。在具体的实践路径中，提出以下建议。

1. 树立黄河文化国际传播理念

我国的黄河文化挖掘工作尚处于起步阶段，黄河文化的国际传播尚未得到足够的重视与推广，黄河文化国际传播话语体系构建是在“中国文化走出去”“黄河流域生态保护和高质量发展”“黄河文化保护、传承和弘扬”等背景下应运而生的，其首要前提是树立正确的国际传播理念。我们既要充分吸收国际社会所普遍认可的传播理念，又要向国际社会贡献具有中国特色的国际传播理念。在黄河文化国际传播中，我们要秉持客观性、独立性、公正性、均衡性理念。文化全球化背景下，中国与国外优秀文化的交融是必然趋势，黄河文化国际传播要坚持以我为主理念，同时也要扎根受众国家与地区，做到“定制化”“个性化”“本土化”传播，只有如此，黄河文化国际传播才会真正落地并取得实效。

2. 研究制定黄河文化国际传播规范与标准

黄河文化国际传播已获得国家与政府的大力支持，但其传播规范与标准仍有待理论依据和实践探索的支撑。纵观当前黄河文化国际传播实践，绝大多数传播者都惯用“搬运”的方式将其具体内容复制到各类传播媒介、平台上，并没有考虑传播内容的规范性与标准性问题，因而出现部分传播内容混杂、断章取义、缺乏针对性，大大降低了黄河文化形象度，造成了黄河文化的阐释力不足，难以形成黄河话语的持续影响力和吸引力。因此，做好黄河文化国际传播，需要从国家和制度层面做好顶层设计，组织相关领域专家学者，跨部门、跨领域协作，共同研究制定黄河文化国际传播规范与标准，从内容生产、主体运营到效果评估等方面做出科学化、合理化规划，打造有利于黄河文化国际传播的社会环境，促进黄河文化传承和创新，推动黄河文化的现代阐释和转化，提升黄河文化国际传播话语权。

3. 优化黄河文化国际传播平台与媒介

黄河文化是一脉相承、复杂而完整的体系，然而当其借助新媒体等平台进行国际传播时，碎片化叙事、片面化解读等问题时有发生。这导致黄河文化在国际传播过程中缺乏系统性、深刻性，长此以往会令他国受众无法真正理解和把握黄河文化的整体发展脉络和独特思想内涵。因此，在黄河文化国际传播中，应整合各类黄河文化传播媒介及资源，集中打造黄河文化国际传播旗舰平台，并充分利用新技术、新应用创新传播渠道，占领黄河文化国际传播高地。同时也要精心筛选黄河文化国际传播内容，保持黄河文化国际传播的传承性与完整性特征。比如，中国最大的国际新闻网站环球网，是中国互联网上最主要的内容提供商之一，日均访问读者超 2000 万，开发与此类国际传媒网络的合作，对黄河文化国际传播有推动作用。还有 Twitter、Facebook 等在国外广为大众使用的自媒体，都是可以开发利用的传播平台。此外，可通过国内外学术研讨交流会、研究中心、政府委托项目、智库建设等平台推动黄河文化的国际传播。

4. 关注黄河文化国际传播的文化间性

作为一种跨语言与文化的传播形态，在进行国际传播时，必须先跨越语言障碍，使传受双方共用同一种语言。英语作为当今国际传播的通用语言，母语为非英语的国家大都会将母语转换成英语，从而完成对信息和意义的“二次编码”。然而在这个语言转换过程中，依旧会存在语言不对等或不可译的问题。如何将一种文化里的独特表达转化成与之相适应的另一种文化里的意义是当今文化国际传播过程中必须面对和克服的问题。话语只有符合受众的语境、习惯、文化，才能发挥其传播作用，否则只会适得其反。因此，在黄河文化国际传播中，如何将黄河文化中的“天人合一”“人法地，地法天，天法道，道法自然”的热爱自然、尊重自然规律的观念和精神传递给其他文化国家[8]，需要国际传播者既熟悉各国文化差异，能有效使用翻译等途径解决文化间性等问题，又洞察文化国际传播规律，能灵活处理来自不同国家的杂音，解决来自不同立场的文化误读和误解。

5. 加强国际传播能力人才培养

当今，中国文化国际传播进入全球化竞争新阶段，国际传播能力建设及其人才培养将是中国文化全球性竞争的强有力助推器。因此，要加强国际传播能力人才培养，着力打造复合型国际化人才，不断提升全球化视野与全科范围知识背景储备。在大数据信息流中，准确发掘目标领域关键信息，有效归纳总结核心资源。国际传播能力人才首要的是语言基础、是翻译能力，能用外语阅读国际文献，交流、表达观点，同时，国际传播能力人才培养不仅仅要求熟悉国际传播内容，更应具备内容运营意识、技术意识以及创新意识。做好黄河文化国际传播，就要大胆突破边界，努力实现跨学科国际传播人才培养的破圈，培养国际关系学、国际传播学、语言学、翻译学等多领域跨学科人才，从而实现将黄河文化的中国意义传播到国际圈，被国际目标受众所接受，达到国际传播的最终目的和效果。

四、结语

新时代，推进黄河文化传承与创新，探讨黄河流域生态保护与高质量发展、黄河文明价值挖掘与体系重构、黄河文明作为根与魂、媒与桥的作用是时下黄河文化研究的热点与方向。本文对黄河文化国际传播话语体系构建的分析旨在探讨黄河文化国际传播领域存在的问题。当前，我们在黄河文化的国内传播研究方面深入广泛且富有成果，但对于这一优秀传统文化的国际传播方面尚缺乏相关经验与规范。精心打造鲜活生动、易于接受的新话语，全力构建独具特色、富于建设性的黄河文化国际传播话语体系，必然会为中华优秀传统文化的国际传播开创出更广大的平台和空间。

在黄河文化国际传播话语体系构建中，要以中华武术等优秀文旅资源作为传播内容，要树立黄河文化国际传播理念，制定黄河文化国际传播规范与标准，不断优化黄河文化国际传播平台与媒介，关注黄河文化国际传播的文化间性及强化国际传播能力人才培养等问题，进而深入推进黄河文化国际传播话语体系的成熟与完善，并拓宽从中亚文明、世界文学、区域与国别、国际汉学等多维视角进行研究，为讲好“黄河故事”、弘扬黄河文化延展研究广度和实践路径。

参考文献：

[1] 崔远航．“国际传播”与“全球传播”概念使用变迁：回应“国际传播过时论”[J]．国际新闻界，2013（6）：55-64.

[2] 李智．国际传播[M]．北京：中国人民大学出版社，2013：2-3.

[3] 刘继南，等．国际传播与国家形象[M]．北京：北京广播学院出版社，2002：2.

[4] 程曼丽．国际传播学教程[M]．北京：北京大学出版社，2006：2.

[5] 李敬．黄河文化的三个价值维度[J]．中共郑州市委党校学报，2020（2）：99-102.

[6] 朱伟利．刍议黄河文化的内涵与传播[J]．新闻爱好者，2020（1）：32-35.

[7] 焦丹．中国武术外译话语体系构建探蹊：概念、范畴、表达[J]．上海翻译，2021（4）：32-37.

[8] 牛建强．黄河文化概说[M]．郑州：黄河水利出版社，2021：229-230.

（作者：焦丹、苏铭，原载于《新闻爱好者》2022 年 1 期）

黄河文化的对外传播：价值取向、现实困境与路径创新

黄河被誉为中华民族的母亲河，是中华文明的发源地之一。根植于黄河流域的黄河文明是中华古文明中最具代表性、最具影响力的主体文化。[1]虽然历经时代考究证明黄河流域并不是中华古文明发展的唯一源头和发祥地，但黄河文化在“多元一体”的中华文明体系中仍然是最重要的部分。在我国5000余年的文明发展史中，黄河流域孕育了极为丰富的人类文化。虽历经千年历史变幻，但作为中华文明主脉的黄河文化，仍然是中华民族对外传播最具代表性的一张名片。

2019年9月，习近平总书记在考察黄河生态时强调要深挖黄河文化所蕴含的时代价值，“讲好黄河故事，延续历史文脉，坚定文化自信，为实现中华民族伟大复兴的中国梦凝聚精神力量”。[2]因此，新时代如何在国际舆论场中讲好黄河故事、传播好黄河文化已经成为我国对外传播实践中的重要命题。

一、黄河文化所蕴含的时代价值

黄河文化是人类历史上唯一一支不曾断流的历史文明，虽历经5000余年历史变幻，仍以其深厚的文化底蕴涵养着中华文化，为实现中华民族的伟大复兴凝聚着精神力量。黄河文化所蕴含的人文精神、思想观念、价值规范在当今时代仍具有重要的时代价值。[3]

（一）为世界文明发展提供中华民族的文化力量

黄河文化在中华文明乃至人类文明中都有着重要的地位，在浩瀚的人类文明史上留下浓墨重彩的一笔，以其深厚的文化底蕴和丰富的文化内涵不断涵养着中

华文明，不仅是实现中华民族文化自信的重要载体和保障，更是世界文明发展中重要的民族文化力量。

作为早期中华文明诞生地的黄河流域，孕育了仰韶文化、马家窑文化、大汶口文化，以及关中文化与齐鲁文化等灿若星河的人类文明。[4] 黄河流域不仅孕育了璀璨的物质文明，还诞生了至今仍影响海内外的精神文明。黄河流域的广大劳动人民依靠自己的智慧，在大量、丰富的实践中产生了《诗经》《史记》《老子》等经典著作。《诗经》《史记》《老子》等著作是研究黄河文化必不可少的经典文献，是中华民族优秀传统文化的思想渊源和根基。不仅以此成就了伟大的中华民族文化，还以其民族之力反哺世界文明，使得中国、古巴比伦、古埃及与古印度共同成为世界四大文明古国，为世界人类的文明发展提供了重要溯源。

（二）为世界各国生态文明环境建设提供中国理念、中国方案

早期人类文明皆傍河而生，古埃及文明诞生于尼罗河流域、古印度文明诞生于印度河流域、古巴比伦文明诞生于两河流域，黄河流域同样孕育了璀璨的中华文明，并经久不息，历久弥新。

黄河在中华民族的繁衍和发展中具有极高的地位，历代王朝大多傍河而立、因河而兴，但社会对黄河生态的认知却极其缺乏。受生产力发展水平和生产条件的限制，中国古代对于黄河生态的认知处于最缺乏的阶段，该阶段黄河生态的恶化主要与历代王朝一味向黄河索取生产和生活资料却忽视对黄河生态的保护密切相关。新中国成立后，毛泽东同志多次视察黄河并明确提到对黄河生态的保护。但当时中国面临着国内和国外两重忧患和压力，为了实现国家富强和人民幸福，因此与保护生态环境相比，经济建设才是重中之重。在此时期的实践中，人们对黄河仍然是以索取为主，黄河生态处于“被动”保护。[5] 党的十八大以来，五位一体制度的完善为黄河生态保护措施的落实提供了宏观支持和指导。习近平总书记始终心系黄河生态保护的具体落实。他强调，人类与自然是和谐共生的，人类应尊重自然、顺应自然、保护自然，这也将是自此以后人类与黄河相处的指导方针和原则。

（三）新时代为全方位构建人类命运共同体框架提供历史基础

黄河流域先天的自然环境和地理优势，使其在很长一段时期内都是中国的经济和政治中心，黄河文化的繁荣和发展一直领先于同时期其他人类文明。

虽然黄河文化因黄河流域而生，但黄河文化并不是单一的、排外的。相反，对内黄河文化吸收了南方少数民族和西北部、东北部民族的文化，对外甚至与亚洲、欧洲、非洲文化进行交流和融合，今日的黄河文化是包容的、开放的、多元一体的。[6]

早在西汉时期，张骞曾两次出使西域，打通了一条从西汉都城长安直达西方的东西大道，后被称为丝绸之路。自此以后，中国同中亚、欧洲的商业贸易往来迅速增加，中国开始源源不断地吸纳来自外界的文化和理念。隋唐时期，对外交往较为活跃，日本、波斯、新罗等国家多次派遣使节来唐进行文化交流与学习，至宋朝对外开放活动达至顶峰。宋朝时期，高度重视海上贸易，两宋政府在多座南方沿海城市设立市舶司，管理海外贸易。在与世界不同民族文化的交流交融中，不仅扩大了自身影响力，而且积极吸收其他民族、国家的优秀文化为己所用，逐渐形成包容、开放的黄河文化。文化因融而生、因鉴而兴，只有“走出去”“引进来”，文化的生命力才是持久的，才是时代所需的。黄河文化与周边国家文化的交流、交融，为当今构建人类命运共同体提供了历史基础。[7]

二、黄河文化对外传播的现实困境

（一）我国主流媒体对外传播话语权较弱，缺乏对黄河文化的主动议程设置

中国虽比以往任何时候都要靠近世界舞台的中央，但我国的国际传播力却与日益提升的国际地位并不符合，国际传播话语权很大程度上仍被西方发达国家把持和控制。

我国对外传播的媒体以官方主流媒体为主，如《人民日报》、新华社及其衍生品，但大部分官方主流媒体用大幅版面介绍宣传的往往是中国的人物、事件、成就等，对于生态的报道，特别是对于黄河文化的议程设置较为被动和缺乏。

受政治意识形态、经济、文化等复杂因素的影响，中国一直是国际媒体“抹黑”“妖魔化”的对象之一，尤其是随着中国经济实力的迅速增长，中国的生态环境问题被国际媒体持续攻击和诟病。在国际媒体大量负面的议程设置中，黄河文化被打上了生态破坏的烙印，因此提及黄河文化，国际受众的心理抵触机制便被触发。我国官方主流媒体在过去很长一段时间内缺乏对黄河文化进行议程的设置，导致没有办法开展对国际受众的有效引导，直接切断了国际受众获取黄河文化信息重要甚至关键的渠道。

（二）黄河文化对外传播主体单一，在国际舆论场中缺乏多元声音

中国对外传播中，政府这一政治角色和背景一直作为传媒的重要报道对象。以官方为主要角色，显示政府治理黄河的丰功伟绩和巨大成效，正面展示政府在黄河文化中功绩的传播信息，往往引起国际受众的反感和抵触情绪。民间媒体非官方的身份恰恰弥补了官方主流媒体对外传播之不足，以民间身份、独立性在国际舆论场中占有一席之地。

黄河文化是劳动人民智慧的结晶，是黄河流域人民所创造的物质财富和精神财富之和，相较官方语言更适合民间媒体进行宣传。民间媒体天然的非政府性、低姿态、亲民性在传播黄河文化时可以避开国际社会对中国媒体的颜色标签，同时利用大众喜欢的方式进行宣传，缩短国际受众与黄河文化之间的心理距离。但是目前民间媒体对黄河文化的报道是不系统、不完善、不全面的，民间媒体软环境补位的缺失将加深国际受众对黄河文化传播的心理隔阂。

（三）黄河文化对外传播形式单一，传播效果影响层面出现断层

传播形式对于最后达成的传播效果具有直接和重要作用，综观我国对黄河文化的传播，无论是对内传播还是对外传播，主要着眼于第一个环节即认知层面，却忽视了更深层次的影响，即行动层面。

受固有传播模式的影响，黄河文化的对外传播形式比较单一。主要体现在借助官方主流媒体以视频、文字或图片的形式向国际社会传播黄河流域生态治理成效和黄河文化底蕴的深厚，但该传播模式对国际受众的影响仅仅停留在认知层

面。该传播模式缺乏国际受众对黄河文化传播的反馈，与此同时，并未向国际社会提供与黄河文化互动的渠道和方式，如此便直接切断了黄河文化向国际社会传播的深层渠道，导致黄河文化对外传播的效果出现断层，对国际社会的影响也仅停留在认知的浅层。

三、黄河文化对外传播的路径创新

（一）利用国际社交媒体平台主动进行议程设置，丰富对外传播主体

国际社交媒体如 Facebook、Twitter 和 YouTube 在国际传播格局中扮演着越来越重要的角色，该类平台的“平民”视角可以最大化地缩短国际受众与信息之间的心理距离。

黄河文化首先可以借助国际社交平台最大化地覆盖受众群体，为其与国际受众进行文化对话提供沟通前提和基础。其次可以根据受众使用国际社交平台的习惯和爱好，有针对性地推送黄河文化信息。不同文化背景下的受众虽然对不同文化有抵触心理，但乐意在国际社交媒体中主动搜索和浏览其他国家民众的日常生活信息。如自媒体达人李子柒，在 YouTube 上投放的视频并未配任何英文字幕，但仍吸引了大量国外受众进行观看，在 YouTube 上的粉丝数已达千万级。究其原因不过是其拍摄的视频内容与人们的生活息息相关，使得受众在观看她的视频时会产生“移情”“同感”心理，加深对视频内容的理解。

黄河文化在对外传播时，可以以百姓生活为切入口，将黄河流域独有的民俗文化如安塞腰鼓与黄河流域的美食融入黄河流域广大劳动人民的日常生活，以老百姓的口吻和角度讲述每一个物件、每一道美食、每一个民俗、每一个事迹，与国际受众“拉家常”，潜移默化地将黄河文化对其传播和输送，使其感受黄河文化独有的魅力和特点。

（二）利用民间媒体的“软”身份来淡化官方的“硬”身份

利用民间媒体的“软”身份来淡化官方的“硬”身份。隐匿的是官方身份并不是传播诉求，政府主导制作的黄河文化宣传片、新闻报道在国际社会中并未

获得高度的认可，反而因为官方身份的生硬、话语体系的不同导致对黄河文化传播产生了负面效果。与之相对应的是，具有民间独立身份的孙书云，潜心记录、拍摄西藏百姓的日常生活，由此拍摄而成的《西藏一年》，虽未获得官方资助，却被英国 BBC 在一年内多次转播，且在其他国家也获得了广泛的认可和正面反响。甚至被英国媒体称为“第一次揭开西藏神秘的面纱，走进西藏”。[8] 相较于政府官方，民间的“低姿态”更易获得国际受众的认可和好感，因此，在现行国际传播秩序和规则下，黄河文化的对外传播应利用与官方保持距离的民间声音，或以根植于社会大众的“低姿态”身份进行传播活动。

（三）创新黄河文化与国际受众的对话形式，提升国际社会对黄河文化的认同感

黄河文化的对外传播仅着眼于信息传播层面是十分单薄的，更重要的是“传播形式 + 传播意识”的双重结合。黄河文化在对外传播中的关键点是转变固有传播思维，利用全媒体传播矩阵，增加国际受众接触黄河文化的可能性，通过多样化、立体式的传播形式，结合传播诉求提高黄河文化对外传播内容的可读性和受众接受度，削弱不同文化背景下受众的排斥心理。同时，可采取外贸促外宣、活动促交流的形式举办如黄河文化周、文化节等国际交流活动，最大化地提高国际受众与黄河文化之间的互动性。此外，注重黄河文化周边的创新，通过衍生产品的设计和推广，创新、丰富黄河文化在国际舆论场中的呈现及传播形式，以对话和交流的形式与各大国际社交网络平台中的网民形成文化共鸣，提升黄河文化在国际舆论场中的文化认同，进而全面展示和塑造良好的国家形象。

四、结语

黄河流域作为中华文明的起源地，孕育了璀璨绚烂的黄河文化。黄河文化在国际舆论场中的失声现象，倒逼丰富传播主体、创新传播形式和发挥民间媒体力量这三种解决途径成为黄河文化对话传播实践中的重要抓手。在实现中华民族伟大复兴的新时代，黄河文化有着不可替代的时代价值。不断挖掘黄河文化

的精神内涵，在国际社交网络中讲好黄河故事，既是新时代我国对外传播实践的时代之需，也是提升国际社会认同、塑造良好国家形象的应有之义。

参考文献：

[1] 苗长虹．黄河文化的历史意义与时代价值［N］．河南日报，2019-11-01（009）．

[2] 周小苑，岳小乔．习近平的黄河足迹［J］．决策探索（上），2019（10）：7-8.

[3] 邢祥，邢军．新时代黄河文化传播创新路径研究［J］．新闻爱好者，2020（3）：29-32.

[4] 朱伟利．刍议黄河文化的内涵与传播［J］．新闻爱好者，2020（1）：32-35.

[5] 杜学霞．黄河生态文化 70 年传播的基本经验［J］．新闻爱好者，2019（11）：31-33.

[6] 苗长虹．黄河文化的历史意义与时代价值［N］．河南日报，2019-11-01（009）．

[7] 苗长虹．黄河文化的历史意义与时代价值［N］．河南日报，2019-11-01（009）．

[8] 胡智锋，刘俊．主体·诉求·渠道·类型：四重维度论如何提高中国传媒的国际传播力［J］．新闻与传播研究，2013（4）：5-24+126.

（作者：陈文泰、康秀丽、张蘩元，原载于《新闻爱好者》2022 年 2 期）

从自媒体看黄河文化国际传播策略

一、黄河文化传播的现状

文明因交流而多彩，文明因互鉴而丰富。在相互交流、碰撞中，文明的独特价值更加凸显。黄河流域是中华文明的核心发源地，在长达5000多年的发展史中，产生了丰富的物质文化与精神文化，诸子百家诞生于此，至今仍闪烁着思想的光芒，四大发明的传播深刻影响着世界文明的发展进程。博大精深的黄河文化恒久延续，其思想精髓值得深入挖掘，以在广泛传播中重新被认识。在新的时代，如何塑造新的黄河文化国际传播格局是一个现实的社会课题。

跨文化传播是指来自不同文化背景的个体、群体或组织之间进行的交流活动，是各种文化信息在时间和空间中的流动、共享和互动的过程，主要涉及人类文化要素的扩散、渗透和迁移。加强国际文化交流传播是弘扬中华优秀传统文化，增进世界各国人民对当代中国全面了解的重要路径。[1] 作为中华传统文化的重要组成部分，黄河文化是国家对外形象的重要名片和独特标识，在国际交流中扮演着重要的角色。积极开展国际文化传播，讲好黄河故事、展现中华传统文化魅力，不仅符合中华传统文化复兴的需要，也是树立中国形象、参与国际互动的有效途径。

文化的国际传播有其内在规律性，须深入探寻国外民众的心理特点、兴趣及习惯，掌握其对中国文化的认识水平，运用其熟悉的语言及表达方式，从而提高文化对外传播影响力。在国际传播上，首先，应坚持客观、公正原则，确保文化传播的真实性，既要接地气，又要有一定的思想性。其次，应坚持平等交流，尊重文化差异，多了解国外民众的现实需求，提高文化传播的针对性和实效性，做到春风化雨，润物无声。最后，应建立全方位的传播格局。随着新媒体尤其是社交媒体的快速发展，人们获得国际文化的渠道大大拓宽。与传统媒体相比，新媒体的互动性强、亲和力足，加上算法技术的精准推荐，裂变传播效应显著。越来越多的自媒体加入文化国际传播的阵营中来，因此应高度重视，完善传播策略，善于利用自媒体的力量为文化传播注入新的活力。

黄河流经九个省、区，沿线文化遗址、名胜古迹和人文景观数不胜数。在传播格局上，各地已初步形成了传统媒体与新媒体并进的立体传播格局。但与时代需求相比，仍存在保护性开发不够、静态展览多、互动体验少、先进技术手段没有得到充分运用的现象。在新媒体的运用上还有一定欠缺，在传播黄河文化等方面，缺乏有效手段和载体，没有实现大的突破。沿线省区在文化交流推广上各自为战，缺少协调机制，从长期来看也不利于黄河文化的整体传播。

二、自媒体国际传播的特点及类型

自媒体的传播有着鲜明特点。一是个性化。自媒体叙事、评论充满了个性风格，在表达上更加自由。这也是自媒体的魅力所在。二是实时性。随着手机软件的发展，发布文字、视频变得简单易行，自媒体突破传统媒体时间、地域等限制，实时发布内容，让信息发布边界变得模糊，也更符合传播规律。三是群体性。自媒体往往拥有一定数量的订户群和粉丝群体，订户群或粉丝群基于共同爱好而在虚拟空间聚在一起，拉近了人与人之间的距离，从而增加了对自媒体的使用和依赖。四是交互性。社交媒体中，点赞、收藏、推荐、评论等交流互动行为频繁，发布人可以在点赞中获得认同感、满足感，重新认识自身价值。精彩评论是自媒体扩大影响力不可或缺的条件。五是去中心化。自媒体发布的内容一旦引起共鸣，用户接力转发，会迅速扩散成为热点。

利用自媒体进行跨文化传播，就要熟悉自媒体传播的特点与内在规律。在运用自媒体进行跨文化传播上，各地都处于探索阶段，尚未形成清晰的发展规划，但也已涌现出一些相对成功的典型案例。自媒体传播参与者非常广泛，从身份来看，既有文旅企业，也有个人视频博主、小型创作团队；从地域范围来看，既有境内自媒体作者，也有专注中国文化的外国“网红”。本文选取近年来在社交媒体上文化传播热度高、推介相对成功的案例，剖析其运营机制，试图分析其传播策略，总结对黄河文化国际传播的启示。

（一）借用自媒体集中推介文旅活动

文化是旅游的第一资源，旅游是文化的有效载体，文化与旅游有机相融，可促进传统文化进一步发扬光大。近年来，沿黄各省市精心打造诸多文旅品牌，如洛阳牡丹文化节、开封“大宋·东京梦华”等，受到国内外游客的热捧。在宣传推广文旅品牌上，自媒体具有互动性、实时性等优势，借助自媒体的力量，有助于扩大文化的影响力、传播力。

在大型节庆活动期间，组织自媒体集中推广城市形象、传统文化，具有多重效应。其一，节庆活动是传统文化、特色民俗的集中展示期，这段时期邀请自媒体作者前往，有利于创作出丰富多样、创意十足的作品。其二，自媒体达人往往拥有上万乃至百万的粉丝，可以充分利用其在粉丝群中的影响力，扩大节庆活动的影响力。其三，提前设置话题，使用统一标签，有助于在社交媒体上形成现象级的话题，加深外界印象，形成推介高潮。比如，为做好牡丹文化节宣传推广工作，2019 年 4 月，洛阳市相关部门携手“抖音”“今日头条”两大热门社交媒体平台，推出包括“跟着抖音逛洛阳”城市宣传挑战赛和“抖音达人在洛阳”体验宣传等活动，邀请来自全国各地多位粉丝数量超百万的抖音达人参观游览龙门石窟、洛阳博物馆、洛邑古城等知名景点和地标，品尝羊肉汤、小街锅贴、水席等特色美食，在社交媒体上全方位推介洛阳的美城、美景、美食。据不完全统计，在抖音 App“跟着抖音逛洛阳”话题发布视频总数一千三百余条，总播放量超过四千三百万次，点赞和评论超过四百万，线上线下互动推介效果显著。

（二）用创意让沉睡文化资源“活”起来

黄河流经九个省、区，留下无数的历史遗存。但历史建筑、文化遗址多数为静态展示，难以长时间吸引人们的关注，不利于传统文化的发扬光大。推广传统文化，关键是要通过创意，让文化“活”起来、动起来。自媒体的传播推广，尤其需要创意。2019 年 7 月，西安市大唐不夜城景区推出两款不倒翁街头行为艺术表演，扮演者沈佳晨根据游客的反应灵活互动，其表演视频迅速火了起来，带动大唐不夜城景区在抖音、Youtube 等社交媒体上话题热度居高不下。在抖音上搜索“不倒翁小姐姐”，话题浏览量已经超过二十六亿，沈佳晨的抖音账号“皮卡晨”粉丝数量涨至两百多万，获赞上千万次。

大唐不夜城不倒翁之所以能在社交媒体上形成现象级产品，原因在于：一、表演的独特性。不倒翁的形式，新颖独特，让人过目难忘。表演过程中，游客与表演者牵手互动，继而在抖音等平台上发布视频，共同促成了传播裂变效应的产生。二、运营的专业性。不倒翁项目对女性表演者要求极高，需要其有舞蹈功底，体重不能超过五十公斤，还须掌握一定的技巧。编创团队根据扮演者个人风格加入了个性化的设计，表演风格定位于“传统、娇羞、柔美”，最终获得游客认同。在传播上，其团队每天在社交媒体上更新表演片段，与网友积极互动，将其打造为对外形象传播的代言人。三、与周边环境的相融性。不倒翁项目所在地大唐不夜城景区整体为仿唐建筑，与周边古建筑大雁塔等融为一体，形成了以盛唐文化为主线，兼有现代文化、世界各国文化互通交流的多样化集合形态。表演者舞蹈动作、服装妆容都与盛唐文化紧密相连，符合人们的心理预期，提高了游客对历史文化的认同感、沉浸感。

（三）传统媒体转型自媒体宣介文化

自媒体很多是由传统媒体转型而来，其中一些已成长为文化传播领域的佼佼者。比如，“豫记”是 2014 年由几个曾在传统媒体工作过的记者发起成立，依靠四百多名在全国各地的河南籍媒体人，于当年 6 月开通名为“豫记”的微信公众号，开始创业历程。“豫记”关注的领域为河南历史文化和风土人情，在传播中原文化、黄河文化中独树一帜，成立至今影响力不断扩大。近年来，“豫记”通过签约作家等形式，形成了稳定的优质内容生产机制。

“豫记”团队成长之路有着诸多启示。其一，传统媒体记者转型自媒体，有着天生的优势，即熟悉媒体传播的特点，具有专业的报道采访经验。这是他们在短时间内获得影响力的关键。其二，“豫记”通过自采、签约作家等多种形式，在内容生产上实现了可持续性。其三，介绍传统民俗、文化的优质文章往往有着较高的阅读量，这说明传统文化有着深厚的群众基础，自媒体传播还有巨大潜力可挖掘。

自媒体有其传播优势，但短板亦十分明显，部分自媒体作者公信力不强，作品质量参差不齐，一定程度上影响了传播效果。在吃喝玩乐市民文化传播上，自媒体有着天生的优势，但在严肃的历史文化题材上，自媒体与传统媒体相比劣势明显。利用自媒体进行跨文化传播，既要分清其优势与短板，又不能一哄而上，以自媒体完全代替传统媒体，而是要形成传统媒体与自媒体相互补充、共同促进的良好格局。

三、优化黄河文化国际传播的策略

在媒体融合的背景下提高黄河文化国际传播力，要形成多元化、良好循环的创作机制，充分发挥新媒体传播的优势，吸引越来越多的自媒体作者加入，塑造全方位的传播格局。笔者认为，需要从以下几个方面提升自媒体的黄河文化国际传播能力。

一是出台自媒体作者激励计划。激励计划，是一种新媒体平台吸引流量、培育创作者的常用操作手段。它有多种益处，首先，有助于提升议题设置能力，引导自媒体作者在一定时期围绕某一主题创作内容，有利于掌握传播的导向。其次，有助于制造热点，激励计划往往采用统一的标识、标签，可在多次分发传播中深化文化传播形象。最后，有助于培养发现优秀的自媒体创作者。激励计划目标的完成有一定的难度，创作者需要开动脑筋，拿出创意作品。完成奖励的过程，往往也是创作者水平提升的过程。鉴于自媒体的黄河文化国际传播仍处于起步阶段，需要吸引更多的优秀创作者投身其中。通过出台激励计划，既让创作者在晋级的过程中吸引粉丝，扩大影响，又可在潜移默化中促进跨文化传播，一举多得。

二是建立联盟协调机制。传播力量过于分散，不利于统一的黄河文化品牌的塑造。黄河文化具有多样化、多层次等特点，建立联盟协调机制，树立统一的品牌，更有利于黄河文化的国际传播。建立联盟协调机制，错位发展，可有效避免同质竞争、文化品牌重复建设。比如，处于黄河上游的青海、宁夏等地可侧重于生态保护，黄河中游的陕西、山西、河南，可着重厚重的历史文化推介，黄河下游的山东等地，可突出弘扬儒家文化传承等。在渠道分发上，可以采用短视频、播客、音频、文字等多种形式，在国内外社交媒体上广泛分发。

三是鼓励社会资本参与文化传播。文化国际传播，离不开社会资本的广泛参与。鼓励社会资本以多种形式投资文化产业，对工业遗产、文化景观、考古遗址公园进行综合开发利用，促进文化遗产资源在与市场的结合中实现传承和可持续发展。依托特色文化资源，发展特色文化服务，打造特色民族文化活动品牌。加大政策支持力度，在土地使用、税收优惠、投资融资和申请专项资金等方面给予支持，营造公平参与市场竞争的环境。有序引导文化企业对外投资和跨国经营，鼓励具有竞争优势和经营管理能力的文化企业对外投资，经营文化品牌等。

四是加强专业人才培训。从事文化国际传播的自媒体从业人员既要熟悉文化差异，又要掌握文化传播的规律。人才需求层次也极为广泛，涵盖营销、摄影、主播、视频编辑等多个专业。在新媒体快速发展的当下，仅仅依靠高等院校培养，难以满足市场的需求，因此需要建立多层次的人才培养渠道。对专业人员的培养，必须吸纳文化企业、互联网媒体平台参与，制订注重实践、适应市场竞争的人才培养计划。

五是强化科技支撑。科技的发展深刻影响着文化生活，文化力量也在不断丰富科技的应用，两者的深度融合，成为文化产业加快转型升级的重要推动力。推动文化传播，同样离不开现代科技的强大支撑。黄河文化资源丰富，但多存在于文化遗址、博物馆中，静态演示多、互动性差，一定程度上影响了文化传播效果。让黄河文化资源“活起来”“动起来”，就要用最新科技为文化赋能。把大数据、人工智能等现代科技用于文化传播，有助于实现文化资源的数字化、可视化，也必将进一步拓展文化影响范围。

六是建立科学传播结果评估反馈机制。在新媒体的传播格局中，文化传播的效果非常直观，要通过播放量、点赞量、转发量、评论等，建立一套科学、客观的新媒体传播评估机制。通过效果评估机制，可以对文化国际传播项目全面评估，对于一些传播效果差的项目及时调整创作方向，对传播效果好的项目总结其经验。另外，也可以与专业的市场调查公司开展合作，进行市场调查，了解目标受众的媒体使用偏好，研判潜在受众群体，开展传播效果评估。

参考文献：

［1］邢祥，邢军．新时代黄河文化传播创新路径研究［J］．新闻爱好者，2020（3）：29-32.

（作者：侯迎慧，原载于《新闻爱好者》2020 年 12 期）

信息可视化助力河南黄河文化旅游带国际传播研究

河南是华夏民族的重要发祥地，扩大河南黄河文化旅游带国际影响力是黄河文化传播与传承的重要内容。在跨文化交流的语境下，信息的传播与推广存在跨文化交流的特殊性。本研究聚焦于河南黄河文化旅游带国际信息传播的问题现状，从信息可视化的视角出发构建理论依据，提出实践路径和策略建议。

一、河南黄河文化旅游带的国际传播

根据2021年文化和旅游部发布的十条国家级黄河主题旅游线路，河南省域内的黄河文化旅游点列于表1。河南省黄河文化旅游资源不仅具有人文底蕴深厚、自然资源丰富的特点，而且独具地域特色，是黄河主题国家级旅游线路的重要组成部分。河南黄河文化旅游带不仅指围绕黄河一带的旅游景点，而且指黄河文化的多元主题旅游线路，比如，文明之源、寻根问祖和世界遗产等。

旅游带主题	河南黄河文化旅游带（点）
文明之源	河南博物院、庙底沟遗址、仰韶村遗址、王城岗遗址、新砦遗址、二里头遗址、殷墟遗址等。
寻根问祖	太昊陵、黄帝故里、仓颉陵、老子故里等。
世界遗产	龙门石窟、安阳殷墟、登封“天地之中”历史建筑群。
石窟文化	龙门石窟、巩县石窟

续表

黄河非遗	河洛文化生态保护实验区、唐三彩、朱仙镇木版年画、钧瓷和豫剧
红色基因	二七纪念堂、焦裕禄烈士陵园等
古都新城	洛阳、郑州、开封和安阳
乡村振兴	惠济区古荥镇、陕州区西张村镇庙上村、兰考县东坝头乡张庄村等
黄河生态	天鹅湖国家城市湿地公园、郑州黄河国家湿地公园、兰考东坝头黄河湾风景区等
安澜文化	三门峡、洛阳小浪底和郑州南水北调中线穿黄工程

（表1 河南黄河文化旅游带）

河南黄河文旅信息的国际传播肩负着弘扬黄河文化和树立河南国际形象的双重职责。不同地区人员的文化背景差异、心理特点及习惯都会对文旅信息的传递与接收带来不同的影响，比如，日韩地区与欧美地区的受众在对黄河文化的理解上有较大的差异。因此，针对国际平台多国文化的差异性，在文旅信息的国际传播策略上应增强信息的可视化。

自2020年起，关于“河南黄河文化旅游”的相关报道出现频率较高。中国环球电视网、中国日报网、中国网等均有关于“河南黄河文化旅游”的英文报道，比如，正在建设中的黄河国家文化博物馆（郑州）、黄河国家文化公园（郑州）、河南黄河风景、2021年第27届三门峡黄河文化旅游节和2021年中国（郑州）黄河文化月等。

部分国际旅游平台和国际文化交流平台也对河南省域内的黄河文化旅游有相关报道。全球领先旅游网站猫途鹰对河南省域内的部分黄河文化旅游点有英文版相关介绍，比如，黄河风景名胜区、黄河故道森林公园、洛阳白马寺和巩义康百万庄园等。全球水系文化博物馆网有对黄河博物馆以及相应的黄河文化社会教育活动的长期展示。

二、信息可视化助力文旅国际传播理论依据

信息可视化是指为满足目标受众需求，对信息进行分析、重组、优化和传递的视觉设计方法。[1]信息可视化能够弱化冗余信息干扰，强化有效信息摄入，降低无效信息传播，是一种变革性的视觉语言。信息可视化是能够跨越文化和语言的沟通密码。[2]信息可视化在这个持续发展的、信息过载的时代里担负着重要使命。

在文旅融合国际传播的视域下，信息可视化有三种重要职能：第一，强化信息解释力（interpretation）[3]，即以简单易懂的方式展示复杂信息。文旅信息囊括大量地域性、历史性文化信息，强化其解释力能够帮助国际受众有效认识和理解河南省域内的黄河文化，从而传播旅游信息。第二，增强信息传递的准确性，即强化有效信息、规避干扰信息和错误信息。尤其是针对国际受众，文旅信息的跨文化传递更加需要解释力强和准确性高的可视化设计，否则易造成信息的误读和误传。第三，提升信息阅读的趣味性和吸引力，帮助受众愉快地阅读、理解所呈现的信息。

三、信息可视化助力河南黄河文化旅游带国际传播策略

“信息服务型”黄河文化旅游带是指以信息可视化为技术手段服务国际受众，使其能够及时、有效并且充分地获取河南黄河文化旅游带的相关信息。因国际受众对黄河文化的了解较浅，所以针对国际受众应重点传播河南黄河文化旅游带的主题信息、历史信息、空间信息和服务信息。

主题信息是指围绕河南黄河文化旅游的主题分类信息，比如，黄河生态、河南非遗和安澜文化等。黄河文化是多元文化的统一体，不同受众对黄河文化的关注点是存在差异的，因而在传播初期应以明晰的可视化的方式，比如树形拓扑，去明确文旅主题的分类，让受众能够在探索初期就有明确的认识。历史信

息是指河南黄河文化旅游带所承载和传递的历史文化，应向世界传递河南“华夏文明之源”的历史地位，重点发展“寻根问祖”的特色主题旅行。空间信息是指在河南省域内，围绕黄河地理位置的旅游信息的可视化呈现。地图式信息可视化能够提升游客的探索兴趣和信息的可读性，应在文旅信息传播中得到广泛应用。明晰旅游点、历史事件和黄河本体之间的空间关系，能够有效帮助国际游客理解黄河所承载和串联的多元文化。信息服务是指在国际传播初期，向国际游客展现河南黄河文化旅游带的数字智能服务，以及体现人文关怀的适老适幼化信息服务等。

在信息可视化技术的推动下，打造“文化科普型”河南黄河文化旅游带，既能将河南黄河文化推向国际平台，又能吸引世界游客到河南。地域文化的传承与传播是发展河南黄河文化旅游带的重要目的之一。[4] 文化知识的科普与传承是信息可视化的主要职能。信息可视化既能保留文化知识的严谨性，又能充分利用艺术设计的趣味性和感受性，拉近文化和受众之间的距离。“文化科普型”河南黄河文化旅游带可将抽象的“黄河文化”进行提炼、整理、分析，并最终通过图形、图像、文字和图表等视觉元素，清晰、直观地向国际游客展现。

黄河文化是具有包容性的文化，随着丝绸之路的开通，黄河文化与域外文化和谐共生、求同存异、互通有无、兼收并蓄，这造就了黄河文化海纳百川的包容性特征。[5] 包容性特征是黄河文化能够在国际平台上“行走”的重要原因。因而在河南黄河文化旅游带的国际传播过程中，应时刻将“文化包容”作为重要的传播设计原则，这有利于增强域外文化对黄河文化的认同和理解。

四、结语

努力推进河南黄河文化国际传播是提升河南“华夏文明之源”全球认同感的重要举措。国际传播具有跨文化语境的特殊性，现有的河南黄河文化旅游国际传播存在信息内容不明晰、传递方式传统、传达率不高的问题。借用信息可视化的技术手段和设计创新力能够有效提升河南黄河文化国际传播的信息传达效率，充分发挥信息可视化设计的优势，向世界传播“信息服务型”“文化科普型”

和“文化包容型”河南黄河文化旅游带。通过科学利用黄河文旅资源，深入推进提升河南“黄河文化之魂”的全球吸引力，实现在国际平台上扩大黄河文化影响力的目标。

参考文献：

[1] 鲁晓波，卜瑶华．信息设计的实践与发展综述［J］．包装工程，2021，42（20）：12.

[2] Hyerle，D.N.，& Alper，L.（Eds.）Student successes with thinking maps：School –based research，results，and models for achievement using visual tools［M］.Corwin Press，2011.

[3] Pettersson，R.Information design theories［J］.Journal of Visual Lit– eracy，2014，33（1），1–96.

[4] 周银燕，张燕翔．科普信息图设计研究［J］．科普研究，2019，14（3）：9.

[5] 李立新．深刻理解黄河文化的内涵与特征［N］．中国社会科学报，2020–09–21（A04）.

（作者：田田，原载于《新闻爱好者》2022 年 10 期）

融媒时代讲好黄河故事的外宣策略探究
——以大河网英语频道为例

2019年9月18日，习近平总书记在郑州主持召开黄河流域生态保护和高质量发展座谈会时指出："黄河文化是中华文明的重要组成部分，是中华民族的根和魂。"他强调："要深入挖掘黄河文化蕴含的时代价值，讲好'黄河故事'。"[1]中共中央、国务院印发的《黄河流域生态保护和高质量发展规划纲要》提出："要讲好新时代黄河故事，启动'中国黄河'国家形象宣传推广行动。在国家文化年、中国旅游年等活动中融入黄河文化元素，打造黄河文化对外传播符号。"[2]

黄河文化元素已与中国的国家形象直接挂钩，并成为中国文化走向世界的一张名片。黄河文化对外宣传的成功与否，关乎中国文化是否能被国际社会充分了解，关乎中国的国家形象是否能在海外得到正面塑造，关乎中国的文化软实力是否能被世界充分认可。

习近平在党的二十大报告中再次强调："增强中华文明传播力影响力……加快构建中国话语和中国叙事体系，讲好中国故事、传播好中国声音，展现可信、可爱、可敬的中国形象。加强国际传播能力建设，全面提升国际传播效能，形成同我国综合国力和国际地位相匹配的国际话语权。"[3]构建一套能够充分展示和反映中华文化精髓的话语体系和叙事体系，增进中国故事的国际传播能力，将会成为新时期外宣工作的重中之重。因此，作为中华文明的重要组成部分，黄河文化的深层内涵亟须挖掘提炼，黄河故事的话语体系需要加快构建，黄河文化的跨文化传播路径研究亟须加强。

一、黄河故事在大河网英语频道的外宣概况

2022年1月21日，河南省人民政府发布了《河南省“十四五”开放型经济新体制和开放强省建设规划的通知》，其中“立足本土、放眼世界”的开放性文化政策是一大亮点。而早在2018年，为满足文化资讯的外宣需求，河南日报报业集团有限公司旗下的大河网即开设了英语频道。该频道设有七个栏目（原文为英文，此处为笔者自译）：网站主页、河南简介、省内新闻、国内新闻、旅游资讯、文化快报、双语新闻。新闻内容以图文报道为主、短视频新闻为辅，形成了融媒体对传统媒介的有效补充。该频道面向讲英语的海外受众，是传递政府声音、时政要闻、文化教育等重要资讯的国际化平台。

黄河故事是该频道推介的重点栏目。截至2022年10月底，该频道刊发涉及黄河的相关新闻八十六篇，概分以下四个类别：

（1）大河网当日新闻的精选精译。此类文章最能满足外国读者的关注焦点和阅读旨趣。

（2）《河南日报》刊发新闻的精选精译。此类文章主要涉及河南省内与黄河相关的文化活动和生态时讯，具有较高权威性和引领性。

（3）转载国内主流媒体如《人民日报》《中国日报》、新华网的英语新闻。对黄河故事的介绍从河南扩展到黄河全流域。

（4）转载国外主流旅游网站“中国旅行指南”的文章，对海外读者具有较高的参考价值。

从比例上来看，大河网原创文章三十六篇，占比最高，达41.9%，体现出该频道较高的独创性和自主性；转载《中国日报》英文文章二十一篇，占比24.4%；转载新华网文章二十篇，占比23.3%；转载《河南日报》文章英译五篇，占比5.8%；转载《人民日报》和“中国旅行指南网”文章各两篇，分别占比2.3%。

二、黄河故事的外宣主题策略

大河网英语频道对黄河故事的推介和宣传，在主题上采取的外宣策略，是展

现以黄河文化为代表的中华优秀文化所具备的引领性和凝聚力，体现出黄河故事所具有的鲜明思想导向、历史导向和生态导向。

（一）思想导向：黄河故事与民族精神

申明黄河文化对民族精神的贡献，实现优秀文化对树立正确价值观的引领作用，同时实现先进文化对中国国际形象的塑造作用，这些是大河网英语频道外宣工作的首要任务。

该频道 2020 年 12 月 8 日的报道，就以图文并茂的形式展现了百余件书法作品中蕴含的黄河风貌。书法篆刻作为中国文化的精粹之一，也是海外受众最为关注和最感兴趣的文化形态。这些作品生动地展现了异彩纷呈的黄河文化和丰富多样的黄河生态。此外，在标题中，黄河精神常与民族复兴并置出现，两者之间的内在逻辑联系得以加深。

（二）历史导向：黄河故事与文化保护

黄河流域悠久璀璨的历史文化，是讲好黄河故事的重要依托。该频道着力向海外读者呈现黄河流域的历史沿革与文化传承，重点突出、特色鲜明。2019 年 12 月 25 日的双语新闻《沿黄九省区 45 家博物馆携手保护传承弘扬黄河文化 黄河流域博物馆联盟成立》，通过影音、图文等多模态的传媒形式，借由一个宏观的视角，从政府产业合作、文化政策、机构设置、未来规划等多个侧面全景式地展现了当代黄河文化保护的现状。2020 年 5 月 27 日刊发的《黄河边发现大型古墓群，出土文物 2000 余件》，通过文物发掘的历程，介绍了黄河沿岸三门峡地区在历史上的兴衰演变；2020 年 9 月 14 日刊发的《如何讲好档案中的黄河故事？黄河档案资源开发利用座谈会在豫举行》，重在介绍新中国成立至今，档案馆为整合黄河档案所做的具体工作。这两则新闻是从微观视角，详细介绍了黄河历史文化保护中的具体举措。2021 年 4 月 14 日刊发的主题为“中国（郑州）黄河文化月开幕”的新闻，则从一个全景视角向世界推介了黄河故事在当今社会焕发的活力。

（三）生态导向：黄河故事与生态治理

大河网英语频道涉及黄河的86篇相关新闻，超过半数以生态保护为主题，体现出外宣工作中鲜明的“生态导向”，这与中国建设生态文明的号召一脉相承，与国际气候变化的议题相契合，与碳中和、碳达峰的目标一致，也向世界展现了中国生态保护和治理的决心。2020年9月11日，专题英文文章《民权黄河故道湿地被列入〈国际重要湿地名录〉》，通过六则关于“黄河生态走廊”的新闻和展现黄河流域生态现状的图片，立体展示了黄河流域生态治理的显著成效。该频道把外宣重点放在黄河流域生态治理这个宏大的议题上，既让海外受众充分认识到民权黄河故道湿地的生态价值和环保价值，也向国际社会传达了中国建设生态文明所采取的实际行动。

三、黄河故事的外宣语言策略

外宣工作中，语言是传播文化、沟通思想的最重要的工具。对于媒体而言，通过适当的语言策略来讲述黄河故事，既决定着黄河故事被公众接受的效度，还决定着黄河文化会被塑造的模样。

（一）语篇处理策略

外宣语篇处理工作，重在坚持意义等效下的灵活处理原则，在保证新闻核心信息准确保留的基础上，根据海外读者的文化背景和思维方式，灵活使用增添、删减、注释、配图等语篇处理方法，增强新闻的可读性和感染力。

2018年7月18日刊登的《改革开放40年·风云录——黄河大桥：巨龙卧波筑通途》，英文版对原文做了大幅删减，仅保留主干内容，实现了语篇交际的效用最大化。考虑到中西文化差异，标题中“巨龙卧波筑通途”整句未翻译，因为龙在西方语境里有双翼、能喷火，代表着邪恶、凶悍等负面形象，而在中国文化中，龙有着“皇权、强大、尊贵、威猛”等正面评价。直接删去这个题目，既不影响对文章的理解，也避免了对不同文化的误读。2018年9月11日刊登的双语文章重在介绍河南十大名菜，对于“每家饭店又都有自己对黄河鲤鱼的独到理解，正如独孤九剑一般”，以及“它以‘葵花点穴手’的姿态快准狠地点中了当今美食市场的命门”，译者仍然采取了语篇删减策略，因为英文中没有与“独孤九剑”“葵花点穴手”完全对应的意象和表达，而由于外国读者缺失相应的文化语境，直译这句话会增加他们的困惑。语篇删减是该频道最常见的编译手法，此举不仅可以提高新闻采写、翻译的效率，还能减少海外读者对背景铺陈的不适感，带给他们“短平准快”的阅读体验。

（二）总体翻译策略

在外宣英译中，需要充分认识到中英两种语言在逻辑和思维上的差异，并根据这些差异做出适当调整，使外国读者能够快速、准确地捕捉到新闻中的核心要旨，最好还能对我们推介的文化产生兴趣和亲近感，从而实现文化有效传播、国际形象显著提升的外宣目的。2021 年 4 月 14 日的新闻报道了“中国（郑州）黄河文化月开幕”盛况，对文化月五大主题“河之魂”“艺之萃”“地之灵”“城之魅”“人之杰”采用直译，在形式和内容两个层面都达到了美国翻译家奈达所提倡的“等效翻译”效果。而“黄河大合唱”译为“Yellow River Cantata”，是一处典型的异化翻译，“Cantata”意为多乐章的大型声乐套曲，盛行于欧洲。这种异化翻译策略，主动靠近了受众的文化背景，选用西方文化中的“等效物”，唤起相似的认知图示，增进了西方读者对“黄河大合唱”从表演形式到艺术特色的理解。2021 年全国“两会”专题报道为“黄河岸边是我家”，译为“New Era, New Home——Life Change along the Yellow River”，体现了意译和解释性翻译的结合，既保留了原标题的“家”这一主题，又增添了“新时代”和“生活改变”两个关键信息，借由“new”传达出一种万象更新、欣欣向荣的正向语义，有助于外国读者理解黄河沿岸脱贫攻坚、乡村振兴的壮阔历程。总之，编辑和译者应当充分发挥主观能动性，实现归化和异化、直译和意译的巧妙结合，必要时采用解释性翻译，以符合译文读者思维习惯和阅读兴趣的方式，恰如其分地讲好黄河故事。

（三）文化专有项翻译策略

西班牙翻译家艾克西拉曾将文化专有项定义为："在文本中出现的某些项目，由于在译语读者的文化系统中不存在对应项目或者与该项目有不同的文本地位，因此其在源语文本中的功能和含义转移到译文时发生翻译困难。"[4]

与黄河相关的文化专有项，往往产生于特定的社会语境，适用于特定的文化氛围，有其显著的地域性特征。这既是黄河文化的自身独特性，又是黄河文化对外传播的难点之一。对于美食相关文化专有项，如"黄河鲤鱼、葱烧海参、汴京烤鸭、龙须面、洛阳水席"等，译者在直译的基础上，采取增译和文内解释的方法，既让读者一气读完不必停顿看注释，又能准确领会原文的精髓。对于文物古迹相关文化专有项，如"鹅首曲颈壶、玉剑具、镶玉铜带钩以及有铭铜器"等，文内解释仍然是首选。对"天圆地方"等哲学学说，译者采用了增译和解释性翻译法，将内隐信息扩写成详细的解释，以弥补外国读者在文化和语境上的空白。汉语与英语的一个差异是，汉语多用四字结构，追求结构和意义上的严整，而英语中多见长短不一的从句和短语结构。对于"奔腾不息、百折不挠的黄河精神"，英文仅用两个单词"indomitable perseverance"就可表达，体现出"浓缩性减译"。对于生态文化专有项，如"搬迁还滩""生态环境扫描式体检""'清废'行动"等，译者灵活采用减译、增译相辅相成的策略，一方面删繁就简，保留核心意思，另一方面对缩略语一一做了扩充。

总之，在外宣翻译中，应当给予文化专有项足够的重视，根据文化专有项所属的类别、特征，统筹采用多种翻译策略，实现文化传播的效能最大化。

四、结语

面对复杂多元的国际社会，讲好黄河故事，是展示国家形象和提升文化软实力的关键举措。大河网英语频道针对黄河故事所进行的外宣实践，让彰显中华文明的黄河文化跻身国际舞台，让浓缩民族风情和时代光华的黄河故事融入了国际舆论场。该频道在主题策略和语言策略等维度采取的创新手段和特色做法，也启示我们，认真梳理顺应时代关切符合国际潮流的传播议题，精心筛选国际社会喜闻乐见的话语范式和呈现形态，这样才能更加有效地传播黄河文化内涵，向世界讲好黄河故事。

参考文献：

[1] 习近平．在黄河流域生态保护和高质量发展座谈会上的讲话[J]．求是，2019（20）．

[2] 国务院公报．黄河流域生态保护和高质量发展规划纲要[EB/OL].http：//www.gov.cn/gongbao/content/2021/content_5647346.htm.

[3] 习近平．高举中国特色社会主义伟大旗帜为全面建设社会主义现代化国家而团结奋斗：在中国共产党第二十次全国代表大会上的报告[N]．人民日报，2022-10-26（01）．

[4] 张南峰．艾克拉西的文化专有项翻译策略评介[J]．中国翻译，2004（1）．

（作者：李若姗，原载于《新闻爱好者》2023 年 1 期）

他者视角对黄河形象的建构

——基于纪录片《中国黄河源之旅》的叙事研究

华夏文明最早在黄河流域形成，黄河文明作为辉煌绵远的中华文明的重要组成部分，在历史上就吸引了众多国外学者的关注。当下，黄河故事及中国故事更是在经历一个“自我讲述”向以“自我讲述”为主和“他者讲述”并进的过程。黑格尔在《精神现象学》中指出了“他者”对于确立自我意识的重要性[1]。由于增加了他者的观照与交流，这种联系对黄河文化传播有着重要的现实意义：他者展现的黄河形象带有一定的客观性，更具说服力；他者的媒介产品受众市场是更普遍的他者，有助于传统文化的对外传播。“外国人讲黄河故事”的具体表现是书籍、影视作品等。其中，各种电视庆典节目、纪录片、电视剧等将我们带入一个“认同的空间”，为我们提供“认同的力量”。[2]纪录片等电视媒体仪式也为黄河文化传播与认同建构提供了平台。

许多国外媒体如英国广播公司 BBC 和日本广播协会 NHK 都制作过中国故事的纪录片。其中 NHK 拍摄的《前往星辰诞生之海——中国黄河源之旅》(以下简称《中国黄河源之旅》)受众接受度较高，且近年间在 NHK 的 BS 频道反复播放，便于动态获取中日受众评价。鉴于此，本研究将《中国黄河源之旅》作为文本并与中日观众在豆瓣、推特等社交媒体上的评论相结合进行分析。总体设计三个问题：第一，黄河被建构出了什么形象，在他者视角中有何共性与差异？第二，此种共性与差异是通过什么途径被建构出来的？第三，在他者建构之余存在着哪些值得关注的问题，在今后黄河文化传播中有什么样的经验和思考？本研究使用个案分析法，将媒介叙事作为线索贯穿始终，融合内容分析法和网络民族志，试图分析上述三个问题，并寻找黄河文化自我传播的经验与思考。

一、共性与差异：他者建构下的黄河表征

（一）共性：人类的母亲河隐喻

母亲河是人类共通的情感寄托，黄河与世界其他地区的大河一样，是中华民族的母亲河。《中国黄河源之旅》中显性呈现的黄河形象包含作为自然存在的黄河水和作为文明存在的黄河流域。这两种黄河形象均是对“母亲河”身份的引导，作为一条线索把自然与文明贯穿起来。自然生态与历史文明相互交织构成了黄河沿岸的丰富画卷。

在纪录片中，母亲河是通过隐喻的表达，而非解说词和文案得以呈现的。隐喻性的概念系统规定着人们如何感知、思考与行动。但是概念系统本身人们是感受不到的，其主要是通过语言显露出来。[3]“隐”在了每个人物的叙述中，“喻”在个体的家园、群体的社会与民族的情感上。众多人物中，有表达黄河对个人的情感，如从小在黄河边长大对黄河情感深厚的土族村民；有对群体社会的恩惠，如银川农民称正是有了黄河水才能灌溉稻田，银川才变得富饶；打捞黄河石致富的团结村村民称是黄河使石头不断被冲刷出来为村民提供了生活来源；以及对民族的记忆，例如傍水生活的土族后人、称黄河水为“神水”的藏族格萨尔王传说等。母亲河既是个人也是家国，黄河哺育了沿岸的诸民族和生命，创造出多样的文明。这种隐喻是即便作为他者的日本 NHK 也存在的共识。

（二）差异：不同文化的黄河认同

时代背景和民族记忆的差异，使他者对黄河的文化背景刻画始终与本土纪录片存在着差异。例如在《中国黄河源之旅》和央视纪录片《黄河》中都有对羊皮筏子在激流中前行的描述。通过对比发现，他者对差异性的事物较为好奇。《中国黄河源之旅》对日本很难见到的羊皮筏子的制作过程进行了描述，而在本土纪录片《黄河》中羊皮筏子的激流勇进则代表着黄河的特定精神基调。历史事件沉积出的特定群体记忆是他者视角难以感知的，湍急、咆哮的黄河融入了黄河精神对中华民族的振奋，而他者视角则偏向普适的人文情怀。在《中国黄河源之旅》中，黄河同尼罗河、恒河一样，是人类的母亲河，未能展现本土纪录片

中的激励中华民族前行的“黄河精神”。

二、何以建构《中国黄河源之旅》的媒介叙事

（一）建构主体：外部视角与内部视角

叙事视角就是叙述者观察和讲述故事的角度，《中国黄河源之旅》的叙事主体为两种视角的结合，即外部视角——观察者处于故事之外即第三人称的全知视角，与内部视角——观察者处于故事之内，通过故事内部的角色和身份来讲述。

外部视角即全知视角，罗兰·巴特认为全知视角是“作为一种非人化的独立意识，它从一种较高的观点、神的观点产生故事，叙事者‘既内在于人物，又外在于其人物’”[4]。纪录片中的全知视角有引导叙事进程与补充解释的功能，如解说词“沿着黄河逆流而上，使我们从现代穿越到丝绸之路的时代……又来到了新石器时代……兰州这一带则把历史的时针拨得更前……时间一下子被拉回现代”。外部视角将“现代”“丝绸之路时代”等景观进行串联，把看似零散的摄制素材组合引导，描绘了黄河的厚重历史底蕴。这种视角便于转换时间空间，引导叙事进程。除此之外，一些镜头单靠画面与同期声无法理解其内涵时，也需要全知视角的解说词补充说明。

外部视角的第三人称总是置身事外并且是事后的，这时就需要第一人称的内部视角来强调和推动纪录片的情感。例如撒拉族村长对黄河的情感抒发：“靠黄河水我们才生活下来，没有黄河水的话就没有树木，没有农田，人类就无法在这里生存，最好的就是黄河水。”纪录片中的这种口述有很多，从银川到目的地星宿海，许多民族和居民都成为内部视角的叙事对象。“母亲河”隐喻也正是通过许多第一人称展现出来，让观众从具体的人物身上得到对黄河的真实印象。

外部视角和内部视角拥有不同的功能，《中国黄河源之旅》交替使用两种视角，通过切换叙事视角和叙事意图来完成黄河历史古韵与现实生态的刻画。

（二）建构路径：叙事语言与叙事结构

《中国黄河源之旅》中的解说词、镜头、音乐等叙事语言加之线性叙事结构共同建构了黄河形象。其中镜头是纪录片叙事的重要结构元素，也是影视叙事的重要语言。通过分析片中镜头长度和剪辑率可以看出，镜头平均时长较长，后期剪辑节奏较为缓慢。在拍摄技巧上，常使用镜头的推拉摇移来表现黄河源万物生灵与母亲河的沉静安详。此外，片中的长镜头、特写镜头与空镜头各自体现了其叙事功能。长镜头常用于黄河沿岸人文景观的拍摄，真实呈现文化面貌，如唐卡教学、土族神灵庆典等。特写镜头表达细腻的情感并引导观众对某些细节进行关注，如牧民儿童的天真笑脸、团结村中名为“奥特曼”的黄河石等。空镜头即景物镜头，交代了背景、衔接转场以及表达某种象征和隐喻。在黄河源旅程中有大量的景物镜头，如黄河石林、刘家峡大坝、阿尼玛卿山等，景物镜头配合解说词描绘了黄河绝境带来的视觉冲击，传递导演的艺术情感。除此之外，日式幽默风格的解说词和精致的管弦乐配乐等叙事语言也共同构成了《中国黄河源之旅》的独特叙事风格。

在叙事结构上，纪录片整体采用线性叙事，保留了时空的统一性和连续性。将明朝古地图上的“星宿海”作为起点，以实际到达的星宿海为叙事终点。线性叙事具有强目的地导向，可以在限定的时间空间中强调议题。这也使得“星宿海”成为中日观众对该片印象最深刻的关键词。除此之外，纪录片中也有不少对历史背景的闪回与插叙，这些不仅没有影响整体上线性叙事结构的完整性，反而强化和补充了黄河流域的丰富历史底蕴，也辅助了他者对黄河历史文化的理解。

（三）建构对象：叙述接受者与受众

《中国黄河源之旅》对受众的关注不仅体现在互动称谓上，还体现在文化在地化对现实受众的观照上。

叙事学中与传播学“目标受众”类似的概念，即“叙述接受者”，纪录片文本中对虚拟受众的称谓就是建构叙述接受者的信号之一。如《中国黄河源之旅》

中的“你”“我们”等这些随处可见的第二人称和第一人称复数，就是建构读者的信号。叙述接受者是叙述者的交流对象，是文本里的听众。[5]读者是现实存在的人，而叙述接受者实则是虚拟的，是在叙述者设定中将会看到文本的人。叙述接受者虽不同于读者，但可以作为中介引导受众接受某种信息。

对真实的读者而言，跨文化传播中的文化折扣会影响其理解。在《中国黄河源之旅》中，为减少文化折扣的努力具体表现为文化的“在地化”。例如片中通过银川与东京降水量、冰川与小豆岛面积以及兰州拉面与日本拉面的对比和连接等，寻找黄河文化与日本文化间的平衡。另外，纪录片还在叙事中增加了日本受众熟知的文化元素，将黄河文化的相关特征与日本文化相对照，这在一定程度上有利于日本本土受众对黄河认知的具象化。

《中国黄河源之旅》通过两种叙事视角的互补、线性叙事结构的强调、对他者叙事对象的观照等共同描绘了他者视角下的黄河形象。这种建构方式对他者理解黄河形象具有一定的积极作用。

三、他者视角下的反思

（一）他者视角的误读

NHK是日本最大的广播电视机构，也是唯一的公共广播电台，生产过众多优秀的纪录片并以公正严谨著称。但由于文化背景的差异，误读与误解依然难以避免。以《中国黄河源之旅》中星宿海读音为例，纪录片的解说词部分“宿”被读为“su”，在旅程中宿（xiu）又与宿（su）两个读音交替出现。星宿（xiu）是天文术语，中国古代即有“二十八宿”之说。他者在阐释高语境的中国传统文化时若未能理解其含义便会造成意义的偏移。与之相似的“误读”还有对蛙纹彩陶的描述。片中出现的画有“山椒鱼”“贝类”图案的陶器其实是来自马家窑的蛙纹彩陶，这种蛙纹最终发展成了雏形龙图案。这种彩陶艺术并非像解说词中提到的因水资源丰富提升了先民的审美情趣，恰恰是先民在祈祷避免“过多的水资源”。由此可见，若黄河文化在媒介景观中长久处于“被叙事”“被言说”的状态，便容易产生观念和实际的错位。

（二）媒介合作与偏见

近些年，国际联合制作在纪录片制作中被广泛采用。他者制作背景的加入，使媒介产品更易在当地的平台落地，能有效提高外国受众的到达率。但值得注意的是，媒介特性决定叙事偏好，当他者媒体成为自我故事的生产主体时，不可避免地会带有立场和偏见。媒介的天然偏向使话语权得以协商和实施，尤其是在新媒介变革和技术渗入日常生活的现实语境下，媒介成为文化传播的必由之路。合作性质的纪录片更需要双方媒介机构协同平衡媒介偏向。

（三）自我话语的缺位

他者视角可以建立联系，并提供新的看待本土文化的方式。但他者话语权占据主导地位时，作为“我者”的本土话语也不能缺席。《中国黄河源之旅》虽由 NHK 制作发行并保有著作权，但实为中日合作投资拍摄。但本研究在收集评论时发现，许多观众似乎并没有察觉到合作的踪迹。宁夏电视台在制作中文版《中国黄河源之旅》时，仅将解说词转为中文，对上述“宿”字的读音并未进行提示与修改。话语权会产生偏向，观众的积极印象会进一步巩固占优势地位的话语权。当他者话语权占据强优势时，他者就拥有了阐释本土文化的能力，此时，自我话语的缺位就更易造成误解和偏移的现象。他者视角虽然提供了看待本土文化的角度，但是一些误读与偏见亟须主体性叙事回应与纠正。

四、结语

在“破”他者建构的黄河形象后，要从“立”的角度再出发。黄河文化在历史上被众多他者所关注，黄河文化的传承与弘扬，不仅取决于它自身的魅力，还取决于它如何被传播与接受。要建立对话性的本土传播范式，首先需要了解外国人对黄河的认知，发现外国人讲黄河故事的共性和特性。他者在纪录片中呈现的黄河形象构成了黄河在跨文化传播中认知的一个重要部分，也为黄河文化的主体性认知提供了参考。研究他者叙事结构，分析他者视角的叙事偏好，有助于从阐释黄河故事过渡到与外国人进行黄河故事的对话。中外合作是消弭不当误解的办法，但根本做法依然是积极掌握自我话语权，实现黄河文化认同与话语权建构。因此，积极在他者视角中寻找对话与沟通，建立与“自说自话”不同的自我叙事体系，是回归黄河文化主体性传播要面对的现实问题。

参考文献：

[1] 戴雪红. 他者与主体：女性主义的视角[J]. 南京社会科学，2007（6）：30－35.

[2] 张兵娟. 传播学视野下的中国礼文化与认同建构研究[J]. 新闻爱好者，2017（2）：31－35.

[3] 熊伟. 跨文化传播的话语偏见研究：批评性话语分析路径[D]. 武汉：武汉大学，2010.

[4] 罗兰·巴特. 符号学历险[M]. 李幼蒸，译. 北京：中国人民大学出版社，2008：103.

[5] 胡亚敏. 叙事学[M]. 武汉：华中师范大学出版社，2004：54.

（作者：白志如、张智妍，原载于《新闻爱好者》2021 年 3 期）

图书在版编目（CIP）数据

寻根与传承：黄河文化传播前沿报告 / 新闻爱好者杂志社编. -- 上海：文汇出版社, 2023.10

ISBN 978-7-5496-4125-3

Ⅰ. ①寻… Ⅱ. ①新… Ⅲ. ①黄河流域－文化传播－研究报告 Ⅳ. ① G125

中国国家版本馆 CIP 数据核字（2023）第 182384 号

寻根与传承：黄河文化传播前沿报告
新闻爱好者杂志社　编

责任编辑　陈　屹
装帧设计　今亮后声 · 陈富志

出 版 人　周伯军
出版发行　文匯出版社
上海市威海路 755 号（邮政编码 200041）
经　　销　全国新华书店
印刷装订　启东市人民印刷有限公司
版　　次　2023 年 10 月第 1 版
印　　次　2023 年 10 月第 1 次印刷
开　　本　720 × 1000　1/16
印　　张　17
字　　数　210 千
I S B N　978-7-5496-4125-3
定　　价　78.00 元